TOP 10 VINHOS
FRANÇA

SELEÇÃO DE
VINCENT GASNIER

PUBLIFOLHA

Esq **Tonéis de Bordeaux** Dir **Château Cos d'Estoumel, em St-Estèphe**

DK

Um Livro Dorling Kindersley

www.dk.com

"Top Ten Wines: France" foi publicado originalmente na Grã-Bretanha em 2006 pela Dorling Kindersley Limited, 80 Strand, Londres, WC2R 0RL, Inglaterra.

Baseado em *Wines of the World*, publicado por Dorling Kindersley em 2004.

ISBN 978-85-7402-804-0

PUBLIFOLHA
Divisão de Publicações do Grupo Folha
Al. Barão de Limeira, 401, 6º andar, CEP 01202-900, São Paulo, SP
Tel.: (11) 3224-2186/2187/2197
www.publifolha.com.br

COORDENAÇÃO DO PROJETO
Publifolha
Assistência Editorial: Rodrigo Villela
Assistência de Produção Gráfica: Soraia Pauli Scarpa

PRODUÇÃO EDITORIAL
Editora Página Viva
Supervisão: Carlos Tranjan
Edição: Livio Lima de Oliveira
Tradução: Lucia Boldrini
Consultoria técnica de vinhos: Carina Cooper – Sommelier reconhecida pela Association de la Sommelerie Internationale
Consultoria na seção "Compra de Vinhos": Josimar Melo
Revisão: Felice Morabito
Diagramação: Sandra Tranjan
Edição de arte: Estela Squaris e José Rodolfo de Seixas

Impresso na Leo Paper Products Ltd, China.

As listas Top10 não estão em ordem de qualidade ou popularidade. As 10 atrações, na opinião dos editores, são iguais em importância.

Foi feito o possível para garantir que as informações deste livro fossem as mais atualizada disponíveis até o momento da impressão. No entanto, alguns dados como telefones, preços, horários de funcionamento, exposições e informações de viagem estão sujeitos a mudanças. Os editores não podem se responsabilizar por qualquer conseqüência do uso deste guia, nem garantir a validade das informações contidas nos sites indicados.

Os leitores interessados em fazer sugestões ou comunicar eventuais correções podem escrever para a Publifolha, Av. Barão de Limeira, 401, 6º andar, CEP 01202-900, São Paulo, S enviar um fax para: (11) 3224-2163 ou um e-mail para: atendimento@publifolha.com.br

Esq **Châtedau de la Maltroye, Borgonha** Centro **Rótulo de Alfred Gratien** Dir **Paul Jaboulet**

Sumário

O MUNDO DO VINHO 4

Vincent Gasnier 7

Índice das Listas Top 10 7

APRESENTAÇÃO DOS VINHOS FRANCESES 10

Legislação na França 14

Como Ler o Rótulo de um Vinho Francês 15

BORDEAUX 18

O Médoc e a Margem Esquerda 22

Denominações do Sudoeste Francês 25

St-Émilion e a Margem Direita 32

Entre-Deux-Mers 40

BORGONHA 46

Chablis 50

Côte de Nuits 54

Côte de Beaune 62

Um Passeio pela Borgonha 68

Côte Chalonnaise e Mâconnais 70

Beaujolais 74

VALE DO RHÔNE 80

SUL DA FRANÇA 96

VALE DO LOIRE 112

CHAMPAGNE 126

ALSÁCIA 133

REFERÊNCIA 135

Estilos de Vinho 136

Degustação do Vinho 138

Vinho e Comida 142

Compra de Vinhos 145

Armazenamento de Vinhos 146

Glossário 148

Índice 154

Agradecimentos 160

Colheita manual no Château Suduiraut, Sauternes

Símbolos

- tipos de solo
- variedades de uvas tintas
- variedades de uvas brancas
- estilos de vinhos
- informações para contato
- aberto ao público
- fechado ao público
- ★ marcas de vinhos ou varietais notáveis

O Mundo do Vinho

O vinho pode ser apenas um prazer sensorial imediato ou até a personificação de região ou época específica. Ele é o puro reflexo de seu terroir *(ambiente onde a uva cresce) e expressa, muito mais que qualquer outro produto, suas origens culturais e geográficas. Cada safra produz vinhos que são o resultado de processos climáticos e humanos diversos, por isso dois vinhos nunca serão idênticos.*

Origens e Significado Cultural do Vinho

O vinho faz parte da cultura mundial desde o início dos registros históricos. Acredita-se que surgiu nas montanhas do Cáucaso, na Geórgia (oeste da Ásia). Na Grécia e na Roma antigas, o deus Dionísio (ou Baco) personificava o espírito da celebração com vinho. Firmemente estabelecido no modo de vida mediterrâneo, mais tarde se tornou um elemento importante da religião cristã. Os mosteiros medievais fizeram muito para melhorar a qualidade do vinho, aperfeiçoando o plantio e desenvolvendo novas técnicas de produção em suas adegas.

Baco pintado por Caravaggio (c. 1593)

No século 16 os europeus se aventuraram até as Américas, levando consigo sua religião e seus vinhos. Por ser mais limpo e seguro de beber que a água, o vinho se tornou parte da vida cotidiana, tanto para matar a sede quanto por seu papel na tradição religiosa. Enquanto isso, o comércio de vinho floresceu na Europa (a partir dos grandes centros exportadores de Bordeaux, Porto e Veneza); as técnicas de fabricação de garrafas foram aperfeiçoadas; a produção de vinho espumante evoluiu, e os vinhos de Bordeaux, Borgonha, Alemanha e Portugal se tornaram valorizados e imitados em todo o mundo.

Hoje, mais que nunca, faz parte da vida cotidiana, tanto como bebida para desfrutar em comemorações quanto como parceiro versátil para as refeições. Não surpreende que se tenha tornado parte intrínseca da cultura mundial. Além dos efeitos relaxantes do álcool, o vinho continua fascinando por seu caráter sempre em mutação, tão profundamente ligado à terra, às pessoas e à cultura que o criaram.

Vinhedos em Monthélie, em Côte de Beaune

Regiões Vinícolas do Mundo

Atualmente, o mundo tem mais de 8 milhões de hectares plantados com vinhas e produz perto de 300 milhões de hectolitros de vinho a cada ano. Os vinhedos se concentram entre os paralelos 32° e 51° no hemisfério Norte e entre os paralelos 28° e 42° no hemisfério Sul. O vinho é produzido em virtualmente todas as partes do mundo que têm clima adequado, do Chile à Nova Zelândia e da África do Sul à China. A França tem a maior produção, seguida por Itália, Espanha, Estados Unidos e Austrália.

Enquanto a produção do vinho se expande por novas regiões, a Europa mediterrânea continua a ser o coração tradicional da viticultura. Os vinhedos, idealmente, precisam de cerca de 240 horas de sol por mês, com temperaturas ao redor dos 17°C na estação de crescimento, índice pluviométrico anual de cerca de 600mm e frio seco no inverno, para que as videiras passem por um período de dormência. As regiões clássicas de Bordeaux, Borgonha e do Vale do Rhône, na França, estão entre as que se beneficiam dessas condições ideais; como a Rioja, na Espanha, a Toscana, na Itália, e outras áreas mediterrâneas, são áreas cujos vinhos e *terroirs* se tornaram referências mundiais de excelência.

O Que é *Terroir*?

Em todo vinhedo, uma combinação única de clima, topografia e tipo de solo define os atributos das videiras que crescem ali. Solos ricos podem produzir excesso de folhas e frutos medíocres. Solos de baixa fertilidade são, portanto, melhores. A estrutura do solo é considerada até mais importante do que sua composição química, e a boa drenagem é essencial. As uvas que as vinhas produzem e, mais tarde, o vinho produzido por elas refletirão as características desse lugar distinto. A palavra francesa *terroir*, que literalmente significa "solo", é usada para descrever não apenas o solo, mas todo o ambiente em que a vinha cresce. No *terroir* correto, os vinhos terão a mais harmoniosa das composições, com acidez, doçura, frutados e taninos equilibrados à perfeição. No errado, a safra sempre tende a fracassar.

À medida que os produtores se aventuraram por áreas inexploradas pela viticultura na Europa e no Novo Mundo, descobriram que os melhores vinhos provinham dos vinhedos onde o calor é amenizado pelos efeitos suavizantes da água. As uvas desenvolvem sabores mais refinados quando crescem perto de um lago, de um rio ou do mar.

Para mais informações gerais sobre vinhos, incluindo estilos, terminologia de degustação e glossário, **págs 136-53**

Velho Mundo e Novo Mundo

Hoje dizemos que os vinhos vêm do Velho Mundo ou do Novo. As regiões clássicas da França, Itália e Espanha estão no coração do Velho Mundo. O Novo Mundo inclui o hemisfério sul e a América do Norte. Até pouco tempo atrás, era relativamente fácil identificar, com uma rápida aspirada e um gole, se o vinho era do Velho ou do Novo Mundo. Um vinho do Novo Mundo sempre tinha os ricos sabores e aromas de fruta que refletem os vinhedos de climas quentes. Um exemplar do Velho Mundo seria mais sutil, com aromas delicados e complexos e sabores mais suaves. Hoje, porém, devido às técnicas aperfeiçoadas, um vinho do Velho Mundo pode ter um sabor quase idêntico ao de uma versão do Novo Mundo. Fermentação em barris, uso de leveduras silvestres e permanência nas borras para criar mais complexidade são algumas das técnicas que o Novo Mundo tem adotado do Velho.

Vinhos Regionais e Vinhos Comerciais

As técnicas hoje são tão avançadas que um enólogo tem muitas opções. A arte de produção de vinhos em quantidade é fazer a cada colheita e vinhos iguais, para que a marca seja confiável e acessível. Os vinhos de próprios *(estates)* são um verdadeiro reflexo de sua terra e cultura. São vinhos que provocam discussões apaixonadas, uma lealdade genuína – e uma faixa de preços enormemente variável. Também são vinhos que podem sofrer transformações de sabores quase miraculosas quando envelhecidos.

Tendências no Consumo do Vinho

Países tradicionalmente consumidores de vinho como França, Itália e Espanha têm sofrido uma queda no consumo nos últimos 30 anos, por diversos motivos. Em primeiro lugar, porque a qualidade da água melhorou. Assim, o vinho não é não é mais a bebida comum, além de ser considerado um empecilho ao desempenho no trabalho. Também houve um declínio no consumo de café. Num esforço para combater a super produção na Europa, a bebida é produzida em menores quantidades e com padrões (e preços) cada vez mais altos. Não se considera mais o vinho uma bebida para matar a sede e, sim, para ser degustada.

Nos países de língua inglesa, a imagem é muito diferente: o consumo de vinho no Reino Unido, por exemplo, aumentou mais de 500% desde 1970; o surto de popularidade é conseqüência direta das grandes quantidades de vinhos frutados e acessíveis do Novo Mundo que inundam o mercado e do advento de vinhos "de marca". O vinho deixou de ser exclusivo da elite.

Acredita-se que o vinho contribui para uma vida mais saudável. Seus benefícios como bebida social, mantenedora da saúde e foco de interesse geral, sugerem que ele fará parte de nossa cultura por muitos anos.

Château Beaucastel, no sul do Rhône

Vincent Gasnier

"Adoro transmitir de forma simples, fácil de assimilar, o que aprendo ao degustar alguns dos melhores vinhos do mundo. Por isso, fiquei muito grato quando a Dorling Kindersley me convidou para fazer listas dos dez melhores vinhos da França, categoria por categoria. Obviamente não havia espaço para incluir todos os vinhos que mereceriam estar aqui, mas as listas foram elaboradas para oferecer um panorama bastante abrangente. Naturalmente, elas apresentam rótulos bem conhecidos de grandes produtores, mas também contêm nomes desconhecidos para muitos leitores, desde os fabulosos – e, em muitos casos, bastante caros – vinhos de Bordeaux e da Borgonha até os segredos mais bem guardados do país, vinhos com excelente relação custo-benefício elaborados a partir de denominações menos conhecidas por enólogos talentosos e promissores."

Vincent Gasnier
Londres, maio de 2006

Sobre as seleções

Não há uma hierarquia de qualidade implícita na ordem em que os vinhos aparecem nas listas Top 10. As dez seleções têm, de maneira geral, o mesmo mérito.

Excelentes Vinhos de Guarda *pág 28*
Fabulosos Vinhos de Sobremesa *pág 30*
Grandes Vinícolas Francesas *pág 32*
Magníficos Tintos de Bordeaux *pág 39*
Vinhos Soberbos para Celebrar *pág 47*
Melhores Rótulos de Chablis *pág. 52*
Rótulos de Côte de Nuits *pág 57*
Bons Rótulos de Côte de Beaune *pág 64*
Melhores Rótulos de Côte Challonaise e Mâcconais *pág 72*
Melhores Rótulos de Beaujolais *pág 76*
Melhores Vinhos Tintos da França *pág 81*
Vinhos Franceses para o Dia-a-Dia *pág 87*
***Rosés* Refrescantes** *pág 97*
Segredos Mais Bem Guardados da França *pág 106*
Grandes Vinhos Brancos Franceses *pág 113*
***Crémants* Excelentes** *pág 119*
Melhores Produtores de Vinhos Orgânicos *pág 121*
Grandes Produtores do Loire *pág 123*
Grandes Produtores de Champanhe *pág 127*
Vinicultores da Alsácia *pág 133*

Sobre Vincent Gasnier

Jovem *sommelier* francês que hoje trabalha na Inglaterra, Vincent Gasnier ascendeu rapidamente em sua profissão. Em 1994-5, quando trabalhava no Restaurant Laurent, nos Champs-Élysées, em Paris, foi promovido a *sommelier* sob a orientação de Philippe Bourguignon, considerado um dos melhores em seu ramo na França. Em 1997, com 22 anos, recebeu a qualificação de *Master Sommelier* – a pessoa mais jovem em todo o mundo a receber tal distinção. Depois de um período como *chef-sommelier* no Hotel du Vin, em Winchester, resolveu estabelecer seu próprio negócio. Desde agosto de 2000, ele dirige a Vincent Gasnier Wine Consultant Limited, que oferece consultoria a compradores de vinho, administração de adegas, eventos vips relacionados a vinho e tours vinícolas exclusivos. Com sua experiência, presta serviços a muitos clientes individuais e corporativos de renome, entre eles o Parlamento Britânico, em Londres. É também crítico em degustações e figura constante em revistas e programas de televisão.

Para mais informações sobre Vincent Gasnier, consulte a página
www.vincentgasnier.co.uk

VINHOS DA FRANÇA

Apresentação dos Vinhos Franceses 10-13

Legislação na França 14-15

Como Ler o Rótulo de um Vinho Francês 15

Apresentação dos Vinhos Franceses

A França ainda é o exemplo do mundo produtor de vinhos, e sua influência internacional é poderosa. Outros países tiveram notável evolução vinícola, mas nenhum outro possui as condições necessárias para produzir uma gama de vinhos tão variada e de tão alta qualidade. A diversidade geográfica, a variedade de cepas nobres produzidas em terrenos específicos e o orgulho da grande tradição vinícola do país se combinam para manter a França firme na liderança.

Os Primórdios

O vinho foi introduzido na França mediterrânea pelos gregos, que instalaram colônias ao longo da Costa Su em cerca de 600 a.C. Os romanos levaram o consumo do vinho para cada vez mais longe. Partindo de sua primeira colônia em Narbonne havia duas importantes rotas comerciais: para oeste, passando pelo Garonne até Bordeaux, e para o norte, passando pelo Vale do Rhône. A viticultura se desenvolveu ao longo desses eixos, finalmente chegando a alcançar, no norte, o Vale do Loire e a região de Champagne. Com a queda do Império Romano, no século 5º, a Igreja Católica tornou-se a mais importante influência para a expansão da viticultura na França. Os monastérios passaram a deter grandes propriedades, e o vinho para o sacramento tornou-se fonte de receita. Por volta do século 12, as ordens beneditina e cisterciense eram proprietárias de vastos vinhedos na Borgonha, no Vale do Loire e em Champagne.

Ilustração de manuscrito do século 15 mostra trabalhadores na lida em um vinhedo francês

O Comércio do Vinho

O comércio do vinho também já estava bem estabelecido no fim da Idade Média. Bordeaux, sob a jurisdição da Coroa inglesa, tinha um mercado garantido para seus vinhos nas ilhas britânicas, além de desenvolver laços com outros países do norte da Europa. O porto de La Rochelle exportava vinhos do Vale do Loire e da província vizinha de Poitou. No leste, os duques da Borgonha, que também controlavam grandes partes de Flandres, ajudaram a aumentar o comércio com os Países Baixos.

A expansão dos vinhedos franceses continuou ao longo do século 17 até meados do século 19. A Revolução Francesa teve pouco efeito sobre a produção. As ordens religiosas, porém, perderam suas terras, o que resultou em significativa modificação nas propriedades em muitas regiões, especialmente na Borgonha. Bordeaux ingressou então em um período de grande prosperidade e expansão, graças a um lucrativo comércio exterior, particularmente com as Índias Ocidentais. Tudo isso se refletia na crescente reputação de suas vinícolas individuais, na construção de muitos châteaux de prestígio que existem até hoje e na criação do famoso sistema de classificação de 1855.

Págs 8-9 **Château de Aorton-André em Aloxe-Corton, Côte de Beaune, Borgonha**

Regiões Vinícolas da França

A topografia e o clima variados fornecem condições para o cultivo de inúmeras cepas e a produção de muitos estilos de vinho. Ao longo da costa atlântica, Bordeaux e o Loire experimentam a influência marítima. As regiões de Champagne, Alsácia, Borgonha, o norte do Rhône e o Loire Central têm clima continental, enquanto o sul se beneficia do clima mediterrâneo.

História Moderna

Em meados do século 19, a próspera indústria vinícola francesa foi abalada por três pragas mortais importadas da América do Norte. Primeiro foram dois fungos, o oídio e o míldio; depois, a filoxera, um inseto que ataca as raízes da videira. Ele devastou vinhedos por todo o país.

O declínio econômico do século 20, acentuado pelas duas guerras mundiais, trouxe problemas à viticultura francesa. A qualidade decaiu, e o Languedoc-Roussillon, em particular, passou a produzir ilimitadas quantidades de vinho de mesa de qualidade inferior. Padrões e autenticidade eram ameaçados por importações baratas e imitações. Para combater esses problemas, o sistema *Appellation d'Origine Contrôlée*, ou AOC *(pág 14)*, foi introduzido em 1930. A partir dos anos 1970, maiores investimentos e o interesse de uma nova geração, fizeram reviver a indústria, reconduzindo-a aos altos padrões de hoje.

Vinho e Comida Inseparáveis

Na França, vinho e comida constituem uma poderosa herança cultural e gastronômica e são inseparáveis. Um vinho regional é acompanhamento e complemento para a cozinha daquela região. Como se desenvolveram ao longo dos séculos, lado a lado, são talhados para se harmonizar uns com os outros. Combinações clássicas incluem a cozinha rica e consistente de Bordeaux com seus vinhos tânicos e digestivos; peixe de água doce em molho de manteiga com um saboroso branco da Borgonha; um Muscadet do Loire, de agradável acidez, com frutos-do-mar locais; e o oleoso e doce Sauternes com o sabor rico do *foie gras*.

A Indústria Vinícola Hoje

A França compete com a Itália pela primeira posição mundial em volume de produção de vinhos. Nos últimos vinte anos, a produção caiu de 6,9 bilhões de litros em 1985 para 5,2 bilhões em 2002. A área total de vinhedos se aproxima dos 860 mil ha; os vinhedos AOC correspondem a 55% da produção, o *vin de pays* (vinho regional), a 31%, e o *vin de table* (básico de mesa), a 14%.

Em consumo interno, a França está na frente, consumindo 3,5 bilhões de litros por ano, o que dá uma média de 57 litros por habitante. Em termos de participação na exportação mundial de vinhos de todo o mundo, a França tem perdido terreno para a competição crescente, mas está atrás apenas da Itália em volume, com 1,5 bilhão de litros por ano.

A estrutura da indústria é mantida por cerca de 145 mil viticultores. Eles podem produzir e engarrafar seus próprios vinhos sob o rótulo de um domaine, château ou vinícola, repassar as uvas a uma cooperativa ou vender seus vinhos ou uvas aos *négociants*.

Viticultura e Vinificação

Avanços recentes na produção de vinhos se concentram especialmente nos vinhedos, onde as horas de trabalho se multiplicam na tentativa de aperfeiçoar os padrões. Há maquinário, embora nas vinícolas de primeira linha haja grande demanda por tarefas como poda e colheita manuais. Há também um movimento generalizado de afastamento do uso maciço de fertilizantes químicos e pesticidas (como ocorria entre 1960 e 1970). O tratamento das doenças é associado a relatórios climáticos, e são feitos ajustes no solo depois das análises. Os que buscam uma abordagem orgânica mais ampla chegaram a adotar o sistema biodinâmico de cultivo *(pág 66)*. Nos últimos 20 anos, programas de remoção de vinhas e de replantio têm alterado as proporções de terra destinada a cada cepa. Syrah, Merlot, Cabernet Sauvignon, Chardonnay e Sauvignon Blanc têm mostrado forte crescimento, enquanto Carignan e Sémillon, por exemplo, estão em declínio.

Colheita em Clos de Vougeot, na Borgonha

Os anos 1980 assistiram a enormes avanços tecnológicos. Hoje em dia, as atividades continuam a se concentrar no aperfeiçoamento da higiene, nos controles de qualidade e em investimentos nos sistemas de regulagem de temperatura e novos barris de carvalho.

Variedades de Uvas Tintas e Estilos de Vinho

No clima ameno de Bordeaux, as uvas Merlot, Cabernet Sauvignon e Cabernet Franc são utilizadas em combinações variadas (os chamados cortes) que produzem mais vinhos de boa qualidade do que qualquer outra região. Os estilos variam do herbáceo e frutado ao firme, cheio e longevo. As três também são vinificadas individualmente como *vin de pays* varietais, especialmente no Languedoc-Roussillon. Na Provença, a Cabernet Sauvignon dá mais complexidade e estrutura tânica a alguns cortes e a Cabernet Franc, no Vale do Loire, produz um vinho fresco, frutado e revigorante.

Para saber mais sobre os estilos dos vinhos, **págs 136-7**

A Pinot Noir aparece na região mais fria, ao norte, como a uva tinta da Borgonha, base de vinhos vibrantes, aromáticos e com bom potencial de guarda. Dela é feito o único vinho tinto da Alsácia; além disso, é usada também na combinação que produz o champanhe. A característica frutada do Beaujolais vem da Gamay, que também aparece no Vale do Loire.

A Syrah domina o Norte do Rhône, onde os vinhos têm cor profunda, frutado escuro e especiarias. É cada vez mais utilizada também nos cortes produzidos no sul do Rhône e no Languedoc-Roussillon. A cepa dominante nessas regiões, porém, é a convidativa e generosa Grenache. A Mourvèdre é outra uva nobre encontrada nos cortes do sul.

Variedades de Uvas Brancas e Estilos de Vinhos

A Chardonnay é o tipo de uva branca mais plantada na França. Atinge seu apogeu na Borgonha, produzindo uma gama de estilos que vão do rico e amanteigado Mersault, envelhecido em barris, até os vinhos intensos, com aromas minerais característicos, no clima mais extremo do Chablis. É um dos componentes centrais do champanhe e também pode aparecer como componente único do champanhe *blanc des blancs*. Também é cultivada no Vale do Loire e tem feito bastante sucesso como *vin de pays* varietal frutado no Languedoc-Roussillon.

Com acidez agradável e vivacidade, a Sauvignon Blanc é encontrada nos climas amenos e frios do Vale do Loire e de Bordeaux. É freqüentemente combinada com a Sémillon para fazer vinhos brancos em estilo seco e doce, característicos de Bordeaux. A outra importante do Vale do Loire é a Chenin Blanc, com a qual se produzem de vinhos secos a doces luxuriantes.

Os vinhos característicos da Alsácia exibem uma grande variedade de uvas brancas – as principais são a seca e ácida Riesling, a aromática Gewürztraminer e a encorpada Pinot Gris. Mais ao sul do país e no Vale do Rhône, é cultivada uma grande variedade de uvas brancas. Em geral, elas têm menos acidez, o que é resultado do clima mais quente. As mais características são a Muscat, de sabor acentuado, e a opulenta Viognier de Condrieu.

Château Pichon-Longueville, na região de Pauillac, em Bordeaux

Legislação na França

A França possui uma das mais extensas e copiadas legislações vinícolas do mundo. Criadas em 1930, as normas da Appellation d'Origine Contrôlée *(AOC ou AC, Denominação de Origem Controlada, em português) fornecem o modelo para todas as indústrias da União Européia. As fronteiras de cada AOC são claramente definidas e, dentro de cada área, os produtores são obrigados a seguir normas rígidas.*

O sistema AOC é baseado no princípio de que regiões geográficas distintas (mais do que cepas de uvas isoladamente) são responsáveis pelo sabor único e pelas características singulares dos vinhos franceses. Uma designação AOC no rótulo de uma garrafa garante que o vinho provém da região especificada e foi produzido de acordo com as normas da legislação local.

Com a exceção dos vinhos produzidos na Alsácia, o nome da uva raramente é mencionado no rótulo de um vinho originário de uma AOC, o que exige do bebedor um conhecimento nada desprezível. A AOC está no topo da classificação hierárquica francesa dos vinhos, com a virtualmente extinta VDQS logo atrás; as duas se aplicam aos chamados vinhos de qualidade. A seguir estão o *vin de pays*, ou vinho regional, que provém de regiões mais amplas (e pode ser de alta qualidade), e o nitidamente inferior *vin de table*, vinho básico de mesa, que pode ser produzido em qualquer lugar da França.

As Classificações do Vinho

Existem quatro classificações para os vinhos: duas para os vinhos de primeira linha e duas para as bebidas de qualidade inferior. A classificação superior, que é a *Appellation d'Origine Contrôlée* (AOC ou AC), garante que um vinho foi produzido em uma área determinada de acordo com as leis e regulamentos locais. Dizem respeito às fronteiras da denominação, às variedades de uvas que podem ser usadas, ao estilo dos vinhos, safra, datas das colheitas, teores alcoólicos mínimos e outras especificações pertinentes.

As AOCs às vezes são subdivididas ainda mais, classificando vinícolas ou vinhedos individualmente. Bordeaux possui o mais famoso – e o mais complexo – sistema de classificação *(pág 19)*. Seus prestigiosos châteaux Médoc, na Margem Esquerda, são subdivididos em cinco categorias, do *premier* ao *cinquième cru*. Ao longo do estuário do Gironda, na Margem Direita, o St-Émilion tem hierarquia própria, sendo o título *premier grand cru classé* reservado para os châteaux mais bem

Termos Comuns nos Rótulos Franceses

blanc branco.
cave adega.
château casa produtora, especialmente em Bordeaux.
coopérative associação que produz vinho para alguns viticultores de uma região.
côte(s)/coteaux encosta, encostas de colina.
cru plantação, em geral utilizado para designar vinhedo.
cru classé vinhedo classificado.
demi-sec meio-doce.
domaine propriedade, casa produtora.
doux doce.
grand cru vinhedo excelente.
méthode classique/ traditionnelle vinho espumante feito com a mesma técnica aplicada aos produzidos em Champagne.
mis(e) en bouteille au château/domaine/ à la propriété engarrafado no local de produção.
négociant comerciante que compra o vinho dos produtores e vende sob seu próprio rótulo individual.
premier cru primeiro vinhedo.
propriétaire dono da propriedade ou do vinhedo.
récolte safra ou colheita.
rouge tinto.
sec seco.
supérieur um vinho com teor alcoólico mais elevado.
vigneron/viticulteur viticultor, produtor.
vignoble vinhedo.
vendange tardive colheita tardia.
vin vinho.

Para conhecer mais termos ligados ao vinho, **págs 148-53**

Como Ler o Rótulo de um Vinho Francês

Ao encarar um rótulo francês desconhecido, verifique primeiro a sua appellation *ou outra classificação. Com isso, terá uma idéia do estilo do vinho e dos principais tipos de uva utilizadas em sua composição. Termos como* grand cru *ou* grand cru classé *podem indicar a sua qualidade potencial, mas o nome do produtor tende a ser o fator mais importante. Um vinho mais simples de um bom produtor pode ser superior ao* grand cru *de outro produtor. A safra também é importante. O rótulo abaixo é o de um Château Margaux, um afamado* premier grand cru classé *de Bordeaux.*

Château Margaux é o nome do produtor. Pode ser um *château*, um *domaine*, uma *maison* ou apenas uma marca registrada.

Grand vin literalmente significa "vinho excelente", mas geralmente indica a melhor bebida daquele produtor.

Mis en bouteille au château indica que o vinho foi engarrafado no local de produção, um sinal que costuma indicar que determinado produtor se preocupa com a qualidade.

2000 indica a safra: o ano em que as uvas foram colhidas.

Appellation Margaux Contrôlée confirma que o vinho provém da AOC de Margaux e cumpre todos os seus requisitos.

Premier Grand Cru Classé indica que o Château Margaux obteve o status de primeiro vinhedo na Classificação de Bordeaux de 1855.

avaliados. Na Borgonha, classificam-se vinhedos individuais, e não casas produtoras; os *grands crus* são os mais celebrados, seguidos pelos *premiers crus*. Em Champagne, os dois mais bem classificados também são o *grand cru* e o *premier cru*. Não existe a classificação *premier cru* na Alsácia, mas os melhores vinhedos têm o direito de usar a designação *grand cru*.

A segunda classificação, *Vin Délimité de Qualité Supérieure* (VDQS), é uma categoria pouco importante, pois está sendo desativada. Serve apenas como um trampolim para as regiões que almejam obter a AOC.

A terceira e a quarta categorias são o *vin de pays* (VdP) e o *vin de table* (VdT). O VdP é originário de uma área designada mais ampla. As normas não são tão estritas quanto as exigidas pela AOC ou pela VDQS, e alguns produtores adotam a categoria para fazer vinhos de variedades proibidas pela AOC e pela VDQS. Uma safra ou uma ou duas variedades de uva podem constar do rótulo. O VdT pode ser feito em qualquer região da França. É a categoria menos regulamentada, e o rótulo não pode indicar a safra, a região ou as variedades de uva utilizadas na produção.

BORDEAUX

Introdução
18-19

Mapa Vinícola de Bordeaux
20-21

Áreas do Médoc e da Margem Esquerda
22-24

Denominações do Sudoeste Francês
25

Grandes Produtores da Margem Esquerda
26-31

Áreas Vinícolas de St-Émilion e da Margem Direita
32-35

Grandes Produtores da Margem Direita
36-39

Áreas Vinícolas de Entre-Deux-Mers
40-41

Grandes Produtores de Entre-Deux-Mers
42-43

BORDEAUX

BORDEAUX NÃO É APENAS *uma das regiões vinícolas mais famosas do mundo: é um império, com quase 120 mil ha de vinhedos que produzem 650 milhões de litros por ano. A região produz alguns dos vinhos mais afamados e caros do planeta – Château Margaux, Lafite, Haut-Brion e Cheval Blanc, para mencionar apenas alguns. E estes são apenas a cereja do bolo.*

Legenda

Bordeaux

Os romanos foram provavelmente os primeiros a cultivar vinhas em Bordeaux, mas o comércio vinícola não se desenvolveu ali, de fato, até o século 12. O casamento de Eleanor de Aquitânia com Henrique Plantageneta (mais tarde Henrique 2° da Inglaterra), em 1152, efetivamente passou a região à Coroa inglesa e abriu os portões para o comércio com a Inglaterra. Os laços políticos foram rompidos em 1453, embora o comércio com os ingleses permanecesse, enquanto os outros mercados ultramar de Bordeaux se expandiam.

A Indústria Vinícola em Bordeaux

O vinho é hoje a alma de Bordeaux: há 57 denominações na região, com cerca de 12.500 viticultores, 57 cooperativas, 400 *négociants* e 130 corretores (que compram e vendem estoques de vinhos). Os numerosos produtores são viticultores – a maioria, membros de cooperativas – ou *châteaux*, propriedades vinícolas individuais que não são, necessariamente, castelos. A denominação genérica Bordeaux responde por metade da produção anual; a seguir, vêm as *petites appelations*, como as Côtes de Bourg, e, finalmente, denominações ilustres como Pomerol e Margaux.

Para a maioria dos enófilos, Bordeaux é sinônimo de vinho tinto – e, de fato, os tintos correspondem a 85% de sua produção. Eles são feitos combinando-se três cepas principais: Cabernet Sauvignon, Merlot e Cabernet Franc. Embora sua produção esteja diminuindo, os brancos secos e doces ainda têm papel importante no panorama bordalês. O doce Sauternes é um dos melhores vinhos do mundo, enquanto os brancos secos com acidez pronunciada e agradável melhoraram muitíssimo. Os dois vinhos combinam as sepas St-Émilion, Sauvignon Blanc e, ocasionalmente, um toque de Muscadelle.

Os vinhos Bordeaux são classificados segundo uma tabela que reflete seus méritos. Não há, porém, um único sistema de classificação: várias hierarquias diferentes foram criadas em épocas distintas, ao longo dos dois últimos séculos, cada qual com sua própria história e um intrincado conjunto de regras.

A Classificação de 1855

A mais famosa classificação de Bordeaux refere-se aos vinhos tintos da península do Médoc e aos brancos de Sauternes. O sistema foi criado para os vinhos que seriam exibidos na feira Universal de Paris em 1855 por determinação do imperador Napoleão 3°. O Syndicat des Courtiers de Bordeaux classificou os vinhos baseando-se em décadas de estatísticas comerciais. Sessenta châteaux do Médoc e um (o Château

Págs 16-7 **Vinhedo da casa Mouton-Rothschild, em Pauillac, um dos mais famosos *premiers crus* do Médoc**

Château Pichon Longueville na região de Pauillac, em Bordeaux

Haut-Brion) da região de Graves foram ordenados numa escala de cinco níveis diferentes (do *premier cru* ao *cinquième cru*, ou do primeiro ao quinto vinhedo) de acordo com seu valor comercial. Do mesmo modo, 26 châteaux em Sauternes e Barsac foram classificados como *premier* ou *seconde cru*, tendo o Château d'Yquem sido destacado como *premier cru supérieur*. A lista só mudou uma vez: em 1973, o Château Mouton-Rothschild foi promovido de *seconde* a *premier*. A classificação ainda é um bom instrumento de indicação de qualidade, embora alguns châteaux mereçam seu status mais do que outros – o que, geralmente, é indicado pelo preço dos seus vinhos.

Os Crus Bourgeouis do Médoc

Depois de uma revisão de todas as propriedades, uma nova classificação dos *crus bourgeois* na península do Médoc foi anunciada em 2003, por um comitê de especialistas. Essa classificação teve início como de forma de promoção, nos difíceis anos de recessão da década de 1930, e hoje tem 247 châteaux listados. Vale basicamente para as propriedades localizadas em uma das oito denominações do Médoc que foram omitidas da classificação de 1855. Hoje, a classificação é mais estruturada e implica certo nível de qualidade, mas ainda é um veículo para châteaux menos conhecidos. O sistema de classificação possui três categorias amplas: *crus bourgeois exceptionnels* (9), *crus bourgeois supérieurs* (87) e *crus bourgeois* (151).

A Classificação de Graves

A classificação de Graves foi compilada pela primeira vez em 1953, pelo Institut National des denominações d'Origine (INAO), e atualizada em 1959. Possui uma única categoria, o Graves *cru classé*; os châteaux são classificados por seus vinhos tintos, brancos ou por ambos. Todos os 16 châteaux selecionados se localizam na AOC Pessac-Léognan.

Château Mouton-Rothschild

A Classificação de St-Émilion

A originalidade desta classificação é o fato de que é revisada a cada dez anos. A primeira edição é de 1955, e a mais recente, de 2006. Tem duas grandes categorias, *premier grand cru classé* e *grand cru classé*. Treze châteaux atualmente são classificados como *premiers grands crus*. Os châteaux Ausone e Cheval Blanc têm uma distinção adicional, o status "A"; os demais possuem status "B". Existem 55 *grands crus classés*.

Mais sobre os vinhos do Médoc, Graves e Sauternes **págs 22-31**
Mais sobre os vinhos St-Émilion e outros da Margem Direita **págs 32-9**

Mapa Vinícola de Bordeaux

Os rios Garonne e Dordogne passam por Bordeaux ao abrir seus caminhos na direção noroeste, rumo ao Atlântico, e dividem a região em três segmentos: a oeste do Garonne estão os vinhedos da chamada Margem Esquerda, do Médoc, Graves e Sauternes; a leste do Dordogne fica a Margem Direita, que inclui St-Émilion, Pomerol e Fronsac. Entre eles fica a faixa de terra conhecida como Entre-Deux-Mers, que significa, literalmente, "entre dois" mares.

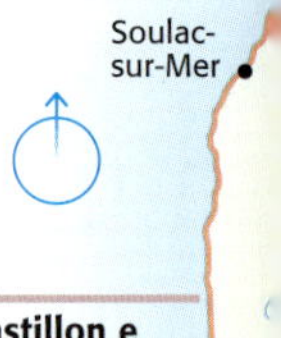

MARGEM ESQUERDA E SEUS PRODUTORES

Médoc *pág 22*

Haut-Médoc *pág 22*

St-Estèphe *pág 22*
Cos d'Estournel *pág 26*
Montrose *pág 26*

Pauillac *pág. 22*
Lafite-Rothschild *pág 26*
Latour *pág 26*
Lynch-Bages *pág 27*
Mouton-Rothschild *pág 27*
Pichon-Longueville *pág 27*
Pichon-Longueville Comtesse de Lalande *pág 27*

St-Julien *págs 22-3*
Ducru-Beaucaillou *pág 28*
Gruaud-Larose *pág 28*
Léoville-Barton *pág 28*
Léoville Las Cases *pág 28*

Listrac-Médoc *pág 23*

Moulis *pág 23*

Margaux *pág 23*
Margaux *pág 29*
Palmer *pág 29*
Rauzan-Ségla *pág 29*

Pessac-Léognan *pág 24*
Chevalier *pág 30*
Haut-Brion *pág 29*
La Mission Haut-Brion *pág 29*
Pape Clément *pág 30*
Smith-Haut-Lafitte *pág 30*

Graves *pág 24*

Sauternes *pág 24*
Climens *pág 30*
Lafaurie-Peyraguey *pág 31*
Rieussec *pág 31*
Suduiraut *pág 31*
Yquem *pág 31*

MARGEM DIREITA E SEUS PRODUTORES

St-Émilion e St-Émilion Grand Cru *pág 32*
Angélus *pág 36*
Ausone *pág 36*
Beau-Séjour Bécot *pág 36*
Belair *pág 36*
Cheval Blanc *pág 36*
Clos Fourtet *pág 37*
Figeac *pág 37*
Mondotte, La *pág 38*
Pavie *pág 37*
Pavie Macquin *pág 37*
Tertre Roteboeuf, Le *pág 37*
Valandraud *pág 37*

St-Émilion Satellites *págs 32-3*

Pomerol *pág 33*
Conseillante, La *pág 38*
Église-Clinet, L' *pág 38*
Évangile, L' *pág 39*
Grand Village *pág 38*
Pétrus *pág 39*
Pin, Le *pág 38*
Trotanoy *pág 39*
Vieux Château Certan *pág 39*

Lalande-de-Pomerol *pág 34*

Fronsac e Canon-Fronsac *pág 34*

Côtes de Castillon e Bordeaux-Côtes de Francs *págs 34-5*

Côtes de Bourg *pág 35*

Blaye, Côtes de Blaye e Premières Côtes de Blaye *pág 35*

REGIÃO DE ENTRE-DEUX-MERS E SEUS PRODUTORES

Entre-Deux-Mers e Haut-Benauge *pág 40*
Ste-Marie *pág 42*

Graves de Vayres *pág 40*

Premières Côtes de Bordeaux *págs 40-1*
Reynon *pág 42*
Suau *pág 42*

Cadillac, Loupiac e Ste-Croix-du-Mont *pág 41*

Bordeaux Genéricos e *Supérieur* *pág 41*
Bonnet *pág 42*
Courteillac *pág 43*
Fontenille *pág 43*
Penin *pág 43*
Reignac *pág 43*
Thieuley *pág 43*
Tour de Mirambeau *pág 43*

Os produtores são listados por seus nomes mais conhecidos. Os nomes completos de cada château ou domaine aparecem nas listas principais

Château Palmer em Margaux

Informações Regionais Básicas

Latitude 44,5-45,5°N.

Altitude 0-100m.

Topografia Nesta região bastante plana, o formato do solo tem pouco impacto na viticultura. As águas tépidas no estuário do rio Gironda podem afetar o amadurecimento das uvas.

Solo Variado: os melhores, como o platô de calcário de St-Émilion e os solos de cascalho do Médoc e de Graves, ajudam a drenar o suprimento de água para as uvas.

Clima Temperado e marítimo. Diferenças acentuadas na temperatura e padrões anuais de chuva afetam a qualidade das safras. De modo geral, os invernos são amenos e os verões, quentes.

Temperatura A média em julho é de 20,5°C.

Chuvas A média anual é de 900mm.

Problemas para a viticultura Chuva na colheita, geadas na primavera, seca e praga cinzenta.

Vinhos tintos de Bordeaux

Áreas do Médoc e da Margem Esquerda

A Margem Esquerda é a melhor região para a Cabernet Sauvignon, porque os solos de cascalho de St-Estèphe, Pauillac, St-Julien e Margaux, na península do Médoc, e de Graves, mais ao sul, são ideais para esta tipo de uva cujo amadurecimento é tardio. Os vinhos dos maiores châteaux têm grande potencial de guarda. É a terra do Sauternes, um dos vinhos brancos doces mais finos do mundo.

Médoc

A AOC Médoc compreende apenas o norte da pensínsula, o que causa certa confusão. Conhecida no passado como Bas-Médoc, a área tem 5 mil ha cobertos com vinhas. O terreno é plano, com áreas alagadiças e pastos intercalados com áreas esparsas de cascalho para vinhedos. Os vinhos podem ser bastante simples, rústicos, até um pouco insípidos, mas um aumento nos vinhedos de Merlot acrescentou-lhes corpo e finesse. Boa parte da produção é tocada por cooperativas, mas, cada vez mais, vinhos com boa relação custo-benefício produzidos por châteaux individuais. *Calcário e argila, areia, cascalho* *Cabernet Sauvignon, Merlot, Cabernet Franc, Petit Verdot* *tinto*

Haut-Médoc

Na parte sul do Médoc, os 4,5 mil ha de terras vitícolas que não são cobertos pelas seis denominações comunais (St-Estèphe, Pauil-lac, St-Julien, Listrac, Moulis, Margaux) recebem a designação AOC Haut-Médoc. Os solos, com muito cascalho, são ideais para o cultivo da Cabernet Sauvignon. Cinco propriedades – Belgrave, Camensac, Cantemerle, La Lagune e La Tor Carnet – foram incluídas na classificação de 1855. A maioria dos produtores faz os tradicionais, bons e baratos *crus bourgeois*. *Cascalho, calcário e argila* *Cabernet Sauvignon, Merlot, Cabernet Franc, Petit Verdot* *tinto*

St-Estèphe

É a área mais ao norte entre as quatro mais importantes denominações comunais do Médoc. A AOC St-Estèphe tem uma atmosfera mais rural que suas vizinhas, e as propriedades continuam a ser administradas basicamente por famílias. A região tem solos e bolsões de cascalho perto do estuário, conhecidos como calcário de St-Estèphe, com areia e argila no oeste e no norte. A Cabernet Sauvignon que cresce nos solos mais frescos de calcário produz um vinho de caráter ligeiramente mais austero, e por isso houve certa migração para o cultivo da Merlot, com sabor mais redondo e carnudo. Em geral, os vinhos enchem a boca, são firmes e envelhecem por muito tempo. Os crus *bourgeois* respondem por 54% da produção. *Cascalho, calcário e argila, areia* *Cabernet Sauvignon, Merlot, Cabernet Franc, Petit Verdot* *tinto*

Pauillac

Para muitos, Pauillac produz o perfeito vinho do Médoc – potente, concentrado e longevo, com aromas de cassis, cedro e caixa de charuto. Os châteaux Lafite-Rothschild, Latour e Mouton-Rothschild foram os três primeiros vinhedos a integrar a AOC Pauillac, assim como outras 15 propriedades classificadas. Separados de St-Estèphe por um pequeno curso d'água, os profundos solos de cascalho da região e sua proximidade com o calor do estuário do rio Gironda constituem o terroir ideal para a Cabernet Sauvignon. *Cascalho* *Cabernet Sauvignon, Merlot, Cabernet Franc, Petit Verdot* *tinto*

As dez melhores safras de Bordeaux produzidas nos últimos 60 anos são: 1945, 1947, 1949, 1953, 1959, 1961, 1982, 1990, 1995 e 1996

Château Cos d'Estournel, na região de St-Estèph

St-Julien

A compacta AOC St-Julien compreende dois platôs de cascalho e muito bem drenados no Gironda. De seus 900ha, 80% pertencem a 11 châteaux classificados como de alto padrão, cinco deles classificados como segundos vinhos. A variedade dominante de uva é a Cabernet Sauvignon, mas, ao contrário dos tintos concentrados da vizinha Pauillac, os vinhos de St-Julien são mais contidos e equilibrados, com um caráter frutado mais suave. *Cascalho* *Cabernet Sauvignon, Merlot, Cabernet Franc, Petit Verdot* *tinto*

Listrac-Médoc

As plantações de Merlot na AOC Listrac-Médoc atualmente já ultrapassam as de Cabernet Sauvignon. Os solos frescos de calcário e argila e a maior distância do calor do estuário do Gironda dificultam o amadurecimento pleno da Cabernet Sauvignon. No passado, isto significava vinhos mais duros, mas o uso de mais Merlot deu-lhes mais corpo e ajudou a suavizar seus taninos. A Listrac é um importante produtor, mas os melhores vinhos vêm dos 20 châteaux individuais que produzem *crus bougeois*. *Calcário e argila, cascalho, areia* *Merlot, Cabernet Sauvignon, Cabernet Franc, Petit Verdot* *tinto*

Moulis

É a menor das denominações, com 590ha. A AOC Moulis tem uma ponta de solo de cascalho a leste, ideal para a Caberbet Sauvignon. Alguns châteaux produzem vinhos semelhantes em qualidade e estilo aos do Haut-Médoc. No interior, nos solos de calcário e argila, há um percentual maior de Merlot, e os vinhos são mais frutados e menos intensos. Assim como em Listrac-Médoc, os melhores vinhos são os *crus bougeois*. *Cascalho, calcário e argila* *Cabernet Sauvignon, Merlot, Cabernet Franc, Petit Verdot* *tinto*

Margaux

É a maior de todas as denominações, com seus 1.400ha ao redor dos vilarejos de Arsac, Labarde, Centenac, Soussans e Margaux. A região produz vinhos de corpo delicado, aromáticos e com fina estrutura tânica. São descritos como "femininos", embora a moderna técnica de vinificação produza alguns mais concentrados. Com 21 châteaux classificados (1855), incluindo o primeiro vinhedo, Château Margaux, os padrões não eram muito altos até meados dos anos 1990. Mas uma nova geração trouxe avanços em termos de padrão e qualidade. *cascalho* *Cabernet Sauvignon, Merlot, Cabernet Franc, Petit Verdot* *tinto*

Boas safras recentes da região de Bordeaux incluem as de 2000, 2003 e 2005 – vinhos finos produzidos nesses anos devem estar armazenados em adegas

Pessac-Léognan

Em 1987, a região norte de Graves tornou-se a denominação independente de Pessac-Léognan. Alguns vinhedos ficam na região metropolitana de Bordeaux. Com seus solos de cascalho, a área tem grande potencial para investimentos. Famosa por seus tintos, semelhantes aos do Médoc, mas que se sentem um pouco mais encorpados na boca. Respondem por cerca de 80% da produção dos 1.450ha de vinhas. A pequena produção de vinho branco seco é a melhor de Bordeaux: encorpada, persistente, com aroma e sabor de frutas cítricas e bom potencial de guarda. *Cascalho* *Cabernet Sauvignon, Merlot, Cabernet Franc, Petit Verdot* *Sauvignon Blanc, Sémillon, Muscadelle* *tinto, branco*

Graves

Região de pequenas propriedades familiares que não tem o nível de investimento de Pessac-Léognan. Mas é possível encontrar vinhos com bom custo-benefício. Além dos solos de cascalho, há também os de calcário e argila e os arenosos. Os tintos da AOC Graves, feitos a partir de 2,5 mil ha de vinhas, levam um percentual crescente de Merlot no corte. São frutados e devem ser bebidos em até cinco anos. Os brancos secos de Graves, produzidos a partir de outros 800ha de vinhas, têm dois estilos: os vivazes, com acidez agradável, frescos, aromáticos e ultra-secos, e os encorpados amadurecidos no barril. Há também Graves Supérieur, branco e doce, feito com uvas de colheita tardia. *Cascalho, calcário e argila, arenoso* *Cabernet Sauvignon, Merlot, Cabernet Franc* *Sauvignon Blanc, Sémillon, Muscadelle* *tinto, branco, sobremesa*

A Podridão Nobre

A podridão nobre *(pourriture noble)* é causada pelos esporos do fungo, o *Botrytis cinerea*, bastante comum na região de Sauternes. Ele reduz a quantidade de água da uva, acentuando seus níveis de açúcar, acidez, viscosidade e sabor, resultando em um vinho doce, untuoso e aromático. A umidade das manhãs de outono, seguida pela luz do sol, permite que o fungo perfure a casca da uva sem danificar a sua polpa. De início, ele aparece como uma mancha amarronzada, que se estende para cobrir toda a uva, enrugando-a completamente. Porém, como seu aparecimento é irregular, as uvas são colhidas seletivamente, de acordo com várias triagens *(tris)*. Isso explica a quantidade relativamente pequena de vinho produzido e o alto custo de produção.

Sauternes

Ao norte de Bordeaux, na margem esquerda do rio Garonne, a área produz alguns dos mais esplêndidos vinhos doces aromáticos do mundo. Esta AOC, aplicada a vinhos brancos *pourriture noble*, totaliza cerca de 2,2 mil ha das comunidades de Bommes, Fargues, Sauternes, Preignac e Barsac. Os produtores de Barsac têm autorização para rotular seus vinhos como Sauternes ou Barsac – este, em geral, é um tipo mais leve, menos robusto que o Sauternes. Os principais châteaux foram classificados em 1855, e o mais famoso deles é o d'Yquem. As uvas, em sua maioria Sémillon, de início amadurecem naturalmente. No outono, o Garonne recebe águas mais frias do afluente Ciron, que produz uma névoa ótima para a ação do fungo sobre as uvas. Tal dependência do clima implica grande variação entre as safras, e os grandes châteaux, nos anos desfavoráveis, podem deixar de fazer vinhos. A colheita manual pode ir até dezembro, e a produção é muito baixa – não mais de 2.500 l/ha. *Cascalho, calcário, arenoso* *Sémillon, Sauvignon Blanc, Muscadelle* *branco, sobremesa*

Denominações do Sudoeste Francês

Legenda

Sudoeste da França

Fora da região de Bordeaux, o Sudoeste da França abrange cerca de 30 AOCs de menor importância, dispersas em um território amplo e variado. As regiões de **Bergerac**, **Monbazillac** (conhecidas por seus vinhos brancos doces), **Buzet**, **Côtes de Duras**, **Cahors** e **Gaillac** chegaram a rivalizar seriamente com Bordeaux na Idade Média. Nessas áreas, atualmente, as cooperativas fornecem boa parte do vinho. O clima é temperado, com invernos um pouco mais frios no interior. Os tipos de uvas bordalesas são muito cultivadas, e os vinhos tintos e brancos são comparáveis, em estilo, aos bordaleses. Em Cahors, a uva Malbec (conhecida localmente como Auxerrois) produz vinhos tintos escuros, tânicos e com notas minerais, enquanto Gaillac possui um conjunto de cepas locais, incluindo as brancas Mauzac e Len de l'El, que resultam em estilos variados. A Négrette aparece na AOC **Côtes de Frontonnais**, produzindo tintos aromáticos e com especiarias.

Ao sul, perto dos Pireneus e da fronteira com a Espanha, estão **Madiran**, **Jurançon** e **Irouléguy**. Nos últimos anos, houve um renascimento da vinificação de qualidade, liderada por alguns produtores. O clima marítimo sofre a influência da altitude em Jurançon e Irouléguy, com vinhas plantadas a 300 ou 400m de altitude. A uva Tannat de Madiran dá vinhos tintos firmes, tânicos, suavizados por técnicas modernas de produção. A mesma variedade, combinada com Cabernet Sauvignon e Cabernet Franc, é encontrada em Irouléguy. O ácido Jurançon se apresenta nas versões brancas secas e doces feitas de Petit e Gros Manseng e Petit Corbu.

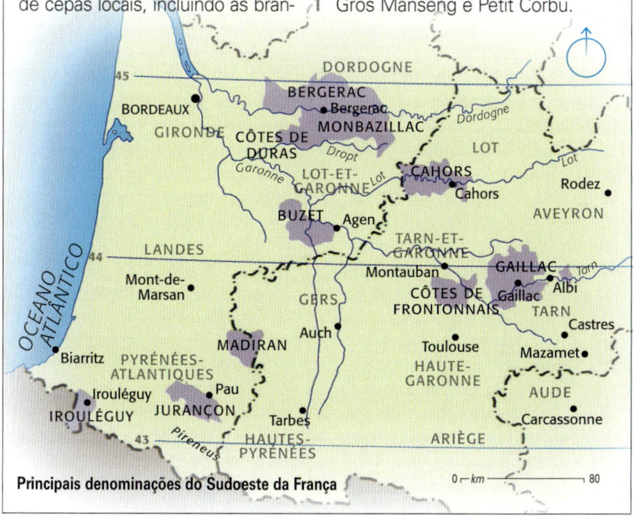

Principais denominações do Sudoeste da França

Esq **Adega do Château Lafite Rothschild** Dir **Ruínas de um château em Sauternes**

Grandes Produtores da Margem Esquerda

Château Cos d'Estournel
St-Estèphe

Foi fundada por em 1811 por Louis Gaspard d'Estournel, um homem fascinado pela Ásia que construiu as extravagantes adegas em formato de pagode que são utilizadas ainda hoje. Um dos dois *deuxièmes crus* de St-Estèphe, a Cos produz um *grand vin* particulamente rico, denso e com fina textura, com alto e pouco característico percentual de Merlot em sua composição, o que o deixa mais encorpado. Seu notável segundo vinho, Les Pagodes de Cos, foi lançado em 1994. A propriedade atualmente pertence a um empresário francês e é administrada por Jean-Guillaume Prats, da família dos proprietários anteriores. *St-Estèphe • 05 56 73 15 50 • www.cosestournel.com ◻ com hora marcada ◼ tinto*

Château Montrose
St-Estèphe

Pertencente à família Charmolüe desde 1896, o outro *deuxième cru* de St-Estèphe tem perfil semelhante ao do Château Latour, de Pauillac. O vinhedo profundo, em terreno pedregoso, se localiza nas proximidades do estuário do rio Gironda, com exposição sudeste; seus vinhos dominados pela Cabernet Sauvignon são firmes, feitos para guarda longa. Em safras recentes, um grau mais elevado de maturação das uvas tem ajudado a suavizar o vinho. *St-Estèphe • 05 56 59 30 12 ◻ com hora marcada ◼ tinto*

Château Lafite-Rothschild
Pauillac

A história do Château Lafite pode ser traçada até o século 14. Seu nome deriva do termo gascão *la hite* (outeiro) – e, de fato, seu vinhedo de 100ha está plantado em uma colina pedregosa diante do estuário do Gironda. A propriedade obteve a primeira colocação entre os *premiers crus*, em 1855, e seus vinhos sempre se destacaram por sua elegância e capacidade de guarda. Graças a mudanças na seleção e no processo de vinificação, as safras têm sido sublimes, com mais corpo, volume e textura, desde 1995. É propriedade da família Rothschild desde 1868. Seu segundo rótulo é chamado Carruades de Lafite, um vinho que também melhorou muito desde 1995. *Pauillac • 05 56 73 18 18 • www.lafite.com ◻ com hora marcada ◼ tinto*

Château Latour
Pauillac

O Château Latour tem o perfil clássico de Pauillac. Produzido principalmente com uvas Cabernet Sauvignon, o vinho tem força contida, frescor, estrutura metálica e aromas de cassis e cedro. O coração da propriedade é o vinhedo Enclos, que cerca o castelo e as adegas reformadas em 2002. Enquanto esse é o esteio do vinho, outras vinhas são utilizadas para produzir um excelente segundo rótulo, o Les Forts de Latour. Depois de 30 anos em mãos britânicas, o château foi comprado pelo empresário francês Fran-

Em degustações realizadas em abril de 2006, produtores bordaleses celebraram a safra de 2005 como excepcional, talvez a melhor há decadas

çois Pinault em 1993. *Pauillac • 05 56 73 19 80 • www.chateau-latour.com com hora marcada tinto*

Château Lynch-Bages
Pauillac

O Lynch-Bages tem o mais singular entre os estilos de vinho. Dominado pela Cabernet Sauvignon, sua opulência e exuberância o distinguem de outros mais metálicos e contidos de Pauillac. Sua popularidade é evidente: o château vende, há muitos anos, seu vinho por preço bastante superior ao seu status de *cinquième cru*. Localizada no planalto de Bages, a propriedade pertenceu durante algum tempo à família irlandesa Lynch, de Galway, mas hoje está nas mãos da família Cazes. Faz também uma pequena quantidade de vinho branco, o Blanc de Lynch-Bages, com Sémillon, Sauvignon Blanc e Muscadelle, que – em se tratando do Médoc, é uma raridade – é semelhante, em estilo, ao branco de Graves. *Pauillac • 05 56 73 19 33 • www.lynchbages.com com hora marcada tinto, branco*

Château Mouton-Rothschild
Pauillac

Originalmente conhecido como Château Brane-Mouton, teve o nome foi mudado em 1853, quando o barão Nathaniel de Rothschild comprou a propriedade. Classificado como *deuxième cru* em 1855, o Château Mouton-Rothschild teve o status elevado a *premier cru* em 1973. Isso se deve, em boa parte, à persistência do barão Philippe de Rothschild, que assumiu a casa em 1922. Entre outras coisas, foi dele a idéia de utilizar nas garrafas rótulos desenhados por artistas. Desde 1945, cada safra tem um rótulo criado por nomes ilustres, entre eles Marc Chagall, Salvador Dalí, Joan Miró e Andy Warhol. O Mouton é um vinho rico, denso e opulento; a casa tem também um segundo rótulo, Le Petit Mouton, e uma pequena quantidade de vinho branco chamado L'Aile d'Argent. *Pauillac • 05 56 73 20 20 • www.bphr.com com hora marcada tinto, branco*

Château Pichon-Longueville
Pauillac

Em 1850, o barão Joseph de Pichon-Longueville dividiu a propriedade da família igualmente entre seus cinco filhos. O *deuxième cru* Château Pichon-Longueville (Baron) foi a parte herdada por seus dois filhos homens. Seu vinho dominado pela uva Cabernet Sauvignon é mais potente, no sentido clássico, do que o produzido no terreno que fica do outro lado da estrada. A propriedade pertence desde 1987 à companhia de seguros AXA-Millésimes, que restaurou o castelo e construiu uma moderna vinícola desenhada por arquitetos internacionais. *Pauillac • 05 56 73 17 17 • www.pichonlongueville.com com hora marcada tinto*

Château Pichon-Longueville Comtesse de Lalande
Pauillac

Esta propriedade, constituída de três quintos da propriedade Pichon-Longueville original, pertencia às três filhas do barão Joseph de Pichon-Longueville. Como as três partes eram administradas por uma das filhas, Virgínia, tornaram-se conhecidas por seu nome de casada, Comtesse (condessa) de Lalande. Outra dama indomável, May-Eliane de Lencquesaing, é dona e administradora da propriedade desde 1978, mantendo seu status de *deuxième cru* de alta qualidade. O vinho, com um percentual de Merlot ligeiramente superior ao utilizado em Pauillac, é redondo, suave e não demora muitos anos para estar agradável. *Pauillac • 05 56 59 19 40 • www.pichon-lalande.com com hora marcada tinto*

Château Ducru-Beaucaillou
St-Julien

Fica próximo ao estuário do Gironde, na fronteira sul de St-Julien. Atrás dele, há uma novíssima adega construída em 1999. As pedras de quartzo, sílex e outras espécies – as *beaux cailloux* de onde se origina o seu segundo nome – são bastante visíveis no vinhedo. A contaminação da madeira nas adegas antigas causou problemas no fim dos anos 1980, mas a propriedade voltou à sua melhor forma. Os vinhos deste château classificado como *deuxième cru* são maduros e elegantes, mas precisam de pelo menos dez anos para evoluir. *St-Julien Beychevelle • 05 56 73 16 73* *com hora marcada* *tinto*

Rótulo do Château Léoville-Barton

Château Gruaud-Larose
St-Julien

Château *deuxième cru* com vista panorâmica para um pequeno riacho no sul da denominação de St-Julien. O vinhedo, com boa exposição, fica em um terreno único, de solo cascalhoso profundo com alto teor de argila. Essas características são, em parte, responsáveis pela personalidade rica e plena do vinho. A propriedade mudou de mãos várias vezes nas últimas décadas. Nos anos 1990, beneficiou-se dos investimentos maciços feitos pelos então proprietários, o conglomerado Alcatel-Alstom. Hoje, é da família Merlaut. *St-Julien Beychevelle • 05 56 73 15 20* *com hora marcada* *tinto*

Château Léoville-Barton
St-Julien

A família Barton, de origem irlandesa, comprou o château em 1826, o que a torna a mais antiga proprietária de um vinhedo classificado no Médoc. O guardião da tradição familiar nos dias de hoje é Anthony Barton, que desde 1982 gerencia a propriedade classificada como *deuxième cru* e faz dela uma das mais regulares do Médoc. Tradicionalmente feito em tanques de madeira, o vinho é longevo à moda clássica, equilibrado e contido. A vinícola tem instalações compartilhadas com o *troisième cru* Château Langoa-Barton, que também pertence à família Barton. *St-Julien Beychevelle • 05 56 59 06 05 • www.leoville-barton.com* *com hora marcada* *tinto*

Château Léoville Las Cases
St-Julien

Embora situado em St-Julien, o coração do vinhedo Léoville Las Cases (Grand Englos) se localiza nas proximidades do Château Latour; não surpreende que seu vinho tenha algo mais do que um mero toque do metal de Pauillac. Um sistema de seleção draconiano destina apenas 40% da produção ao *grand vin*, e o restante serve para a produção de um segundo rótulo muito bom, o

VINCENT GASNIER TOP 10

Excelentes Vinhos de Guarda

1. **Sauternes** (sobremesa) Bordeaux *pág 24*
2. **Savennières** (branco) Anjou-Saumur, Vale do Loire *pág 116*
3. **Côte Rôtie** (tinto) Vale do Rhône *pág 84*
4. **Hermitage** (tinto) Vale do Rhône *pág 85*
5. **Grand Cru Chablis** (branco) Borgonha *pág 51*
6. **Sélection Grains Nobles Grand Cru Riesling** (sobremesa) Alsácia *pág 133*
7. **St-Estèphe** (tinto) Bordeaux *pág 22*
8. **Margaux** (tinto) Bordeaux *pág 23*
9. **St-Julien** (tinto) Bordeaux *págs 22-3*
10. **Pauillac** (tinto) Bordeaux *pág 22*

Clos du Marquis, ou para a venda em massa aos *négociants*. Embora classificado como *deuxième cru*, Las Cases atualmente já merece ser comparado aos primeiros. *St-Julien Beychevelle • 05 56 73 25 26 com hora marcada tinto*

Château Margaux
Margaux
Este château classificado como *premier cru*, com uma imponente construção em colunata, raramente cometeu erros desde que a família Mentzelopoulus o comprou, em 1978. A propriedade tem no total 90ha cultivados, e seu vinho, um corte em que predomina o Cabernet com um "tempero" de Petit Verdot, combina potência natural e elegância. O excelente segundo rótulo é o Pavillon Rouge, e há também um vinho branco de primeira linha, O Pavillon Blanc, feito exclusivamente da cepa Sauvignon Blanc e classificado, como exigem as regras da denominação, de Bordeaux genérico. *Margaux • 05 57 88 83 83 • www.chateau-margaux.com com hora marcada tinto, branco*

Château Palmer
Margaux
Estabelecido no século 19 pelo major-general Charles Palmer, um oficial do exército de Wellington, a propriedade hoje pertence a um consórcio de famílias holandesas, inglesas e francesas. Por muitos anos, a reputação do Palmer superou sua classificação como *troisième cru* . Entre os anos de 1960 e 1970, seus vinhos eram superiores até aos do Château Margaux. Um saudável percentual de Merlot contribui para a lendária textura aveludada do Château Palmer. O segundo vinho do Château Palm, Alter Ego de Palmer, também é excelente. *Cantenac • 05 57 88 72 72 • www.chateau-palmer.com com hora marcada tinto*

Château Rauzan-Ségla
Margaux
Tendo obtido a classificação de segundo melhor vinho da denominação de 1855, depois do Château Margaux, a casa chegou ao fim do século 20 com a reputação abalada. Mas, desde a aquisição, pela família Wertheirmer, proprietária da Chanel, em 1994, a propriedade recuperou sua antiga glória e regularidade. Investimentos maçicos permitiram a classificação *deuxième cru*, e seu vinho hoje expressa distinção e elegância verdadeiras. *Margaux • 05 57 88 82 10 com hora marcada tinto*

Château Haut-Brion
Pessac-Léognan
De propriedade da família norte-americana Dillon desde 1935, a casa, do século 16, foi a única propriedade fora do Médoc a ser classificada como *premier cru* em 1855. O vinhedo de 45ha fica nos arredores de Bordeaux, e as uvas que crescem aqui estão entre as que primeiro amadurecem na região. Com isso, e mais uma generosa ajuda da uva Merlot em seu corte, o Haut-Brion é menos austero que seus pares do Médoc. O château também produz uma quantidade ínfima de vinho branco seco suculento e rico. *Pessac Cedex • 05 56 00 29 30 • www.haut-brion.com com hora marcada tinto, branco*

Château La Mission Haut-Brion
Pessac-Léognan
Também dos Dillon desde 1993. Apesar de compartilhar a mesma equipe técnica e de usar as mesmas instalações de vinificação do Haut-Brion, cada um mantém seu estilo distinto. Enquanto o La Mission é rico e carnudo, com um caráter potente e aberto, o Haut-Brion tem um vinho superior, fino, sutil e elegante. *Pessac Cedex • 05 56 00 29 30 • www.haut-brion.com com hora marcada tinto*

Château Pape Clément

Pessac-Léognan

A história da casa remonta ao século 14, mas seu renascimento moderno teve início em 1985. Uma nova adega para vinificação começou a ser construída, um segundo vinho (Le Clémentin) foi lançado, e os vinhedos foram renovados. Em 2001, 120 pessoas foram trazidas para fazer o desengaço manual das uvas. Com coloração profunda, rico e cheio, o Pape Clément ganhou ainda mais concentração e textura desde aquela safra. Também produz uma pequena quantidade de Pape Clément branco. *216 ave du Docteur Nancel Pénard, Pessac • 05 57 26 38 38 • www.pape-clement.com* *com hora marcada* *tinto, branco*

Château Smith-Haut-Lafitte

Pessac-Léognan

Desde que a centenária propriedade foi comprada por Florence e Daniel Cathiard, em 1990, não se fez economia para recuperá-la. O vinhedo foi completamente reestruturado, a produtividade das safras foi reduzida e métodos orgânicos foram introduzidos. As adegas foram renovadas, novos tanques de madeira para fermentação passaram a ser utilizados, e uma tanoaria própria fornece à casa metade de seus barris. O primeiro vinho a se beneficiar foi o aromático Sauvignon Blanc, mas, desde 1994, o vinho tinho feito de Cabernet Sauvignon, Cabernet Franc e Merlot vem ganhando intensidade. *Martillac • 05 57 83 11 22 • www.smith-haut-lafitte.com* *com hora marcada* *tinto, branco*

VINCENT GASNIER TOP 10 Fabulosos Vinhos de Sobremesa

1. **Château d'Yquem** *pág 31*
2. **Château Suduiraut** *pág 31*
3. **Château La Tour Blanche** Sauternes *www.tour-blanche.com*
4. **Château de Fesles: Bonnezaux** Anjou-Saumur, Vale do Loire *pág 117*
5. **Château Rieussec** *pág 31*
6. **Domaine Rolet: Vin de Paille** Jura *www.rolet-arbois.com*
7. **Deiss: SGN Riesling** Alsácia *pág 133*
8. **Zind Humbrecht: SGN Gewürztraminer** Alsácia *pág 133*
9. **Claude Papin: Quarts de Chaume** Coteaux du Layon, Loire *pág 117*
10. **Huet: Le Clos du Bourg** Vouvray, Vale do Loire *pág 122*

Domaine de Chevalier

Pessac-Léognan

A estrela da casa é o vinho branco e longevo com predomínio da Sauvignon Blanc, embora a quantidade produzida seja bastante limitada. O tinto, com predomínio de Cabernet Franc, melhorou nos últimos anos e é hoje um vinho Graves clássico, com notas minerais, equilibrado e com grande persistência. É impecavelmente administrado por Olivier Bernard desde 1983. Há novas instalações para vinificação e o vinhedo foi reestruturado: até hélices foram instaladas para conter os efeitos das geadas de primavera. *102 chemin de Mignoy, Léognan • 05 56 64 16 16 • www.domainedechevalier.com* *com hora marcada* *tinto, branco*

Château Climens

Sauternes

Classificado como *premier cru*, é a casa mais importante de Barsac. Produz o vinho branco doce arquetípico da região, rico e concentrado, mas com uma delicada ponta de acidez. Discreto quando jovem, o Climens precisa de pelo menos dez anos para desenvolver um complexo arsenal de aromas reminiscentes de mel, e continua a evoluir por muitos anos. O château foi comprado por Lucien Lurton em 1971 e hoje é administrada por sua filha Berénice, atual proprietária. *Barsac • 05 56 27 15 33* *com hora marcada* *branco, sobremesa*

A vindima no Château Suduiraut, tendo ao fundo o Château d'Yquem

Château d'Yquem
Sauternes

A casa se estabeleceu, há muitos anos, como uma categoria à parte. Classificado como *première cru supèrieur* em 1855 *(pág 19)*, foi administrado pela família Lur-Saluces desde 1785 até sua venda para o conglomerado LVMH, em 1996. As uvas, predominantemente Sémillon com um pouquinho de Sauvignon Blanc, são selecionadas, às vezes fruta a fruta, em um vinhedo que se estende por 100ha. O rendimento das safras é pequeno – o equivalente a um copo de vinho por vinha. O vinho é fermentado e amadurecido em barris de carvalho novo, onde permanece por três anos e meio.

Sauternes • 05 57 98 07 07 • www.chateau-yquem.fr • branco, sobremesa

Château Lafaurie-Peyraguey
Sauternes

A magnífica safra de 1983 relançou a reputação desse *premier cru*. Desde então, seus brancos doces se apresentam ricos e fragrantes, com uma maravilhosa concentração de fruta. A propriedade abriga um château do século 13 e um vinhedo com boa exposição localizado em uma colina da comuna de Bommes.

Bommes • 05 56 76 60 54 • com hora marcada • branco, sobremesa

Château Rieussec
Sauternes

Se algum dia um Sauternes conseguir rivalizar, em potência e concentração, com o Château d'Yquem possivelmente será o seu vizinho Château Rieussec. Comprado pela família Rothschild, do Château Lafite, em 1985, este *premier cru* tem obtido mais regularidade e pureza de fruta. A colheita selecionada é mais precisa, a fermentação se dá em barris (desde 1996) e o período de guarda foi ampliado de 15 meses para dois anos e meio.

Fargues de Langon • 05 57 98 14 14 • www.lafite.com • com hora marcada • branco, sobremesa

Château Suduiraut
Sauternes

Os proprietários da companhia de seguros AXA-Millésimes renovaram completamente o magnífico castelo deste *premier cru*, com jardins projetados por Le Nôtre. O vinho também se beneficiou de maior investimento tanto nos 90ha de vinhas como nas adegas. Todas as safras recentes produziram Sauternes finamente equilibrados, com grande potencial de guarda. *Preignac • 05 56 63 61 90 • www.chateausuduiraut.com • com hora marcada • branco, sobremesa*

O Sauternes teve safras excepcionais em 1967, 1976, 1988, 1990, 1996, 1997, 2001 e 2003 – esses vinhos continuam a evoluir por décadas

Áreas Vinícolas de St-Émilion e da Margem Direita

Os solos de pedra calcária e argila da Margem Direita fazem da Merlot, que amadurece precocemente, a rainha desta região. St-Émilion e Pomerol são as denominações principais, com vinhos redondos, elegantes e encorpados. Há também vinhos com bom custo-benefício em Fronsac e em diversas Côtes.

Detalhe do Château Pavie, *grand cru* de St-Émilion

St-Émilion e St-Émilion Grand Cru

As vinhas são cultivadas em St-Émilion desde o tempo dos galo-romanos. A denominação abrange hoje exatamente a mesma área estabelecida na carta de arrendamento original de 1289: nove áreas, incluindo a cidade de St-Émilion. Em 1999, o distrito foi declarado Patrimônio Cultural da Humanidade pela Unesco. Em comparação com o Médoc, na Margem Esquerda, os solos predominantemente de calcário com argila são mais bem adaptados à Merlot do que à Cabernet Sauvignon, de amadurecimento tardio. A cepa Cabernet Franc, conhecida localmente como Bouchet, costumava ter mais espaço no plantio e é um segundo elemento importante na maioria dos cortes. Os vinhos de St-Émilion, em geral, oferecem frutado suave e bom frescor; os melhores têm taninos finos e capacidade de guarda. Os estilos modernos são mais escuros, maduros e concentrados. Ao todo, St-Émilion possui 5,5 mil ha cultivados, declarados como AOC St-Émilion ou AOC St-Émilion Grand Cru. Ambas têm a mesma delimitação geográfica, mas a segunda exige maior teor alcoólico, produção menor por safra e a aprovação de duas equipes de degustação. A designação superior responde por 65% da produção e inclui todos os châteaux classificados. *Calcário com argila, cascalho, areia* *Merlot, Cabernet Franc, Cabernet Sauvignon* *tinto*

VINCENT GASNIER TOP 10 Grandes Vinícolas Francesas

1. **Domaine Jean-Louis Chave** Hermitage, Vale do Rhône *pág 91*
2. **Domaine de la Romanée-Conti** Côte de Nuits, Borgonha *pág 59*
3. **Château Latour** Pauillac, Bordeaux *pág 26*
4. **Château Lafite-Rothschild** Pauillac, Bordeaux *pág 26*
5. **Château Pétrus** Pomerol, Bordeaux *pág 39*
6. **Marcel Guigal** Côte Rôtie, Vale do Rhône *pág 90*
7. **Château de Beaucastel** Châteauneuf-du-Pape, Vale do Rhône *pág 92*
8. **Domaine Dujac** Côte de Nuits, Borgonha *pág 57*
9. **Domaine Armand Rousseau** Côte de Nuits, Borgonha *pág 56*
10. **Domaine François e Jean-Marie Raveneau** Chablis, Borgonha *pág 52*

Arredores de St-Émilion

São as extensões ao norte da região, separadas pelo pequeno córrego Barbanne. Quatro comunas AOC – Lussac, Montagne, Puisseguin e St-Georges – têm autorização para agregar St-Émilion aos seus nomes. A área também tem solos de calcário com argila, bem como areia lodosa, mas o ciclo de amadureci-

Boas safras recentes de St-Émilion e Pomerol incluem 1990, 1995, 1996, 1998, 1999, 2000, 2001, 2003 e 2005

mento é um pouco mais tardio, e por isso o clima do outono é crucial para a colheita. A Merlot é a uva dominante, e os vinhos têm estilo semelhante aos de St-Émilion, talvez apenas um pouco mais rústicos. O nível de investimento não é tão elevado, mas isso se reflete na excelente relação custo-benefício dos vinhos. A produção fica a cargo da cooperativa Les Producteurs Réuni que responde por 40% da produção na AOC Lussac-St-Émilion e por 20% do que é produzido na AOC Puisseguin-St-Émilion. Há pequenos produtores também. Ao todo, 3,9 mil ha são cultivados na área; a AOC Montagne-St-Émilion é a maior divisão. *Calcário com argila, areia* *Merlot, Cabernet Franc, Cabernet Sauvignon* *tinto*

Pomerol

Em sua melhor forma, os vinhos Pomerol são bem sedutores. Ricos e untuosos, têm textura aveludada e buquê suntuoso, assim como a estrutura firme que permite boa guarda. São cerca de 800ha em produção. As propriedades têm em média apenas 6,5ha; assim, a quantidade de vinho é limitada e o preço, alto. Curiosamente, esses vinhos não eram muito conhecidos fora da França e dos países do Benelux até a década de 1960. Diferentemente do que ocorre na vizinha St-Émilion, não há calcário com argila nos solos do Pomerol; o cascalho, a areia e a argila, porém, fazem desta uma zona de amadurecimento precoce na qual a uva Merlot, principalmente (80%), é cultivada com excelentes resultados. Pomerol fica em um platô suavemente inclinado a nordeste de Libourne. Os melhores vinhos provêm dos solos de cascalho e argila do platô central. É aqui que se encontram todas as casas de primeira linha, incluindo o Pétrus, o Lafleur e o Le Pin. Nos terraços mais baixos do oeste e do sul, os solos são arenosos, produzindo vinhos mais leves e de estilo menos potente. Pomerol é o único grande distrito vinícola de Bordeaux que não tem um sistema de classificação oficial. *Cascalho, argila, areia* *Merlot, Cabernet Franc, Cabernet Sauvignon* *tinto*

Época da vindima no mundialmente famoso Château Pétrus, em Pomerol

As uvas utilizadas no Château Pétrus só são colhidas à tarde, quando o sol já evaporou todo o seu orvalho

Lalande-de-Pomerol

A renovação da atividade neste distrito trouxe novos investimentos e uma geração mais jovem disposta a assumir o comando. Localizada ao norte do prestigiado Pomerol, na outra margem do pequeno riacho Barbanne, a AOC Lalande-de-Pomerol possui 1.120ha de vinhas. Como em Pomerol, as propriedades são pequenas, os preços dos vinhos tendem a ser altos (mas não tanto quanto os de Pomerol), e a Merlot é a cepa dominante, ocupando 75% dos vinhedos. Os solos variam, mas as áreas de cascalho e argila têm potencial para produzir vinhos semelhantes aos do Pomerol, ainda que sem o mesmo corpo ou capacidade de guarda. Quanto mais a denominação avança na direção oeste, mais arenosos são os solos e mais leves são os vinhos. *Cascalho, argila, areia* *Merlot, Cabernet Franc, Cabernet Sauvignon, Malbec* *tinto*

Fronsac e Canon-Fronsac

A oeste da cidade de Libourne, a AOC Fronsac e o pequenino enclave de 300ha da AOC Canon-Fronsac são delimitados a leste pelo rio Isle e ao sul pelo Dordogne. Nos séculos 18 e 19, os vinhos desta área tinham tanta fama quando os de St-Émilion. Mas, no fim do século 19, a filoxera *(pág 11)* destruiu os vinhedos, e só por volta dos anos 1970 é que um renascimento teve início. Os melhores vinhos voltaram a competir com os St-Émilion. Os solos do terreno montanhoso são feitos principalmente de argila e calcário sobre um leito de areia argilosa de nome *fronsadais molasse*. A principal uva, como na maioria das AOCs da Margem Direita, é a Merlot (78%). Os vinhos são potentes e concentrados, mas tendem a ser adstringentes e rústicos se a vinificação não for cuidadosa. Colheitas tardias e novos equipamentos de vinificação conseguiram erradicar em parte o problema. Com exposição sul e alto conteúdo de calcário, Canon-Fronsac pode produzir vinhos superiores aos de Fronsac. Esse potencial, no entanto, raramente se realiza, e a qualidade de seus vinhos é variável. *Calcário com argila, arenito* *Merlot, Cabernet Franc, Cabernet Sauvignon, Malbec* *tinto*

A *Barrique* de Bordeaux

As barricas (ou *barriques*) bordalesas são usadas no mundo todo. A clássica tem capacidade para 225l. É feita de aduelas (tábuas curvas) de carvalho com espessura de 20 a 22mm e 95cm de altura. Serve para amadurecer, fermentar ou acondicionar, por até dois anos, o vinho antes do engarrafamento. A lenta absorção de quantidades mínimas de oxigênio através do carvalho ajuda a suavizar os taninos, estabilizar a cor e aumentar a complexidade aromática. As vinícolas que fabricam Bordeaux de primeira linha utilizam barris de carvalho novo, que do ponto de vista microbiológico são mais estáveis do que os antigos e acrescentam mais aroma e sabor à bebida.

Côtes de Castillon e Bordeaux-Côtes de Francs

A AOC Côtes de Castillon tem 3 mil ha de vinhedos e perfil similar ao da vizinha St-Émilion, exceto por seu clima, que é mais fresco. A colheita acontece mais tarde, já que frutas bastante maduras são necessárias para evitar a excessiva acidez dos vinhos. O platô de calcário e as encostas são cultivados predominantemente com Merlot e um pouco de Cabernet Franc, produzindo vinhos tintos encorpados com final fresco e firme. A área sofria com investimentos limitados e falta de técnicos capacitados, mas hoje já produz alguns dos vinhos mais interessantes da Margem Direita. A AOC Côtes de Castillon empresta seu nome da cidade de Castillon-la-Bataille, onde, em 1453, os france-

Boas safras da região de Pronsec incluem as de 1995, 1998, 2000, 2003 e 2005

ses derrotaram os ingleses, encerrando 300 anos de domínio inglês na Aquitânia *(pág 18)*. A AOC Bordeaux-Côtes de Francs, ao norte, é um distrito muito menor que produz vinho tinto e uma quantidade muito limitada de vinho branco. Os padrões de ambos tendem a ser elevados. As cepas Cabernet Sauvignon e Cabernet Franc desempenham um papel importante nos tintos, produzindo vinhos que, embora menos aromáticos, têm presença firme na boca e bom potencial de guarda. Os brancos são cheios, ricos e com boa acidez. *Calcário com argila, areia, cascalho* *Merlot, Cabernet Franc, Cabernet Sauvignon* *Sémillon, Sauvignon Blanc, Muscadelle* *tinto, branco*

Côtes de Bourg

A região é conhecida localmente como a pequena Suíça do Gironde, graças ao seu terreno íngreme de calcário com argila. Localizada na confluência do Dordogne com o estuário do Gironde, essa área tem clima ligeiramente mais quente que outras partes de Bordeaux, o que ajuda a impedir geadas, e tem baixos volumes de chuva. Os romanos foram os primeiros a descobrir o potencial do distrito. A Merlot é a principal uva cultivada na área total de 3,9 mil ha, mas os cortes dos vinhos ainda incluem muitas cepas, inclusive a Malbec, que representa cerca de 6% da área de plantio. Os vinhos são encorpados e estruturados, com cor profunda e um frutado terroso que se tornou mais elegante nos últimos anos. Há também uma pequena quantidade de vinho branco. Alguns bons produtores individuais e as cooperativas estão se tornando casa vez mais conscientes da importância da qualidade, em particular a Cave de Bourg-Tauriac.
Calcário com argila *Merlot, Cabernet Franc, Cabernet Sauvignon, Malbec* *Sauvignon Blanc, Sémillon, Colombard, Muscadelle* *tinto, branco*

Blaye, Côtes de Blaye, e Premières Côtes de Blaye

Nos arredores do distrito de Bourg, está o distrito de Blaye. A área abriga vinhedos mais esparsos e terreno mais variado. Perto de 6 mil ha de vinhedos estão plantados na região, entremeados com outros produtos agrícolas. O vinho tinto representa mais de 90% da produção, que recebe a denominação AOC Premières Côtes de Blaye. A uva Merlot, mais uma vez, é a cepa dominante da região, mas os vinhos têm menos corpo e estrutura do que os da AOC Côtes de Bourg. Desde o ano 2000, a área conta uma denominação superior para os vinhos tintos, a AOC Blaye. Eles são mais potentes e concentrados, o que exige menor rendimento por safra e uma segunda degustação realizada por um comitê especializado um ano e meio depois do lançamento do vinho. A Sauvignon Blanc é a cepa dominante no branco Premières Côtes de Blaye, que costuma ter boa relação custo-benefício. Pode ser fresco e frutado, além de estilo generoso.
Calcário com argila, areia, cascalho *Merlot, Cabernet Sauvignon, Cabernet Franc, Malbec* *Sauvignon Blanc, Sémillon, Muscadelle* *tinto, branco*

Grinaldas de uvas esculpidas em pedra em um château em Premières Côtes de Blaye

Barricas típicas de Bordeaux, o carvalho usado para a maturação dos vinhos

Grandes Produtores da Margem Direita

Château Angélus
St-Émilion Grand Cru
A casa ajuda a impulsionar a melhoria da produção de St-Émilion desde meados dos anos 1980 e foi merecidamente promovido a *premier grand cru classé* em 1996. Melhor administração, uso de boas técnicas profissionais na adega e uma rigorosa seleção de uvas têm sido a marca do proprietário Hubert de Boüard. Os vinhos, cortes de Merlot e Cabernet Sauvignon, exibem um estilo contemporâneo de St-Émilion: de cor profunda, são aromáticos, ricos e concentrados, com notas de carvalho novo. *St-Émilion • 05 57 24 71 39 • www.chateau-angelus.com* ☐ *com hora marcada* *tinto*

Château Ausone
St-Émilion Grand Cru
Um dos dois únicos *premiers grands crus classés* classificados como "status A" em St-Émilion, a casa cultiva um certo ar de exclusividade. Só 2 mil caixas por ano são produzidas a partir de seu vinhedo de 7ha. Os privilegiados que experimentam seus vinhos encontram um frescor e uma elegância que resistem ao tempo. Sob o comando do proprietário, Alain Vaulthier, todas as safras desde 1995 têm sido notáveis, com grande complexidade aromática e textura elegante. *St-Émilion • 05 57 24 24 57* ● *tinto*

Château Beau-Séjour Bécot
St-Émilion Grand Cru
A casa encarou a desonra de perder o status de *premier grand cru classé* em 1986, mas voltou a ser promovida em 1996. Os irmãos Gérard e Dominique Bécot, que batalharam muito para recuperar o status, hoje mantêm uma propriedade de alto nível no planalto de calcário de St-Émilion. Os vinhos, com textura rica e madura, são estruturados, equilibrados e bons para longa guarda. Os Bécot também fazem uma pequena quantidade de vinho *(pág 38)* artesanal, o La Gomerie. *St-Émilion • 05 57 74 46 87 • www.beausejour-becot.com* ☐ *com hora marcada* *tinto*

Château Belair
St-Émilion Grand Cru
O estilo do vinho Château Belair é elegante, até delicado, e honra seu terroir de calcário. Jamais será um sucesso entre os que apreciam vinhos grandes, concentrados, mas já se comprovou que ele pode envelhecer com estilo. O proprietário e enólogo Pascal Delbeck está em busca de uma filosofia própria para tocar esse *premier grand cru classé*. Em 1998, converteu o vinhedo de 12ha ao sistema de cultivo biodinâmico *(pág 66)*. *St-Émilion • 05 57 24 70 94 • www.chateaubelair.com* ☐ *com hora marcada* *tinto*

Château Cheval Blanc
St-Émilion Grand Cru
Um *premier grand cru classé* com "status A," o Château Blanc é absolutamente sedutor quando jovem e também envelhece bem. Tem certas nuances do vizinho Pomerol, mas a Merlot não é a principal variedade de uva cultivada em seus 37ha. O vinho originalmente é feito de um corte de 60% de Cabernet

Há mais de mil produtores num raio de 10km a partir da vila de St-Émilion

Franc, que lhe dá mais complexidade e equilíbrio. Seu segundo vinho, Le Petit Cheval, também é bom. *St-Émilion • 05 57 55 55 55* *tinto*

Château de Valandraud
St-Émilion Grand Cru
Jean-Luc Thunevin é o criador do movimento garagem *(pág 38)*, e o sua casa é sua *pièce de résistence*. Originalmente produzido em 1991 a partir de três pequenos terrenos de vinhas plantadas na difícil planície do Dordogne, o Valandraud sempre foi feito com grande esmero: safras pequenas, seleção rigorosa, barris sempre novos. Os vinhos são grandes, profundos e ricamente concentrados. Com os preços nas alturas, Thinevin conseguiu comprar outros terrenos, e por isso a composição do vinho hoje é diferente da original. *St-Émilion • 05 57 55 09 13 • www.thunevin.com* *tinto*

Château Figeac
St-Émilion Grand Cru
No século 18, Figeac compreendia 200ha, incluindo o que é hoje o Chavel Blanc. Reduzido a 40ha, ainda é um dos maiores *premiers grands crus classés*. O solo de cascalho permite o plantio de Cabernet Franc, Merlot e Cabernet Sauvignon em partes iguais. O vinho é pleno, bem estruturado, semelhante ao Merlot em estilo, com uma enganosa capacidade de guarda. *St-Émilion • 05 57 24 72 26 • www.chateau-figeac.com* *com hora marcada* *tinto*

Château Le Tertre Roteboeuf
St-Émilion Grand Cru
Desde que assumiu o château de 6ha em 1977, François Mitjaville trabalhou para levá-la ao topo da denominação. Os vinhos não são classificados – uma opção pessoal –, mas seus preços equivalem aos dos *premiers grands crus classés*. Seu estilo é maduro, até mesmo exótico, e as safras mais quentes conferem ao vinho um caráter mediterrâneo. Uvas bem maduras e um hábil amadurecimento em barril são partes importantes do seu sucesso. *St-Émilion • 05 57 74 42 11* *tinto*

Château Pavie
St-Émilion Grand Cru
Magnífico *premier grand cru classé* cultivado nas *côtes* de argila com calcário de St-Émilion. Renasceu ao ser comprado por Gérard Perse em 1998. A produção das safras foi bastante reduzida, um programa de replantio foi introduzido, e vinícolas novas e adegas foram construídas. Os vinhos têm grande corpo, potência e concentração – para alguns, até demais. *St-Émilion • 05 57 55 43 43 • www.vignoblesperse.com* *tinto*

Château Pavie Macquin
St-Émilion Grand Cru
A casa é uma das favoritas para a promoção a *premier grand cru classé* na próxima classificação. O vinhedo tem localização soberba em um terreno único no planalto de calcário de St-Émilion e administrado com sabedoria por Nicolas Thienpont e pelo enólogo Stéphane Derenoncourt. Seus vinhos são profundos, escuros, bem estruturados e com notas minerais. Devem envelhecer na garrafa por um período mínimo de sete ou oito anos. *St-Émilion • 05 57 24 74 23* *com hora marcada* *tinto*

Clos Fourtet
St-Émilion Grand Cru
O Clos Fourtet tem a melhor relação custo-benefício entre seus pares. Os vinhos podem ser menos badalados, mas são bem definidos, frescos e têm estrutura para guarda. Além disso, sua regularidade nos últimos dez anos é notável. A propriedade foi vendida ao empresário francês Philippe Cuvelier. *St-Émilion • 05 57 24 70 90 • www.closfourtet.com* *com hora marcada* *tinto*

O platô de calcário de St-Émilion restringe o suprimento de água para as videiras, o que favorece a concentração de taninos e de cor nas uvas

La Mondotte

St-Émilion Grand Cru

A casa foi criada em 1996 a partir de um terreno de 4,5ha no platô de calcário de St-Émilion. Seu proprietário, Stephan von Neipperg, queria integrá-la ao seu *grand cru classé* Château Canon-la-Gaffelière, mas teve o pedido recusado. Depois disso, criou um vinho de garagem ou butique. O corte dominado pela Merlot exibe fruta suculenta, expressiva, extratos densos e potente estrutura tânica. Todas suas safras são um sucesso. *St-Émilion • 05 57 24 71 33 • www.neipperg.com com hora marcada tinto*

Château La Conseillante

Pomerol

Com 12ha, é vizinho do Château Cheval Blanc, cultivado sobre uma mistura de argila, cascalho e areia. Seus vinhos, como os do vizinho, apresentam uma textura aveludada, suave, que os torna atraentes quando jovens, mas pode esconder uma bela característica: eles envelhecem maravilhosamente bem. Cuidados mais rigorosos com o vinhedo e uma seleção de uvas mais criteriosa refinaram os seus vinhos. *Pomerol • 05 57 51 15 32 tinto*

Château Grand Village

Pomerol

Comparável a uma pequena jóia, a casa se localiza no platô de Pomerol, perto do Château Pétrus e do Vieux Château Certan. O pequeno vinhedo é cuidado com um esmero só dedicado a jardins.O vinho, um corte em proporções iguais de Carbernet Franc e Merlot, é o mais elegante de Pomerol, com textura voluptuosa, rico em frutas, taninos finos e complexidade mineral. Seu segundo vinho, Pensées de Lafleur, também é excelente e, comparado ao *grand vin*, oferece uma excelente relação custo-benefício. *Grand Village, Mouillac • 05 57 84 44 03 tintoo*

Vinhos de Butique (ou Garagem)

Os vinhos de garagem (também chamados cult ou de butique) da Margem Direita surgiram como uma forma de confrontar a estrita hierarquia que rege os vinhos de Bordeaux. Como os produtores poderiam lucrar com os vinhos de primeira linha se o mercado bordalês relutava em aceitar sua existência? Os vinhos artesanais tecnicamente proficientes, feitos em pequenas quantidades a partir de uvas supermaduras foram a resposta. A escassez dos vinhos e os egos dos colecionadores ricos fizeram os preços disparar. O Château Le Pin de Pomerol é freqüentemente citado como o precursor do movimento, mas seu verdadeiro instigador foi Jean-Luc Thunevin, do Château de Valandraud, em St-Émilion. Ele fez sua primeira safra, em 1991, em sua garagem – daí o nome do vinho.

Château Le Pin

Pomerol

Esta pequena propriedade de 2ha ganhou notoriedade com a safra de 1979. Desde aquela época, é uma das sensações do Pomerol, produzindo vinhos cujo preços e qualidade, às vezes, conseguem bater o Château Pétrus. Rico, fragrante, aveludado e com o encanto de um Borgonha de primeira linha, feito à base de Merlot, o Château Le Pin tem apelo imediato, mas também estrutura para guarda. A produção, baixa, justifica seus altos preços. Para desgosto do proprietário, um defensor das práticas clássicas, o Le Pin é freqüentemente considerado um precursor do movimento garagem *(acima)*. *Pomerol • 05 57 51 33 99 tinto*

Château L'Église-Clinet

Pomerol

Outra propriedade minúscula no platô de Pomerol, o Château L'Église-Clinet conseguiu o status de estrela na última década. A receita do sucesso inclui uma grande proporção

A maioria dos châteaux da região do Pomerol são pouco mais do que modestas casas de fazenda

de vinhas velhas (algumas remontam a 1930), uma proporção interessante de Cabernet Franc (30%) no corte e a habilidade do produtor Denis Durantou. O resultado são vinhos ricos e concentrados, com equilíbrio e refinamento singulares. *Pomerol • 05 57 25 96 59 • www.eglise-clinet.com* ● *tinto*

Château L'Évangile
Pomerol

A família Rothschild, da Lafite-Rothschild *(pág 26)*, era sócia de L'Évangile desde 1989 e assumiu o controle total em 1999. Desde então, deu início a um ambicioso programa de investimento que inclui o replantio de vinhas e a construção de novas adegas. O vinhedo fica no platô de Pomerol, ao lado dos châteaux Pétrus e Cheval Blanc. Os vinhos – ricos, potentes e já notáveis – prometem melhorar. *Pomerol • 05 57 55 45 56 • www.lafite.com* ☐ *com hora marcada* *tinto*

Château Pétrus
Pomerol

Embora virtualmente desconhecido no Reino Unido e nos Estados Unidos antes da década de 1960, o Pétrus é um dos vinhos lendários de Bordeaux. A quase totalidade de uvas Merlot é cultivada em um solo singular de argila azulada, pesada, conhecido como o centro de Pétrus. Produz vinhos com potência, volume, alta concentração e taninos firmes, mas elegantes. O conhecimento técnico do proprietário e *négociant* Jean-Pierre Moueix, capaz de colher as uvas com maturação ideal em pouco mais de um dia, também faz muita diferença. *Pomerol • 05 57 51 78 96* ● *tinto*

Château Trotanoy
Pomerol

Adquirido em 1953, o Château Trotanoy, como o Pétrus, hoje integra as propriedades do *négociant* Jean-Pierre Moueix. Beneficia-se da mesma equipe técnica altamente capacitada, e seus vinhedos também têm grande proporção de Merlot cultivada em solos de argila e cascalho. Seus tintos se aproximam do Pétrus em termos de potência e corpo. O replantio de vinhas nos anos 1980 fez cair um pouco a qualidade das frutas, mas a propriedade já recuperou a antiga forma. *Pomerol • 05 57 51 78 96* ● *tinto*

Vieux Château Certan
Pomerol

Mesmo sendo vizinha próxima do Château Pétrus, esta propriedade faz um estilo de vinho completamente diferente. O Vieux Château Certan é mais esbelto que carnudo, e seu charme aromático e a estrutura firme o aproximam mais de um tinto do Médoc. A presença da Cabernet Franc (30%) e da Cabernet Sauvignon (10%) explicam essa característica. A propriedade está nas mãos da família belga Thienpont desde 1924. *Pomerol • 05 57 51 17 33 • www.vieux-chateau-certan.com* ☐ *com hora marcada* *tinto*

VINCENT GASNIER TOP 10

Magníficos Tintos de Bordeaux

1. **Château Latour** Pauillac *pág 26*
2. **Château Lafite-Rothschild** Pauillac *pág 26*
3. **Château Haut-Brion** Pessac-Léognan *pág 29*
4. **Château Margaux** Margaux *pág 29*
5. **Château Montrose** St-Estephe *pág 26*
6. **Château Léoville-Barton** St-Julien *pág 28*
7. **Château Pétrus** Pomerol *pág 39*
8. **Château Cheval Blanc** St-Émilion Grand Cru *pág 36*
9. **Château Angélus** St-Émilion Grand Cru *pág 36*
10. **Château Ausone** St-Émilion Grand Cru *pág 36*

Nos últimos 25 anos, o Château Pétrus tem sido o vinho mais caro do mundo – entre 2.500 e 4.000 caixas, apenas, são produzidas a cada ano

Áreas Vinícolas de Entre-Deux-Mers

Entre-Deux-Mers é uma região geográfica situada entre os rios Garonne e Dordogne e uma denominação para vinhos brancos secos. É também a engrenagem de Bordeaux, produzindo enormes quantidades de Bordeaux tinto e Bordeaux Supérieur *(pág 41)*, além de um pouco de vinho branco doce.

Moinho em um campo de videiras, Haut-Benauge

Entre-Deux-Mers e Haut-Benauge

Dentro da região geográfica mais ampla de Entre-Deux-Mers encontra-se uma denominação também chamada Entre-Deux-Mers, conhecida por seus vinhos brancos secos feitos de um corte das clássicas variedades bordalesas Sauvignon Blanc, Sémillon e Muscadelle. São vinhos vivazes, com acidez pronunciada e agradável, frescos, frutados e bons para beber ainda jovens, normalmente com boa relação custo-benefício. A área de produção cobre cerca de 1.600ha. A AOC Haut-Benauge é uma zona delimitada no sul de Entre-Deux-Mers. Os vinhos são parecidos e a produção é insignificante: a maioria dos produtores prefere rótulos mais comercializáveis, como o Entre-Deux-Mers e o Bordeaux. *Silte, areia, cascalho, calcário com argila* *Sauvignon Blanc, Sémillon, Muscadelle* *branco*

Clairet

O clarete (*clairet*, em francês) é uma especialidade de Bordeaux que ganha popularidade a cada dia. É uma homenagem ao estilo de vinho que, provavelmente, foi exportado para a Inglaterra na Idade Média, dando origem ao termo inglês *claret*. De cor rosa escura, é frutado e fácil de beber. Com mais personalidade e vigor que um *rosé*, mas menos tânico do que um tinto, é ideal como aperitivo ou acompanhamento para grelhados e entradas. É feito macerando-se as cascas das uvas com seu sumo por um ou dois dias – no caso do *rosé*, esse processo leva só quatro ou cinco horas. A Merlot é a preferida, mas as duas Cabernet também são usadas. Para melhor desfrutar, é melhor bebê-lo ainda jovem e refrescado no ano seguinte ao da colheita.

Graves de Vayres

Esta pequena AOC não tem nada a ver com a região de Graves: é um enclave no norte de Entre-Deux-Mers com sede em Vayres. Os solos são basicamente de cascalho. Tintos leves e frutados são a sua principal produção, e há também uma pequena quantidade de brancos secos. *Cascalho, areia* *Merlot, Cabernet Sauvignon, Cabernet Franc, Malbec* *Sauvignon Blanc, Sémillon, Muscadelle* *tinto, branco*

Premières Côtes de Bordeaux

Esta AOC forma uma longa e estreita faixa de terra no sul de Entre-

Deux-Mers. Trata-se de uma escarpa de calcário que segue o tortuoso caminho do rio Garonne e tem ao fundo uma cadeia de montanhas. No passado, a área era famosa por seus brancos doces e meio-doces, mas o carro-chefe hoje são seus vinhos tintos. A cepa dominante é a Merlot, mas os cortes contam com também com Cabernet Franc e Cabernet Sauvignon. Esses vinhos vivos, frutados e semi-encorpados devem ser bebidos entre três e cinco anos de idade. Algumas *cuvées* especiais podem envelhecer por mais tempo. *Calcário com argila, cascalho* *Merlot, Cabernet Sauvignon, Cabernet Franc, Malbec* *Sauvignon Blanc, Sémillon, Muscadelle* *tinto, branco*

Cadillac, Loupiac e Ste-Croix-du-Mont

Estas três AOCs de vinho branco doce estão localizadas em frente a Sauternes e Barsac, do outro lado do Garonne. A exemplo de suas primas ilustres na outra margem do rio, as três tendem a produzir uvas botritizadas *(pág 24)*, pois a névoa matinal do outono provoca a infestação pelo fungo que ajuda a concentrar seus açúcares. Os vinhos são menos potentes e concentrados que o Sauternes, mas oferecem excelente relação custo-benefício, particularmente com uma recente avalanche de safras de primeira linha (em 1996, 1997, 1999 e 2001).

Ste-Croix-du-Mont (com 425ha) é historicamente a mais importante das três, capaz de produzir vinhos que só não vencem os melhores Sauternes. O Loupiac (400ha) é um pouco mais fresco, com acidez mais evidente; a produção de Cadillac, ainda menor, varia dos estilos rico e exótico aos meio-doces. O fator humano também tem papel importante no que diz respeito ao estilo e à qualidade. *Calcário com argila, cascalho* *Sémillon, Sauvignon Blanc, Muscadelle* *branco, sobremesa*

Bordeaux Genéricos

A AOC genérica de Bordeaux abrange mais de 50 mil ha de vinhedos e responde por 50% de toda a produção da região. Os Bordeaux genéricos são produzidos em todo o *département* de Gironde, mas Entre-Deux-Mers fornece 75% do total. Dois terços são tintos, e o resto é complementado por brancos, *rosés*, claretes e espumantes. Dados a extensão e o volume de produção da denominação, a qualidade e o estilo podem variar muito, desde os de garagem feitos de safras mínimas até grandes quantidades de bebidas baratas. No caso dos vinhos da AOC Bordeaux *rouge*, 75% são vendidos em massa, alimentando marcas como Mouton Cadet e rótulos próprios de supermercados. Os melhores tintos têm sabor frutado e reminiscente de grama; já o branco é vivaz, com acidez agradável e refrescante. Ste-Foy-Bordeaux, a leste de Entre- Deux-Mers, é onde os produtores podem engarrafar seus vinhos utilizando o rótulo Ste-Foy. Mas a maioria prefere usar a denominação Bordeaux.

Bordeaux Supérieur

A AOC Bordeaux Supérieur se aplica principalmente a tintos, embora haja também uma pequena quantidade de vinhos brancos. A denominação cobre a mesma área geográfica dos genéricos (e uma quantidade equivalente de seus vinhos provêm de Entre-Deux-Mers), mas as regras determinam que o teor alcoólico mínimo seja mais elevado (10%, e não 9,5%) e uma leve redução da produção permitida por safra. Só podem ser distribuídos no mês de setembro seguinte à colheita, e por isso amadurecem por mais tempo. Isso implica vinhos mais estruturados e profundos que os Bordeaux comuns. Um pouco mais de 10 mil ha de Bordeaux Supérieur são declarados a cada ano, com 75% do total engarrafado nas propriedades – o oposto do que ocorre na denominação Bordeaux. Os padrões variam, mas esses vinhos são, em geral, mais confiáveis.

Vinhedos nos arredores de uma velha igreja em Entre-des-Mers

Grandes Produtores de Entre-Deux-Mers

Château Ste-Marie

Entre-Deux-Mers

A casa é especialista em vinhos brancos; no clássico fresco e frutado Entre-Deux-Mers Vieilles Vignes (de vinhas com mais de 25 anos) e no redondo e profundo Madlys fermentado em barris predomina a uva Sauvignon Blanc, mas também há um percentual de uvas de centenárias vinhas de Sémillon. Produz também um Première Côtes de Bordeaux Alios e um Bordeaux Supérieur tinto, ambos suaves e frutados. *51 rte de Bordeaux, Targon • 05 56 23 64 30 com hora marcada tinto, branco ★ Entre-Deux-Mers Vieilles Vignes*

Château Reynon

Premières Côtes de Bordeaux

Pertence a Denis Dubourdieu, um professor de enologia da Universidade de Bordeaux que não tem economizado esforços para melhorar a qualidade do Reynon tinto. O vinho é admiravelmente equilibrado, com uma elegante expressão de uvas vermelhas, delicada utilização do carvalho e final longo e fresco. É melhor quando bebido com três a cinco anos de idade. O branco Bordeaux Vieilles Vignes tem aroma e sabor cítricos e um volume de fruta encantador. O château produz também um pouco de Cadillac branco doce. *21 rte de Cardan, Beguey • 05 56 62 96 51 • www.denis dubourdieu.com com hora marcada tinto, branco, sobremesa ★ Premières Côtes de Bordeaux, Vieilles Vignes*

Rótulo da Château Reynon

Château Suau

Premières Côtes de Bordeaux

Monique Bonner é uma das principais produtoras das Premières Côtes de Bordeaux. Seu vinhedo de 60ha foi reestruturado ao longo dos últimos dez anos, com investimento considerável na vinícola e nas adegas do château. Faz duas *cuvées*, cada uma com versões tinta e branca: Tradition e Cuvée Prestige. O mais interessante é o vigoroso e maduro Cuvée Prestige tinto, um corte de Merlot, Cabernet Sauvignon e Cabernet Franc que amadurece em 30% de barris de carvalho novo. *Capian • 05 56 72 19 06 • www.chateausuau.com com hora marcada tinto, branco, rosé ★ Cuvée Prestige*

Château Bonnet

Bordeaux

O Château Bonnet de André Lurton é um dos líderes na tarefa de elevar a qualidade dos Bordeaux genéricos. Seu padrão de maturação das uvas e prensagem da fruta é sempre bom. O Réserve tinto envelhece em *barriques* por um ano e tem um pouco mais de volume e definição que o Cuvée Classique. O branco Entre-Deux-Mers da casa é sempre vivaz, transparente e frutado. Um lançamento recente do château é o Divinius, vinho no estilo garagem *(pág 38)*. *Grézillac 05 57 25 58 58 • www.andrelurton.com tinto, branco, rosé ★ Réserve, Entre-Deux-Mers*

Château de Fontenille
Bordeaux
Os três vinhos que Stéphane Defraine produz no seus 36ha, demonstram regularidade e consistência. O tinto Bordeaux é redondo, macio, frutado e fácil de beber ainda jovem. O branco Entre-Deux-Mers, menos encorpado, é maravilhosamente aromático, com um caráter quase exótico que faz lembrar os vinhos do Novo Mundo. O clarete com predomínio de Cabernet Franc é frutado e prazeroso. *La Sauve • 05 56 23 03 26 • www.chateau-fontenille.com ◻ com hora marcada ▣ tinto, branco, clarete ★ Bordeaux, Entre-Deux-Mers, Bordeaux Clairet*

Château Thieuley
Bordeaux
O ex-professor de enologia Francis Courselle passou os últimos 30 anos trabalhando para fazer da casa a melhor de sua categoria. O vinhedo é impecavelmente administrado e, tecnicamente, comparável a muitos *grands crus*. As *cuvées* comuns tinta e branca são muito boas, e o Cuvée Francis Courselle, envelhecido em carvalho e apresentado nas versões tinta e branca, tem mais profundidade e potencial de envelhecimento. *La Sauve-Majeure • 05 56 23 00 01 ◻ com hora marcada ▣ tinto, branco, clarete ★ Cuvée Francis Courselle*

Château Tour de Mirambeau
Bordeaux
Jean-Louis Despagne tem seis terrenos na região de Bordeaux, com 300ha de área total. Este château é a propriedade de maior destaque: sua linha de vinhos inclui um Entre-Deux-Mers regularmente bom e um Bordeaux Supérieur muito bom de desfrutar. A Cuvée Passion é uma seleção especial amadurecida em barril nas versões tinta e branca. *Naujan et Postiac • 05 57 84 55 08 ◻ com hora marcada ▣ tinto, branco, rosé ★ Entre-Deux-Mers, Cuvée Passion*

Château de Reignac
Bordeaux Supérieur
O château lembra uma magnífica casa colonial. Os vinhos têm se beneficiado dos investimentos e da sabedoria do proprietário, Yves Vatelot, desde 1990. O Château de Reignac é o segundo rótulo, fresco e aromático. O melhor vinho é o Reignac – rico, concentrado, com notas de chocolate, amadurecido em barris de carvalho novo. Produz também uma edição limitada da *microcuvée* Balthus e um pouco de Reignac branco fermentado em barril. *St-Loubès • 05 56 20 41 05 ◻ com hora marcada ▣ tinto, branco ★ Bordeaux Supérieur*

Château Penin
Bordeaux Supérieur
O proprietário, Patrick Carteyron, transformou a casa em uma das melhores apostas quando se trata de Bordeaux genérico. Há três *cuvées* – Tradition, Grand Sélection e Les Cailloux –, todas produzidas com uma alta proporção de Merlot. Les Cailloux, que amadurece por um ano em barris de carvalho novo, é tão boa quanto muitos St-Émilions – se não for ainda melhor. O clarete também é excepcional. *Génissac • 05 57 24 46 98 • www.chateaupenin.com ◻ ▣ tinto, branco, rosé, clarete ★ Grande Sélection, Les Cailloux, Clairet*

Domaine de Courteillac
Bordeaux Supérieur
O talentoso produtor Stéphane Asseo, agora na Califórnia, criou esta propriedade nos anos 1980. Hoje, o *négociant* Dominique Menerete continua a manter um alto padrão de qualidade. O tinto Domaine de Courteillac é um clássico, com carvalho bem integrado e estrutura firme e elegante, adequada à guarda em garrafa por até dez anos. O pequeno volume de branco é aromático e de textura elegante. *Ruch • 05 57 40 79 48 ◻ com hora marcada ▣ tinto, branco ★ Domaine de Courteillac*

BORGONHA

Introdução 46-47

Mapa Vinícola da Borgonha 48-49

Denominações da Região de Chablis 50-51

Grandes Produtores de Chablis 52-53

Comunas Produtoras de Côte de Nuits 54-55

Grandes Produtores de Côte de Nuits 56-59

Comunas Produtoras de Côte de Beaune 62-63

Grandes Produtores de Côte de Beaune 64-67

Passeio Vinícola pela Borgonha 68-69

Comunas Produtoras de Côte Chalonnaise e de Mâconnais 70-71

Grandes Produtores de Côte Chalonnaise e de Mâconnais 72-73

Comunas Produtoras de Beaujolais 74-75

Grandes Produtores de Beaujolais 76-77

BORGONHA

MAIS DO QUE QUALQUER OUTRA REGIÃO VINÍCOLA DA FRANÇA, *a Borgonha destila a sabedoria e a experiência de sua história na arte de fazer vinhos. Estabelecidos por poderosos monastérios a partir do século 7º, os vinhedos têm sido cultivados por pessoas que entendem cada nuance do solo e cada fator natural que atua sobre ele – chuvas, condições do vento, luz do sol e temperatura. O vinho da Borgonha, patrocinado pela realeza ao longo de séculos, é celebrado por sua elegância e sutileza.*

Legenda

Borgonha

Os vinhedos da Borgonha (Bourgogne ou, em inglês, Burgundy) se concentram em uma faixa de terra estreita que, de norte a sul, se estende de Chablis aos subúrbios de Lyon. Foram hierarquizados ao longo dos anos, começando com os que produzem os básicos *vins de Bourgogne*, nos solos menos complexos, passando pelas terras cujos vinhos ostentam os nomes de vilarejos ou comunas, até chegar aos *premiers* e *grands crus* com seus vinhos finos, longevos e caros.

Nem sempre é fácil entender por que um vinhedo merece a designação de *grand cru* enquanto seu vizinho pode ser uma simples aldeia, mas essas distinções resistiram ao tempo. Devem-se ao *terroir*, a combinação de tipo de solo, microclima, suscetibilidade a geadas e incontáveis outros fatores que afetam, cada um à sua maneira – e de maneiras às vezes desconcertantes – o desempenho de cada trecho de terreno.

Complexas leis de sucessão determinadas pelo Código Napoleônico exigem que as propriedades sejam divididas igualmente entre todos os filhos. Por isso, os vinhedos foram subdivididos entre numerosos herdeiros que ficaram com pequenos trechos de terreno, que têm apenas uma ou duas fileiras de vinhas (entre 5 e 15ha) na venerável região dos *grands crus*. Assim, as propriedades borgonhesas são pequenas e fragmentadas, e muitos produtores vinificam e ven-

Colheita de uvas na famosa comuna vinícola de Nuits-St-Georges

Págs 44-5 **Pequenas seções de vinhas da Borgonha formam uma colcha de retalhos**

Château de Corton-André em Côte de Beaune

dem vinhos feitos a partir de 12 ou até mais denominações. Alguns dos maiores vinhedos são de *négociants*, casas produtoras que suplementam suas próprias colheitas comprando uvas de pequenos viticultores para criar volumes razoáveis de vinhos de grande procura.

O único fator simples no vinho borgonhês é que apenas três cepas são cultivadas. A Chardonnay responde por quase toda a produção de vinho branco; a Pinot Noir é a uva tinta encontrada na maioria dos vinhedos; e a frutada, e menos elegante, Gamay dá vida ao Beaujolais.

Em geral, quanto mais simples o vinho, mais jovem pode e deve ser consumido. Um Borgonha básico pode ser bebido logo depois de seu lançamento; os *village* (de aldeia) ficam melhores depois de três anos na garrafa, e os *premiers* e *grands crus* se beneficiam da guarda para ganhar complexidade aromática. Um Borgonha tinto de primeira linha pode ser guardado por até 30 anos, embora dez anos seja um limite mais razoável. Um bom vinho branco pode geralmente ser apreciado com cinco anos de idade. Antes, as uvas que não estavam totalmente maduras conferiam ao vinho taninos duros que precisavam de anos para se suavizar. Agora, as colheitas tardias e as modernas técnicas de vinificação garantem taninos mais suaves, conferindo ao vinho um sabor mais rico e flexível e permitindo que seja bebido mais cedo.

VINCENT GASNIER TOP 10

Vinhos Soberbos para Celebrar

1. **Domaine Raveneau** (branco) Chablis Grand Cru *pág 52*
2. **Domaine Leflaive** (branco) Côte de Beaune *pág 66*
3. **Domaine Chave** (tinto ou branco) Hermitage *pág 91*
4. **Château Margaux, 1982** (tinto) Margaux *pág 29*
5. **Château Latour, 1982** (tinto) Pauillac *pág 26*
6. **Romanée-Conti: DRC** (tinto) Côte de Nuits *pág 59*
7. **Guigal: La Turque** (tinto) Côte Rôtie *pág 90*
8. **Château Cheval Blanc** (tinto) St-Émilion Grand Cru *pág 36*
9. **Louis Roederer: Cristal** Champagne *pág 132*
10. **Château Haut-Brion, 1982** (tinto) Pessac-Léognan *pág 29*

Borgonha

Mapa Vinícola da Borgonha

A Borgonha cobre uma área de cerca de 175km desde Chablis, no norte, a Beaujolais, no sul. Seus vinhedos são virtualmente contínuos, excetuando-se a área de Chablis, isolada do resto da região. Existem várias AOCs, cada uma com seu caráter distinto. Os terrenos de maior prestígio são os de Côte de Nuits e Côte de Beaune, que juntos formam Côte d'Or – a famosa "colina dourada" da Borgonha, entre Dijon e Chagny.

ÁREAS VINÍCOLAS E GRANDES PRODUTORES

Chablis *págs 50-1*

Billaud-Simon *pág 52*
Bouchard *pág 53*
Brocard *pág 53*
Chablisienne, La *pág 53*
Dauvissat *pág 53*
Droin *pág 52*
Fèvre *pág 53*
Laroche *pág 52*
Michel *pág 53*
Raveneau *pág 52*

Côte de Nuits *págs 54-5*

Clair *pág 56*
Dugat-Py *pág 56*
Dujac *pág 57*
Gouges *pág 58*
Grivot *pág 58*
Jadot *pág 58*
Lambrays *pág 57*
Leroy *pág 58*
Méo-Camuzet *pág 58*
Mortet *pág 57*
Romanée-Conti *pág 59*
Roumier *pág 57*
Rousseau *pág 56*
Vogüé *pág 56*
Vougeraie *pág 57*

Côte de Beaune *págs. 62-3*

Armand, Comte *pág. 65*
Bonneau du Martray *pág. 64*
Bouchard *pág. 64*
Bouzereau *pág. 67*
Chandon de Briailles *pág. 65*
Chorey *pág. 65*
Clair *pág. 66*
Coche-Dury *pág. 66*
Colin *pág. 67*

Baco decora base de coluna na casa Louis Jadot, Côte de Nuits

Girardin *pág 67*
Jobard *pág 65*
Lafarge *pág 67*
Lafon, Comtes *pág 65*
Leflaive, Domaine *pág 66*
Leflaive, Olivier *pág 67*
Maltroye *pág 64*
Morot *pág 64*
Prieur *pág 66*
Sauzet *pág 66*

Vinhedo murado em Côte de Nuits

Côte Chalonnaise e Mâconnais *págs 70-1*

Bongran *pág 73*
Faiveley *pág 72*
Ferret *pág 73*
Fuissé *pág 73*
Guffens-Heynen *pág 73*
Jacqueson *pág 73*
Juillot *pág 73*
Lumpp *pág 72*
Rodet *pág 72*
Salomon, Clos *pág 72*

Beaujolais *págs 74-5*

Burgaud *pág 77*
Calot *pág 76*
Cheysson *pág 76*
Desvignes *pág 77*
Duboeuf *pág 77*
Jacques *pág 76*
Janin *pág 77*
Madone *pág 76*
Mommessin *pág 77*
Terres Dorées *pág 76*

Os produtores estão listados aqui por sobrenome ou nome mais comum. Os nomes completos das propriedades aparecem nas listas principais

Informações Regionais Básicas

Latitude 45,5-48°N.

Altitude 175-500m.

Topografia Os vinhedos mais famosos cobrem 50km de Côte d'Or. As escarpas são interrompidas por córregos que descem as colinas e deságuam no rio Saône. A exposição e o ângulo das encostas são fundamentais aqui.

Solo Predomínio de calcário, com um pouco de argila, granito e areia.

Clima Continental moderado, com invernos frios e secos e verões quentes. O aprazível mês de setembro ajuda a amadurecer completamente as uvas.

Temperatura A média em julho é de 20°C.

Chuvas A média pluviométrica anual é de 690mm.

Problemas para a viticultura Geadas, míldio, granizo e chuva na colheita.

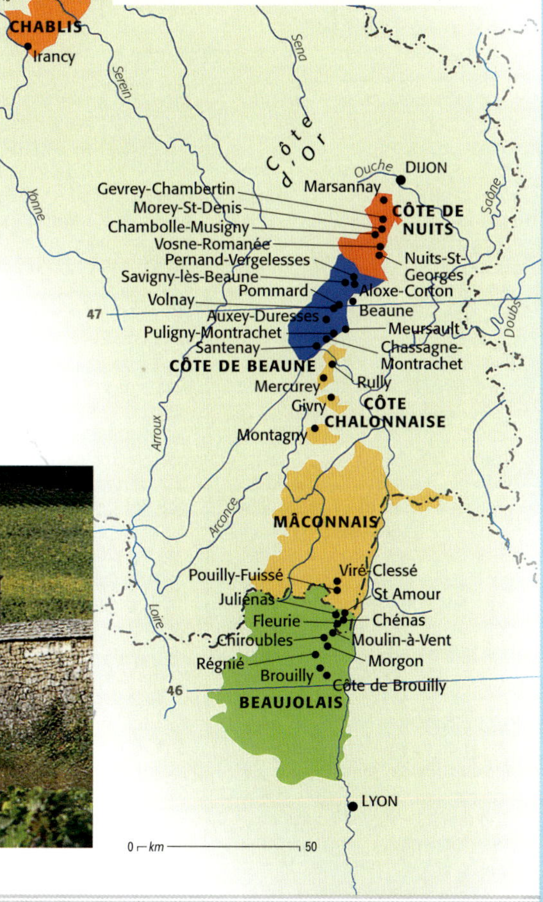

Denominações da Região de Chablis

Chablis, que se localiza no extremo norte da Borgonha, produz exclusivamente vinho branco. Importante região vinícola por pelo menos 1.400 anos, no fim do século 19 Chablis tinha mais de 40ha de vinhedos – mas a filoxera, outras doenças e a competição levaram a um dramático declínio. A despeito de algumas mudanças nas últimas décadas, a área total de vinhedos ainda se reduz a cerca de 5 mil ha.

Feito apenas de uva Chardonnay, o Chablis deve ser ultra-seco, mas não agressivo, rico sem ser encorpado e metálico sem ser austero. O vinho extrai suas características do clima do norte, que encoraja a alta acidez, e dos solos porosos de calcário onde as uvas crescem. Como o restante da Borgonha, Chablis é dividida em uma hierarquia de vinhedos AOC, começando pelo Petit Chablis e pelo Chablis genérico até chegar, em ordem crescente, ao Chablis *Premier Cru* e ao Chablis *Grand Cru.* *Calcário Kimmeridgian* *Chardonnay* *branco*

Rótulo La Chablisienne

Chablis

O Chablis genérico é produzido por cerca de 3 mil ha de vinhedos, tornando-a de longe a mais importante denominação da Borgonha em termos de quantidade. Embora a zona tenha sido consideravelmente ampliada em décadas recentes, a qualidade dos vinhos não se deteriorou em conseqüência disso.

Petit Chablis

Aos olhos de muitos apaixonados pelos vinhos da Borgonha, esta é uma categoria ligeiramente suspeita, já que os solos nos quais as uvas crescem em geral não possuem a grande concentração de calcário encontrada no restante da região. Mas mesmo os Petit Chablis são puro Chardonnay e podem oferecer boa relação custo-benefício. O vinho deve ser bebido jovem e refrescado.

Chablis *Premier Cru*

O Chablis torna-se interessante no nível *premier cru.* Torna-se também complicado, porque existem nada menos que 40 vinhedos assim qualificados dispersos pela região. O número é tão elevado porque pequenas seções dentro dos 17 principais vinhedos *premier cru* são reconhecidas como denominações *premier cru,* ou *lieux-dits*, por méritos próprios. Produtores com vinhas em Fourchaume, por exemplo, podem optar por rotular seus vinhos com o nome do vinhedo inteiro (Fourchaume) ou o nome da seção (Vaupulent, Côte de Fontenay, Vaoulorent ou L´Homme Mort). Na prática, a maioria dos produtores, consciente das implicações de mercado, prefere usar o nome principal.

Um Chablis *premier cru* exibe maior complexidade mineral – acidez estimulante e notas de pedra – que um Chablis simples, e pode precisar de dois a três anos na garrafa para desenvolver toda a sua complexidade aromática. Uma safra de grande qualidade pode envelhecer por até uma década, adquirindo uma cor dourada e sabores mais evoluídos.

Os outros *premiers crus* são Montée de Tonnerre (que inclui Chapelot e Pied d'Aloup); Mont de Milieu (inclui Morein, Fourneaux e Côte des Prés Girots); Vaucoupin, Beauroy (inclui Troesmes); Côte de Léchet; Vaillons (inclui Châtains, Sécher, Beugnons, Les Lys, Mélinots Roncières e Les Épinottes); Montmains (inclui La Forest e Butteaux); Vosgros (inclui Vaugiraut); Vau Ligneau; Vau-de-Vey (inclui Vaux Ragons); e um punhado de outros raramente identificados nos rótulos das garrafas de Chablis.

Chablis *Grand Cru*

Os vinhos Chablis *grands crus* têm características semelhantes aos *premiers crus*, mas em grau ainda maior. São os vinhos mais ousados, ricos e complexos da região, e guardá-los é bom negócio – idealmente, por dez anos. As safras dos *grands crus* são menores do que as de outros terrenos de Chablis, e, com apenas 106ha de vinhedos – responsáveis por apenas 3% da produção total de Chablis –, os vinhos são relativamente raros, o que se reflete nos preços.

A localização setentrional de Chablis significa que o amadurecimento das uvas pode ser bastante problemático. Enquanto os *premiers crus* são vinhedos dispersos, os *grands crus* se localizam em uma única faixa ao longo de uma encosta voltada para sudoeste, onde o clima estimula as uvas a amadurecer precocemente. Existem apenas sete *grands crus*: Les Clos é o maior e mais conhecido; os demais são Bougros, Les Preuses, Vaudésir, Grenouilles, Valmur e Blanchot.

Amadurecer com ou sem Madeira?

Não há muito consenso sobre a melhor forma de amadurecer o Chablis. Alguns produtores utilizam o método tradicional de amadurecimento em velhos barris de carvalho; outros vinificam e amadurecem seus vinhos exclusivamente em tonéis de aço inoxidável; e uns poucos utilizam carvalho novo. O antigo areja e enriquece o vinho sem impregná-lo de sabores de carvalho, o novo lhe dá um toque de tostado e baunilha; os de aço mantêm a pureza da uva e uma clara distinção entre os vinhedos. O carvalho novo, se utilizado em excesso, pode sobrepujar a qualidade revigorante, mineral e refrescante que torna os Chablis tão especiais. Infelizmente, seus rótulos não indicam como os vinhos foram vinificados ou amadurecidos.

Irancy e Sauvignon de St-Bris

A sudoeste, oficialmente fora da AOC Chablis, entre Chablis e Auxerre, há uma pequena região de vinhedos de Pinot Noir. O mais conhecido é Irancy, que tem sua própria AOC; vinhos feitos em outras partes são vendidos como Bourgogne Rouge ou vinificados como espumantes e rotulados como Crémants de Bourgogne. Charmosos e delicados em bons anos, são muito magros em safras mais frias. Há também uma especialidade local, conhecida como Sauvignon de St-Bris, feita de Sauvignon Blanc, e não de Chardonnay. O vinho é cítrico e tem boa relação custo-benefício.

O vinhedo de Jean-Marc Brocard e a igreja de Préhy, em Chablis

O nome Chablis foi adotado fora da França como sinônimo para vinho branco meio-seco, para revolta dos produtores locais

Esq **Tanque de aço inoxidável na Jean Marc Brocard** Dir **Rótulo de Chablis *Grand Cru***

Grandes Produtores de Chablis

Domaine Billaud-Simon

Esta propriedade de 20ha tem uma das mais completas linhas de *premiers* e *grands crus* de Chablis. Bernard Billaud e seu sobrinho Samuel têm uma vinícola com tecnologia avançada, na qual a maior parte dos vinhos faz uso do aço inoxidável. Um ou dois *crus*, incluindo o Mont de Millieu e o Blanchot, recebem um toque de carvalho ao amadurecer. Estes são vinhos com a marca da pureza e da complexidade mineral. *1 quai de Reugny • 03 86 42 10 33 • www.billaud-simon.com* ▢ *com hora marcada* ▣ *branco* ★ *Vaillons, Blanchot*

Domaine François e Jean-Marie Raveneau

Raveneau tem apenas 8ha de vinhedos, mas todos são *premiers* ou *grands crus*. Os vinhos são fermentados em tanques, mas parte amadurece em madeira antiga. Antes do engarrafamento, diferentes lotes do mesmo vinho são mesclados para garantir a regularidade de seu equilíbrio. O resultado é um Chablis clássico: mineral e até austero quando jovem, ele evolui e desenvolve uma complexidade rica, com toques de nozes. O Les Clos é geralmente o mais refinado e longevo dos vinhos, mas a produção é limitada e a demanda, alta. *9 rue de Chichée • 03 86 42 17 46* ■ ▣ *branco* ★ *Butteaux, Les Clos, Blanchot*

VINCENT GASNIER TOP 10 — Melhores Rótulos de Chablis

1. **Dauvissat: Les Clos** *pág oposta*
2. **Raveneau: Butteaux** *acima*
3. **William Fèvre: Montée de Tonnerre** *pág oposta*
4. **Droin: Vaucoupin** *à direita*
5. **Laroche: Réserve de l'Obédience** *à direita*
6. **La Chablisienne: Vieilles Vignes** *pág oposta*
7. **Billaud-Simon: Vaillons** *acima*
8. **Louis Michel: Montmains** *pág oposta*
9. **Domaine du Chardonnay** *www.domaine-du-chardonnay.com*
10. **Jean-Marc Brocard** *pág oposta*

Domaine Jean-Paul e Benoît Droin

Jean-Paul Droin, um dos mais conscientes vinicultores da região, é também o afortunado proprietário de terrenos em quatro *grands crus*: Blanchot, Les Clos, Valmur e Vaudésir. Por muitos anos, utilizou carvalho novo para fermentação e amadurecimento, mas, desde 1990, modificou seus métodos. Hoje, seus vinhos são mais equilibrados, e o carvalho é uma nuance e não um componente do sabor. Seus vinhos são caros, mas muito bem feitos e infinitamente complexos. *14 bis rue Jean-Jaurès • 03 86 42 16 78 • www.jeanpaul-droin.fr* ▢ *com hora marcada* ▣ *branco* ★ *Vaucoupin, Les Clos*

Domaine Laroche

Michael Laroche é um homem de prodigiosa energia e ambição. Tem cerca de 100ha em Chablis e combina, com sucesso, tino comercial e altos padrões de qualidade – desde seu rótulo de Chablis genérico (St-

A combinação de fruta madura e nuances minerais torna o Chablis um vinho sublime para acompanhar frutos-do-mar e peixe grelhado

Martin) à linha de *grands crus*. Laroche amadurece seus melhores vinhos em carvalho antigo e, desde 1991, produz o Réserve de l'Obedience, que utiliza algumas das vinhas mais antigas de Blanchot e é distribuído a preços altos. *22 rue Louis Bro • 03 86 42 89 00 • www.michellaroche.com* *branco* ★ *St Martin, Fourchaume, Réserve de l'Obédience*

Domaine Louis Michel et Fils
Louis Michel e seu filho Jean-Loup têm cerca de 20ha em Chablis, e a maior parte de seus terrenos fica nos *premiers crus* de Montmains e Montée de Tonnerre. Utilizam apenas tanques de aço inoxidável, o que ajuda a preservar o vigor original da fruta. A ausência de carvalho também ajuda a manter a individualidade de cada *cru*. Todos os vinhos têm preços razoáveis. *9 blvd de Ferrières • 03 86 42 88 55* *branco*
★ *Montmains, Vaudésir*

Domaine Vincent Dauvissat
Vincent Dauvissat herdou do pais suas habilidades de *vigneron*, e a casa continua a ser uma das melhores e mais tradicionais da região. Acredita que um longo período de maturação acentua as nuances minerais, e todos os seus vinhos são fermentados e envelhecidos em carvalho antigo. Conseqüentemente, há certa perda do frescor original da fruta, mas estes são vinhos para guarda: depois de cinco anos, revelam plenamente um equilíbrio e uma complexidade impecáveis.
8 rue Émile Zola • 03 86 42 11 58
branco ★ *La Forest, Vaillons, Les Clos*

Domaine William Fèvre
Em 16ha, Fèvre tinha mais vinhas *grands crus* do que qualquer outro produtor em Chablis. Em 1998, ele vendeu esses terrenos à Bouchard Père & Fils *(pág 64)*, que em poucos anos transformou seus vinhos e os colocou entre os mais exuberantes da região, ricamente frutados e com maravilhosa variedade em cada *cru*. *21 ave d'Oberwesel • 03 86 98 98 98* *com hora marcada* *branco*
★ *Montée de Tonnerre, Blanchots*

Jean-Marc Brocard
Partindo de uma herança de 2ha, Jean-Marc Brocard soube engenhosamente ampliar seus domínios e hoje tem uma propriedade de 80ha. Utiliza aço inoxidável e, além de um Chablis muito confiável, Brocard também produz um Bourgogne Blanc de bom preço fora da zona de Chablis. A grande produção permite a manutenção de preços razoáveis.
3 rte de Chablis, Préhy • 03 86 41 49 00
• www.brocard.fr *branco*
★ *Montée de Tonnerre, Beauregard*

La Chablisienne
Com uma produção de cerca de 500 mil caixas, esta cooperativa tem grande importância na região e mantém qualidade regularmente alta. Além de uma ampla linha de *premiers* e *grand crus*, La Chablisienne produz cortes como o Vieilles Vignes (produzido de vinhas velhas), amadurecido em carvalho e lançado pronto para beber. Os preços não são baixos, mas a relação custo-benefício é boa. *8 blvd Pasteur • 03 86 42 89 89 • www.chablisienne.fr* *com hora marcada* *branco*
★ *Vieilles Vignes, Beauroy*

Maison Pascal Bouchard
É uma das maiores propriedades de Chablis, com 100ha de vinhas. Só alguns de seus *grands crus* recebem um toque de fermentação em barril e envelhecimento em carvalho. Geralmente, são vinhos bons para ser bebidos jovens, por seus ricos sabores de fruta e notas minerais firmes; os melhores *crus*, no entanto, merecem alguns anos de guarda. *Parc des Lys • 03 86 42 18 64*
• www.pascalbouchard.fr *branco*
★ *Fourchaume Vieilles Vignes, Les Clos*

O Chablis teve boas safras em 1995, 1996, 1998, 2000 e 2002

Comunas Produtoras de Côte de Nuits

Para muitos amantes dos Borgonhas, Côte de Nuits produz os vinhos tintos mais elegantes da região. Quase todos os *grands crus* tintos localizam-se aqui, nas terras centrais da Borgonha, encravados entre as imponentes propriedades monásticas que no passado dominaram suas colinas voltadas para o oriente. Em nenhuma outra parte do mundo a Pinot Noir desenvolve complexidade e elegância tão pungentes. Seus delicados aromas de frutas vermelhas se combinam com uma estrutura firme que permite a um vinho bem elaborado envelhecer por décadas, desenvolvendo cada vez mais sabores e aromas. Os borgonheses insistem que a grandeza de seus vinhos provém muito mais do solo do que da uva – que a Pinot Noir é meramente um veículo para que os solos ricos em minerais de calcário de Côte de Nuits encontrem sua expressão mais brilhante.

Os vinhedos começam ao sul de Dijon, elevando-se das planícies até as encostas renomadas de orientação leste de Côte d'Or. A AOC Côte de Nuits é utilizada principalmente pelas comunas do planalto atrás das colinas, onde o clima mais frio dificulta o amadurecimento das uvas. Veja a seguir as principais AOCs da região. *Calcário* *Pinot Noir* *Chardonnay* *tinto, branco, rosé*

Marsannay

Até os anos 1980, Marsannay era mais conhecida por seus *rosés*. Feitos de Pinot Noir, podem ser deliciosos, mas são um desperdício de bom terroir. Bruno Clair é o mais conhecido produtor, mas outros, como Charlopin, também levam a vinicultura a sério e produzem vinhos ricos, agradáveis e de preço razoável. Os tintos são os melhores.

Fixin

Esta comuna algo obscura tira o máximo proveito de suas autênticas conexões com Napoleão. Um de seus colaboradores mais próximos era da região e retornou a ela após acompanhar o imperador até o exílio. Ali, batizou um vinhedo com seu nome, ergueu-lhe uma estátua e abriu um pequeno museu. O melhor vinhedo é o Clos du Chapître, na colinas atrás da vila. O estilo dos vinhos é mais sólido do que elegante, mas a relação custo-benefício pode ser boa.

Domaine des Lambrays

Gevrey-Chambertin

A maior comuna produtora da região, Gevrey-Chambertin é abençoada com nove *grands crus*, dos quais o mais conhecido (e geralmente o melhor) é Le Chambertin. A classificação de um vinhedo não é um guia infalível de qualidade: alguns dos produtores de *grands crus* são sempre decepcionantes, enquanto viticultores como Denis Mortet fazem vinhos maravilhosos a partir de simples comunas. Entre os *premiers crus* daqui, o Clos-St-Jacques reina supremo. Os vinhos de Gevrey-Chambertin tendem a ser poderosos e bastante longevos e os melhores podem apresentar uma elegância surpreendente.

Morey-St-Denis

Passando Gevrey-Chambertin, seguindo na direção sul, a faixa de vinhedos *grand cru* chega a Morey-St-Denis, e alguns de seus vinhedos, particularmente o Clos de La Roche e o Clos St-Denis, têm qualidade extraordinária. Diferentemente da maioria dos *crus* da Borgonha, que são divididos em muitas parcelas de vinhas de muitos proprietários, dois dos *grands crus* de Morey-St-Denis – Clos de Lambrays e Clos de

Côte de Nuits e a vizinha Côte de Beaune (págs 62-3) são conhecidas conjuntamente como Côte d'Or

Tartare – são monopólios com proprietários únicos. Depois de décadas de mediocridade, os dois produzem hoje vinhos deliciosos.

Chambolle-Musigny

A divisa entre Morey-St-Denis e Chambolle-Musigny é tão sutil que as duas comunas dividem o *grand cru* Bonnes Mares. Chambolle-Musigny produz os vinhos mais elegantes de Côte de Nuits. Eles são aromáticos, delicados e têm boa guarda. O outro terreno *grand cru*, Le Musigny, é um dos mais valorizados da Borgonha.

Vougeot

Esta comuna é mais conhecida pelo Clos de Vougeot, um *grand cru* de ampla dimensão que se estende da estrada principal até o famoso château. Por causa do seu tamanho e dos solos variados, o terreno produz vinhos que variam de correntes a magníficos. Os melhores viticultores são o Château de la Tour e os *domaines* Anne Gros, Denis Mortet, Jean Grivor e Méo-Camuzet.

Vosne-Romanée

Os vinhos de Vosne-Romanné são suaves, aromáticos, encorpados e vigorosos e, ao mesmo tempo, robustos e ricos. Como Gevrey-Chambertin, esta área se destaca por seus muitos *grands crus*, soberbos *premiers crus* e seus vinhos muito procurados e caros, que raramente desapontam.

Os *Négociants*

Até 50 anos atrás, quase todos os viticultores da Borgonha vendiam seus vinhos a comerciantes conhecidos como *négociants*, que faziam o corte *(assemblage)*, engarrafavam e vendiam o vinho com seus rótulos próprios. Depois, mais e mais produtores passaram a vinificar e vender seus próprios vinhos. Apesar disso, como as propriedades borgonhesas são muito pequenas, os *négociants* continuam a ter papel importante no fornecimento de grandes quantidades de bom vinho da Borgonha. Muitos são medíocres, outros, incluindo Louis Jadot, Joseph Drouhin e Bouchard Père & Fils produzem vinhos realmente excelentes e também têm vinhedos próprios.

Nuits-St-Georges

Não deixa de ser estranho que nesta comuna famosa não existam *grands crus* (historicamente, seus viticultores relutaram em pagar os altos impostos cobrados por estas terras). Estendendo-se pelo sul e passando pelo vilarejo de Prémeaux, Nuits-St-Georges é uma grande comuna onde a qualidade pode variar bastante. O nome do produtor tende a contar mais do que o nome do vinhedo.

O château Clos de Vougeot e seu vinhedo *premier cru* em Vougeot

A tradução literal de Côte d'Or é "colina dourada", mas o nome é hoje uma abreviação para Côte d'Orient, ou "encosta leste"

Esq **Charles Rousseau** Centro **Placa de Aldeia** Dir **Produção de vinho no Domaine de la Vougeraie**

Grandes Produtores de Côte de Nuits

Domaine Armand Rousseau

Poucos viticultores são tão respeitados quanto Charles Rousseau. Há décadas ele produz alguns dos vinhos mais sérios de Gevrey-Chambertin, adaptando seu processo de vinificação para se adequar à estrutura de cada um. Seus vinhos Clos St-Jacques e Clos de Bèze são ricos e amadeirados, mas outros vinhos têm um toque mais leve, com delicadeza, aroma e elegância intrínsecos. Às vezes são simples quando jovens, e em geral exigem dez anos de envelhecimento para mostrar sua elegância. *1 rue de l'Aumônerie, Gevrey-Chambertin • 03 80 34 30 55 • www.domaine-rousseau.com* *com hora marcada* *tinto* ★ *Gevrey-Chambertin Clos St-Jacques, Ruchottes Chambertin, Chambertin*

Domaine Bernard Dugat-Py

O despretensioso Bernard Dugat-Py é, com Charles Rousseau e Denis Mortet, um dos melhores viticultores de Gevrey-Chambertin. A maioria de suas vinhas é velha. Ele intervém o mínimo possível durante a vinificação e o amadurecimento – e deixa as uvas e o *terroir* falarem por si mesmos. *rue de Planteligone, Gevrey-Chambertin • 03 80 51 82 46 • www.dugat-py.com* *tinto* ★ *Bourgogne Cuvée Halinard, Gevrey-Chambertin Coeur de Roy, Chambertin*

Domaine Bruno Clair

Vivendo na monótona Marsannay, Clair tem vinhas em muitos dos melhores terrenos de Côte d'Or. Seu tinto Marsannays revela como os vinhos da região podem ser bons, mas seus melhores rótulos em geral provêm de Clos St-Jacques e Clos de Bèze, em Gevrey-Chambertin. Os brancos, de Morey-St-Denis e Marsannay, também podem ser deliciosos. Com 21ha em igual número de comunas, a casa tem uma ampla gama a oferecer a seus fãs entusiasmados. *5 rue du Vieux College, Marsannay • 03 80 52 28 95* *tinto, branco, rosé* ★ *Marsannay Longeroies, Gevrey-Chambertin Clos St-Jacques*

Domaine Comte Georges de Vogüé

Nenhuma propriedade se compara a esta em termos da qualidade de seus terrenos em Chambolle-Musigny, que incluem os *premiers crus* Le Musigny, Les Amoureuses e Bonnes Mares. Cerca de 70% de Le Musigny pertencem a esta única propriedade. Seus padrões são tão elevados que os vinhos de vinhas com menos de 20 anos de idade são engarrafados sob a denominação inferior de Chabolle *premier cru*. A casa busca a perfeição e, freqüentemente, a alcança. *7 rue Ste Barbe, Chambolle-Musigny • 03 80 62 86 25* *tinto* ★ *Chambolle-Musigny Amoureuses, Bonnes Mares, Le Musigny*

Domaine de la Romanée Conti

Pág 59

Domaine de la Vougeraie

Nenhum comerciante tem sido mais astuto que Jean-Claude Boisset quando se trata de adquirir propriedades nesta região. No fim dos anos 1990, ele já tinha reunido cerca de 37ha de vinhedos. Contratou então o brilhante enólogo franco-ca-

Os vinhos da AOC Côte de Nuits Villages não são tão valorizados quanto os da própria Côte de Nuits

nadense Pascal Marchand e criou esta nova propriedade para fazer e comercializar vinhos. Desde o começo, La Vougeraie tem produzido Borgonhas ricos, em estilo moderno, com sabor ousado e feitos para durar. *rue de l'Eglise, Prémeaux • 03 80 62 48 25 • www.domainedelavougeraie.com com hora marcada tinto, branco ★ Pinot Noir Terres de Famille, Gevrey-Chambertin Les Évocelles, Bonnes Mares*

Domaine Denis Mortet
Poucos anos depois da aposentadoria do pai, em 1991, Denis era aclamado por seus vinhos potentes, densos, que freqüentemente tinham mais força que elegância. Hoje, eles têm elegância e vigor, além de potência. Muitos de seus vinhedos são terrenos de comunas em Gevrey-Chambertin, mas as vinhas são velhas e a qualidade, sensacional – por isso, os preços se equiparam aos dos *premiers crus*. *22 rue de l'Eglise, Gevrey-Chambertin • 03 80 34 10 05 tinto ★ Gevrey En Motrot, Gevrey En Champs, Clos de Vougeot*

Domaine des Lambrays
Propriedade *grand cru* minúscula (9ha) do magnata alemão Günter Freund. A localização excepcional permite que Thierry Brouin, que administra a propriedade e a vinificação, produza vinhos igualmente excepcionais. Qualquer coisa que ele considere indigna do rótulo Lambrays é engarrafada, modestamente, como Morey-St-Denis *Premier Cru*. *31 rue Basse, Morey-St-Denis • 03 80 51 84 33 tinto ★ Morey-St-Denis Premier Cru, Clos des Lambrays*

Domaine Dujac
O "jac" do nome Dujac é Jacques Seysses, que trocou o ramo bancário pela elaboração de vinhos em 1969 e criou esta propriedade extraordinária em Morey-St-Denys. Como forasteiro, chegou ansioso para aprender e seguiu os melhores viticultores. Hoje é ele quem divide seus conhecimentos com viticultores de todo o mundo. Seus próprios vinhos demonstram mais finesse que potência pura, o que não impede que os melhores envelheçam por até 30 anos. *7 rue de la Bussière, Morey-St-Denis • 03 80 34 01 00 • www.dujac.com com hora marcada tinto, branco ★ Gevrey-Chambertin Combottes, Bonnes Mares, Clos de la Roche*

Domaine Georges Roumier
Christophe Roumier é uma celebridade em Chambolle-Musigny. Não há equipamento moderno em sua vinícola; a vinificação é simples e tradicional, e ele toma o cuidado de não mimar muito seus vinhos com carvalho novo. O *premier cru* Chambolle-Musigny Les Amoureuses e o *grand cru* Bonnes Mares são geralmente os seus melhores rótulos, mas até mesmo o seu simples Bourgogne Rouge merece destaque. *rue de Vergy, Chambolle-Musigny • 03 80 62 86 37 • www.roumier.com com hora marcada tinto ★ Chambolle-Musigny, Les Amoureuses, Bonnes Mares*

VINCENT GASNIER TOP 10

Rótulos de Côte de Nuits

1. **Armand Rousseau: Gevrey-Chambertin** *pág oposta*
2. **Dujac: Gevrey-Chambertin** *esquerda*
3. **Romanée-Conti: La Tâche** *pág 59*
4. **Roumier: Chambolle-Musigny** *acima*
5. **Lambrays: Clos des Lambrays** *à esquerda*
6. **Comte Georges de Vogüé: Chambolle-Musigny** *pág oposta*
7. **Leroy: Vosne-Romanée Brûlées** *pág 58*
8. **Anne Gros: Vosne-Romanée** *www.anne-gros.com*
9. **Grivot: Vosne-Romanée Beaux Monts** *pág 58*
10. **Méo-Camuzet: Vosne-Romanée Cros Parantoux** *pág 58*

Os melhores vinhos de Côte de Nuits vêm de suas encostas orientais

Domaine Henri Gouges

Por muitos anos, Gouges foi reconhecido como a melhor propriedade em Nuits-St-Georges. Depois desandou, e foi só nos anos 1990, quando uma nova geração assumiu, que o *domaine* recuperou sua supremacia. Todos os vinhos são de Nuits-St-Georges, oferecendo uma amostra dos melhores *premiers crus*. Gouges também produz, a partir de seus vinhedos, pequenas quantidades de um notável vinho branco cheio de especiarias. *7 rue du Moulin, Nuits-St-Georges • 03 80 61 04 40* *com hora marcada* *tinto, branco ★ Nuits-St-Georges: Pruliers, Les St Georges*

Domaine Jean Grivot

Jean Grivot seguiu por certo tempo a orientação de um enólogo chamado Guy Accad, cujas técnicas resultaram em vinhos muito pesados aos quais faltava o caráter dos verdadeiros Borgonhas. Há alguns anos, Grivot abandonou o sistema e desde então passou a produzir vinhos maravilhosos, de estilo rico e cheio, que expressam à perfeição o grande *terroir* de Nuits-St-Georges e Vosne-Romanée. *6 rue de la Croix-Rameau, Vosne-Romanée • 03 80 61 05 95* *com hora marcada* *tinto ★ Vosne-Romanée Beaux Monts, Échézeaux, Richebourg*

Domaine Leroy

Lalou Bize-Leroy, uma mulher determinada de certa idade cujo passatempo favorito é escalar montanhas, administra esta magnífica propriedade em parceria com o renomado *négociant* Maison Leroy. Ela foi uma das primeiras proprietárias da Borgonha a converter seus vinhedos à biodinâmica *(pág 66)*, um método cujo objetivo é restabelecer a saúde e o vigor dos solos da Borgonha e de outras regiões que sofrem com a erosão resultante do uso de fertilizantes. Os vinhos, feitos de uma ampla gama de excelentes vinhedos, são maravilhosos – e, o que não chega a ser surpresa, muito caros. *rue du Pont Boillot, Auxey-Duresses • 03 80 21 21 10 • www.domaineleroy.com* *tinto ★ Vosne-Romanée Brûlées, Pommard Vignots, Musigny*

Domaine Méo-Camuzet

Nicolas Méo poderia ter seguido a carreira do pai, tornando-se publicitário, mas escolheu se dedicar à vinícola da família. Trabalhando de perto com o lendário viticultor borgonhês Henri Jayer, em pouco tempo passou a produzir vinhos tão bons quanto os das propriedades mais conhecidas de Vosne-Romanée. Seus vinhos são para quem gosta de emoções fortes: ricos, densos, muitas vezes envelhecem na garrafa por cinco anos ou mais. A paciência, entretanto, é recompensada por alguns dos vinhos tintos mais complexos de toda a Borgonha. *11 rue des Grands Crus, Vosne-Romanée • 03 80 61 11 05 • www.meo-camuzet.com* *tinto ★ Vosne-Romanée Cros Parantoux, Richebourg*

Louis Jadot

Dirigida por muitos anos pela família Gagey, esta famosa casa comercial produz com regularidade vinhos firmes, tânicos e longevos de Côte de Nuits (e também é bastante conhecida por seus suntuosos brancos da Côte de Beaune). Jacques Lardière é o vinicultor da casa há 30 anos, o que ajuda a explicar a qualidade constante dos seus vinhos. Mesmo em safras difíceis, como a de 1994, o toque de Lardière resultou em uma seleção de vinhos impressionante. *21 rue Eugène Spuller, Beaune • 03 80 22 10 57 • www.louisjadot.com* *com hora marcada* *tinto, branco ★ Fixin, Clos de Vougeot, Clos St Denis*

Boas safras de Côte de Nuits incluem os anos de 1993, 1995, 1996, 1999, 2001 e 2002

Domaine de la Romanée-Conti

Com uma produção de apenas 7,5 mil caixas por ano, os vinhos ultra-sedosos do Domaine de la Romanée-Conti estão entre os mais cobiçados do mundo. Qualquer um que tenha provado os vinhos das safras de 1999, 1996 ou 1990 deve concordar que a casa faz jus à sua reputação e aos seus preços exorbitantes. Mas, com o avanço acelerado das boas técnicas de vinificação, a distância entre esta propriedade e outras da Borgonha vem diminuindo constantemente.

Seu status de produtora do melhor vinho da Borgonha pode vir a ser desafiado, mas não há dúvida de que a casa tem a melhor coleção de vinhedos: só grands crus*, a maioria deles em Vosne-Romanée, mas também uma preciosa parcela em Montrachet. A propriedade é discreta e bem administrada pelo co-proprietário, Aubert de Villaine. Seus vinhos impressionam mais pela sutileza e pela elegância do que pela potência ou pelos taninos. São ricos, suntuosos e maravilhosamente aromáticos: inicialmente, exibem uma mistura de violetas e framboesas; com o envelhecimento, surgem aromas de folhas úmidas e trufas, entre muitos outros.*

A Propriedade

Este simples pilar de pedra no portão da propriedade Romanée-Conti é um discreto marco para um dos vinhedos mais famosos e valiosos do mundo.

Informações

Contato *1 rue Derrière-la-Four, Vosne-Romanée*
03 80 62 48 80

Vinhos *tinto*
★ *Domaine de la Romanée-Conti: La Tâche, Richebourg, Romanée-Conti, Échézeaux*

Os Vinhos

Quatro dos terrenos *grands crus* são compartilhados com outros viticultores, mas dois – La Tâche e Romanée-Conti – são monopólios. Não há venda direta ao consumidor, mas o Romanée-Conti, de longe o vinho mais caro da propriedade, é vendido por quase US$3.000 (safra de 1997). Apenas um de seus rótulos, o Échézeaux, é vendido por menos de US$300 por garrafa.

Vista da aldeia de Vosne-Romanée a partir do vinhedo *grand cru* de La Tâche

Boas safras recentes do Domaine Romanée-Conti incluem os anos de 1993, 1995, 1996, 1997, 1999 e 2001

Comunas Produtoras de Côte de Beaune

Os vinhedos de Côte de Beaune, que começam poucos quilômetros ao sul de Nuits-St-Georges, em Côte de Nuits *(pág 55)*, circundam graciosamente a pequena cidade de Beaune e continuam na direção sul até Pommard, Volnay e Meursault. Na Borgonha, estes são os únicos *grands crus* brancos fora de Chablis, e a região é tão famosa por seus vinhos brancos como por seus tintos elegantes. Elevando-se acima da cidade de Aloxe-Corton fica a grande colina de Corton, com seu famoso vinhedo Corton-Charlemagne. Ao sul de Beaune, perto das comunas de Puligny-Montrachet e Chassagne-Montrachet há outros *grands crus* igualmente famosos.

Os tintos de Côte de Beaune são bastante variados: o Pommard tende a ser potente e tânico; o Volnay é mais harmonioso. Os vinhos de Chorey-lès-Beaune e Savigny-lès-Beaune são geralmente médio corpo e mais apreciados a médio prazo. Os vinhos produzidos nas comunas do planalto são vendidos como Hautes Côtes de Beaune, e os de comunas de menos prestígio, como Ladoix, às vezes são rotulados como Côte de Beaune Villages.

Calcário *Pinot Noir* *Chardonnay*
tinto, branco

Chorey-lès-Beaune, Ladoix e Pernand-Vergelesses

Estas comunas se agrupam em torno da colina de Corton. Chorey-lès-Beaune fica em terreno bastante plano e produz tintos sem complexidade, mas agradáveis quando bebidos jovens. Ladoix e Pernand-Vergelesses produzem brancos e tintos. Muito pouco vinho é engarrafado, já que Ladoix tem apenas 100ha de área cultivada.

Aloxe-Corton

Bonita comuna com grande extensão de *grands crus*, todos conhecidos como Corton. Originalmente cultivada apenas com uvas tintas, Corton hoje é conhecida também por seu vinho branco magistral: o Corton-Charlemagne. Só Montrachet *(pág 63)* pode rivalizar com ele em potência e mineralidade. Os tintos podem ser duros na juventude, mas adquirem uma suavidade marcante quando envelhecem.

Beaune e Savigny-lès-Beaune

Os vinhedos que circundam a cidade de Beaune são relativamente desconhecidos, embora muitos tenham o status de *premier cru*. Mais conhecido é o leilão beneficente anual organizado pelos Hospices de

Trechos de terreno pertencentes a vários plantadores em Savigny-lès-Beaune

Págs 60-1 **Vista outonal da comuna e dos vinhedos de Nuits-St-Georges em Côte des Nuits, na Borgonha**

Cuidados com o vinhedo na colina de Corton

Beaune *(pág 69)*. Savigny produz vinho honesto a preço razoável, em sua maioria tinto. Clos de Mouches é o mais interessante de Beaune. Vale a pena pagar um pouco mais por um *premier cru* desses lugares.

Pommard

Geralmente, Côte de Beaune produz vinhos mais leves que Côte de Nuits, mas Pommard é a exceção. Seus solos ricos produzem tintos inebriantes, escuros e tânicos, alguns dos quais nunca perdem sua aspereza inicial. Os melhores *premiers crus* são Rugiens e Épenots, que precisam de oito anos ou mais para amadurecer.

Volnay e Monthélie

A vila escarpada de Volnay é cheia de excelentes propriedades cujos vinhos tendem a ser aromáticos e elegantes. Na vizinha Monthélie, os vinhos são semelhantes, só não têm a mesma permanência e custam metade do preço.

Auxey-Duresses, St-Romain e St-Aubin

Estas três comunas situam-se nos vales que cortam as Hautes Côtes de Beaune. Auxey dá tintos robustos e brancos que são melhores se bebidos a médio prazo, enquanto St-Romain, um pouco mais alta, produz um branco que pode ter amargor em safras complicadas. Os brancos de St-Aubin são bem melhores que os tintos, além de uma alternativa barata aos vinhos de comunas maiores nas proximidades.

Meursault

Esta grande vila é famosa por seus suntuosos vinhos brancos; um grande Mersault não é só potente e prazeroso, mas também estimulante. Existem alguns *premiers crus* excepcionais, como Les Perrières, e mesmo os vinhedos que não têm esse status muitas vezes têm os nomes informados nos rótulos, porque possuem caráter distinto.

Puligny-Montrachet e Chassagne-Montrachet

Magníficos vinhedos *premiers* e *grands crus* praticamente unidos uns aos outros. Os vinhos são a quintessência do grande Borgonha branco: nobres, elegantes e profundos. Os melhores terrenos, os *grands crus* de Montrachet e Bâtard-Montrachet, são divididos entre Puligny e Chassagne. A alta qualidade – e a escassez – desses vinhos faz com que sejam vendidos como *premiums*, e por isso os *premiers crus* das duas comunas têm preços melhores. Enquanto Puligny produz apenas vinhos brancos, quase metade da produção de Chassagne é de vinhos tintos.

Santenay e Maranges

Santenay abrange uma série de vinhedos logo a oeste de Chagny, e Maranges é sua extensão ao sul, o que o torna o vinhedo mais meridional de Beaunes. Os melhores vinhos destes terrenos são ricos e carnudos e, com a melhoria constante da qualidade, têm boa relação custo-benefício, já que as duas comunas são pouco conhecidas.

Há um século, o vinho hoje conhecido como Monthélie era vendido como Volnay

Barricas na adega da casa Bouchard Père & Fils

Grandes Produtores de Côte de Beaune

Bouchard Père & Fils

Durante décadas, a Bouchard Père & Fils foi uma das mais celebradas *négociants*, abençoada com uma gama magnífica de vinhedos de primeira. Na década de 1980, porém, a qualidade desandou, e escândalos comprometeram a sua reputação da renomada casa. Em 1995, foi comprada pelo produtor de Champagne Joseph Henriot *(pág 132)*, que renovou o quadro implantando qualidades e fez da Bouchard Père & Fils, outra vez, uma das principais *négociants* da Borgonha. *15 rue du Château, Beaune • 03 80 24 80 24 • www.bouchard-pereetfils.com* *com hora marcada* *tinto, branco ★ Beaune Grèves Vigne de l'Enfant Jésus, Chevalier-Montrachet*

VINCENT GASNIER TOP 10

Bons Rótulos de Côte de Beaune

1. **Bonneau du Martray: Corton-Charlemagne** *à direita*
2. **Comtes Lafon: Meursault** *pág oposta*
3. **Jean-Marc Pillot: Chassagne-Montrachet** *pág 63*
4. **Jean-Marc Morey: Chassagne-Montrachet** *pág 63*
5. **Comte Armand: Pommard Clos des Épeneaux** *pág oposta*
6. **Coche-Dury: Meursault** *pág 66*
7. **Leflaive: Puligny-Montrachet***pág 66*
8. **Sauzet: Puligny-Montrachet** *pág 66*
9. **Jean-Noël Gagnard: Chassagne Montrachet** *pág 63*
10. **Domaine Germain: Meursault & Chassagne-Montrachet** *pág 63*

Château de la Maltroye

O belo Château de la Maltroye pertence a Jean-Pierre Cornut desde 1992. A propriedade de 15ha tem uma fina seleção de *premiers crus*, e os vinhos são amadurecidos em um terço de barris de carvalho novo em geladas adegas medievais. Seus brancos são ricos e com especiarias, e os melhores *crus* são tremendamente potentes. Faz também um pouco de Chassagne-Montrachet tinto. *16 rue Murée, Chassagne-Montrachet • 03 80 21 32 45* *com hora marcada* *tinto, branco ★ Chassagne-Montrachet: Clos de Château, La Romanée, Dent du Chien*

Domaine Albert Morot

Esta propriedade pertenceu e foi administrada durante muitos anos por Françoise Choppin, sucedida pelo sobrinho Geoffroy em 2000. Todos os vinhedos são *premier cru*, tanto em Beaune como em Savigny. Por muito tempo, verdadeiros segredos eram só conhecidos de especialistas, mas isso começou a mudar. Geoffroy está modernizando a vinificação e incluindo mais barris novos. A qualidade se mantém alta, como de hábito, e o estilo está cada vez mais sofisticado. *Ave Charles Jaffelin, Beaune • 03 80 22 35 39* *com hora marcada* *tinto ★ Beaune: Marconnets, Teurons, Bressandes*

Domaine Bonneau du Martray

A velha propriedade de 200 anos de Jean-Charles le Bault de la Morinière produz Corton tinto e Corton-Charlemagne branco. Com isso, é a única outra propriedade da Borgonha, além do Domaine de la Romanée-Conti, a produzir exclusivamente vinhos *grands crus*. Com 9,5ha em Corton-Charlemagne, é o maior produtor deste *grand cru* e sua principal referência. O vinho branco exibe riqueza, complexidade mineral, persistência e capacidade de guarda muitos anos. Os tintos, por ora, ainda não atingem o mesmo patamar. *Pernand-Vergelesses • 03 80 21 50 64* *tinto, branco* ★ *Corton-Charlemagne*

Domaine Chandon de Briailles

Dirigido por mãe e filha, Chandon de Brailles faz vinhos com um toque feminino. Os brancos de Pernand-Vergelesses e Savigny podem ser requintados, e o Savigny tinto Lavières é mineral e elegante. Os melhores rótulos vêm do *grand cru* de Corton, com mais ênfase na elegância e sutileza do que na potência. *1 rue Soeur Goby, Savigny-lès-Beaune • 03 80 21 52 31* *com hora marcada* *tinto, branco* ★ *Savigny Lavières, Pernard-Vergelesses Île de Vergelesses, Corton*

Domaine Charles & Rémi Jobard

François Jobard, renomado por seus vinhos um tanto austeros, é mais conhecido que seu sobrinho Rémi, mas, desde 1997, Rémi tem feito Borgonhas brancos sensacionais a partir de seus vinhedos em Meursault. Os melhores rótulos são em geral Genevrières e Charmes: ambos *premiers crus*, são vibrantes, frutados e com estrutura firme. *12 rue Sudot, Meursault • 03 80 21 20 23* *com hora marcada* *branco* ★ *Meursault: Genevrières, Charmes*

Domaine des Comtes Lafon

Alguns especialistas consideram Dominique Lafon o maior produtor de vinho branco do mundo, e é difícil discordar. Meursaults de outros lugares podem ser suaves e até amanteigados, mas falta-lhes a qualidade intrínseca dos Borgonhas. Com vigor, pungência e fruta madura abundante, os Meursaults de Lafon são inconfundivelmente borgonheses. Ele é igualmente habilidoso quando se trata de vinho tinto: seu Volnay Santenots é um dos melhores e mais equilibrados daquela comuna. *5 rue Pierre Joigneaux, Meursault • 03 80 21 22 17* *tinto, branco* ★ *Meursault: Clos de la Barre, Perrières; Volnay Santenots*

Domaine du Château de Chorey

Chorey costuma ser subestimada por ser uma comuna do "lado errado" (leste) da estrada principal, a N74, distante das prestigiosas encostas de Côte d'Or. A família Germain, que antigamente vendia seus vinhos sob o rótulo Germain Père & Fils e agora tem sua sede no château da comuna, faz um delicioso Chorey que deve ser bebido jovem e uma excelente linha de *premiers crus* amadeirados de Beaune. *Chorey-lès-Beaune • 03 80 22 06 05 • www.chateau-de-chorey.com* *tinto, branco* ★ *Chorey-lès-Beaune, Beaune: Vignes Franches, Les Cras*

Domaine du Comte Armand

A glória desta propriedade de Pommard são seus 5ha de Clos des Épeneaux, um *premier cru* de primeira linha. Produz um dos tintos mais potentes e tânicos da Borgonha, que precisa de muitos anos para revelar suas múltiplas camadas de sabor. Todos os vinhos que não são considerados dignos da denominação são vendidos como Pommard simples, às vezes com excelente relação custo-benefício. Alguns vinhos menos concentrados de Volnay e Auxey-Duresses também são produzidos aqui. Em 2003, a propriedade converteu todos os seus vinhedos à biodinâmica *(pág 66)*. *Place de l'Eglise, Pommard • 03 80 24 70 50* *com hora marcada* *tinto* ★ *Pommard, Pommard Clos des Épeneaux*

Boas safras recentes de Côte de Beaune incluem as de 1995, 1996, 1999, 2000, 2001 e 2002

Viticultura Biodinâmica

Os vinicultores franceses tradicionais sempre orientaram a trasfega e o engarrafamento de seus vinhos segundo as fases da Lua. Nos anos 1920, o filósofo Rudolf Steiner apresentou idéias sobre os ritmos lunar e cósmico que formam a base da viticultura biodinâmica – uma forma holística de cultivo orgânico que utiliza a astrologia para determinar as melhores épocas para tratamento dos solos e para os processos de vinificação. Adotada inicialmente por Nicolas Joly no Loire, a biodinâmica é hoje utilizada por mais de 20 das maiores propriedades na Borgonha e no Vale do Rhône. Muitos produtores são céticos – especialmente em relação às doses homeopáticas de compostos animais, valeriana e crina de cavalo cozida. Outros admitem que os vinhos dessas propriedades melhoraram.

Domaine Étienne Sauzet

Esta propriedade tem feito alguns dos vinhos mais regulares de Puligny. Gérard Boudot é fã de uma boa acidez, e por isso seus vinhos podem precisar de alguns anos para atingir a harmonia. Boudot tem uma maravilhosa linha de *premiers crus*, assim como vinhas velhas nos *grands crus* Bâtard-Montrachet e Chevalier-Montrachet. *11 rue de Poiseul, Puligny-Montrachet • 03 80 21 32 10 • www.etienne-sauzet.com* ☐ *com hora marcada* ▣ *branco* ★ *Puligny-Montrachet: Combettes, Champs Canet; Bâtard-Montrachet*

Domaine Françoise & Denis Clair

A propriedade de 11ha dos Clair é dividida entre Santenay e St-Aubin, e excelentes vinhos são produzidos nos dois lugares. Denis, como é típico de sua geração de viticultores borgonheses, cuida de suas vinhas e sabe como manusear as uvas quando elas são levadas às adegas. Delas emergem tintos frutados e brancos com especiarias, levemente amadeirados e de bom preço. *14 rue de la Chapelle, Santenay • 03 80 20 61 96* ☐ *com hora marcada* ▣ *tinto, branco* ★ *St-Aubin: En Remilly, Murgers des Dents de Chien*

Domaine Jacques Prieur

As décadas de 1970 e 1980 foram um período frustrante para os aficionados de Borgonhas que conheciam esta propriedade. Ela tinha vinhedos sensacionais (inclusive em Montrachet, Musigny e Chambertin), mas fazia vinhos muito chatos. A qualidade deu um salto quando a família Prieur fez uma parceria com a *négociant* Antonin Rodet *(pág 72)*. Os vinhos, hoje, são escuros, ricos e cheios. *6 rue des Santenots, Meursault • 03 80 21 23 85* ☐ *com hora marcadat* ▣ *tinto, branco* ★ *Corton Bressandes, Vosne Clos des Santenots, Le Montrachet*

Domaine Jean-François Coche-Dury

Esta é famosa uma propriedade já há alguns anos. O proprietário, Jean-François Coche-Dury, tem vinhas em muitas denominações, e por isso as quantidades de vinhos são limitadas e podem ser caras. Devotos de todo o mundo admiram o Meursault e o potente Corton-Charlemagne, que se beneficia de amadurecimento prolongado em barris de carvalho. *9 rue Charles-Giraud, Meursault • 03 80 21 24 12* ● ▣ *tinto, branco* ★ *Meursault Perrières, Corton-Charlemagne, Volnay Clos des Chênes*

Domaine Leflaive

Vincent Leflaive era o primeiro nome que vinha à mente quando se falava em Borgonha branco nos anos 1970 e 1980. Na década seguinte, a propriedade passou às mãos de sua filha, Anne-Claude, que converteu os vinhedos à biodinâmica. Nas garrafas oriundas dos *premiers* e *grands crus* de Puligny-Montrachet estão alguns dos brancos mais profundos e concentrados da Borgonha.

O terreno de 8ha de Le Montrachet é o mais famoso vinhedo de uvas brancas do mundo

Place des Marronniers, Puligny-Montrachet • 03 80 21 30 13 • www.leflaive.fr branco ★ Puligny-Montrachet Les Pucelles, Chevalier-Montrachet

Domaine Marc Colin & Fils
O genial Marc Colin e seus três filhos produzem uma linha de vinhos provenientes da subestimada comuna de St-Aubin e também uma pequena quantidade de um esplêndido Le Montrachet. Todos os seus vinhedos em St-Aubin são *premiers crus*, e os melhores são geralmente En Remilly e Chatenière. Os vinhos, fermentados em barril, exibem fruta exuberante e um bom uso do carvalho novo. *Gamay, St-Aubin • 03 80 21 30 43 com hora marcada branco ★ St-Aubin: En Remilly, Chatenière; Le Montrachet*

Domaine Michel Bouzereau & Fils
Embora não sejam tão conhecidos como outros produtores de Meursault, Michel Bouzereau e seu filho Jean-Baptiste fazem vinhos impecáveis tanto em seus *premiers crus* quanto em seus valiosos terrenos localizados em zonas como Tessons e Limozin. Os vinhos têm potência e concentração, uma fluida elegância complementada pelo uso criterioso do carvalho e um toque condimentado que se mantém vivo na boca. *3 rue de la Planche-Meunière, Meursault • 03 80 21 20 74 com hora marcada branco ★ Meursault: Limozin, Charmes, Genevrières*

Domaine Michel Lafarge
Durante 30 anos o discreto Michel Lafargue produziu alguns dos mais elegantes vinhos de Volnay, ricos em fruta mas nunca densos. Seus melhores rótulos vêm geralmente dos *premiers crus* Clos des Chênes e Clos du Château des Ducs, este último de propriedade exclusiva. Em 2001, Michel passou as rédeas do negócio ao filho Frédéric, e a propriedade converteu-se inteiramente à biodinâmica. *Rue la Combe, Volnay • 03 80 21 61 61 com hora marcada tinto, branco ★ Volnay: Vendanges Sélectionées, Clos des Chênes, Clos du Château des Ducs*

Domaine Michel Lafarge

Domaine Vincent Girardin
De sua base na comuna de Meursault, Vincent Girardin criou um *négociant* pequeno, mas de alta qualidade, que complementa a produção de seus 14ha próprios com vinhos comprados em toda a região de Côte de Beaune. Seus tintos Santenay são ricos e macios; os vinhos de Corton-Charlemagne e Pommard também são notáveis. Girardin gosta de bastante toque de carvalho novo, e aparentemente o mesmo ocorre com seus inúmeros clientes. *Les Champs Lins, BP 48, Meursault • 03 80 20 81 00 tinto, branco ★ Santenay Gravières, Corton-Charlemagne, Pommard Rugiens*

Olivier Leflaive
Com Anne-Claude Leflaive no comando da propriedade da família, também em Puligny-Montrachet *(pág 66)*, seu primo Olivier montou seu *négociant* especializada principalmente em vinhos brancos, tanto de Puligny-Montrachet e Meursault como de comunas menos conhecidas como St-Aubin e Rully, que oferecem excepcional relação custo-benefício. Os Borgonhas de Olivier Leflaive em estilo moderno são cheios de cor, com textura macia e pronta desde jovens. *Place du Monument, Puligny-Montrachet • 03 80 21 37 65 • www.olivier-leflaive.com com hora marcada tinto, branco ★ Rully Rabourcé, Puligny-Montrachet Les Folatières, Bienvenues Bâtard-Montrachet*

Entre os produtores que têm vinhas em Le Montrachet estão Romanée-Conti, Lafon, Drouhin, Jacques Prieur e os dois Leflaive

TOP 10 Passeio Vinícola pela Borgonha

A Borgonha é uma região fascinante que oferece ao visitante uma sedutora combinação de belos cenários e atrações que vão desde a degustação de vinhos e de outras formas de gastronomia a magníficos exemplos de arquitetura medieval. As áreas mais belas se localizam ao sul, entre as colinas de Côte Chalonnaise e de Mâconnais. Pequenas vilas como St-Aubin e Chambolle-Musigny, incrustadas nos vinhedos de Côte de Beaune e de Côte de Nuits, também são bastante charmosas.

1 Dijon

Dijon era a antiga capital dos poderosos duques da Borgonha, bastante interessados no vinho da região. Em 1385, eles proibiram a plantação da cepa Gamay nos vinhedos borgonheses porque a consideravam inferior. Seu antigo palácio, hoje repleto de magníficas coleções do Museu de Belas-Artes, é aberto à visitação pública.

2 Rota dos *Grands Crus*

Uma estrada estreita que vai de Gevrey-Chambertin a Morey-St-Denis *(à direita)*, na direção sul, passando pelos mais famosos *grands crus* do norte da Borgonha, incluindo Le Chambertin.

3 Château du Clos de Vougeot

Visite o castelo medieval *(acima)* onde os viticultores borgonheses tradicionalmente realizavam suas cerimônias e banquetes.

4 Citeaux

A famosa abadia de Nôtre-Dame de Citeaux é onde a ordem cisterciense foi fundada, em 1098. Na era medieval, os monges controlavam os melhores vinhedos da Borgonha. Só restam vestígios da abadia, cujo interior pode ser visitado.

Dicas para a visita

Rota: *a viagem de 150km começa no norte, em Dijon, e termina no museu do vinho Duboeuf em Hameau en Beaujolais, logo ao norte de Villefranche-sur-Saône. Há uma estrada paralela à Route Nationale.*

Duração: *Um dia inteiro.*

Vinícolas: *Em Beaune e Nuits-St-Georges, muitas négociants recebem visitantes, mas as vinícolas particulares raramente os aceitam sem agendamento prévio.*

Château du Clos de Vougeot: *03 80 62 86 09 • www.closdevougeot.com*

Hameau en Beaujolais: *Romanèche-Thorins • 03 85 35 22 22 • www.hameauenbeaujolais.com*

Restaurant-Hotel: *36 Place d'Armes, Chagny-en-Bourgogne • 03 85 87 65 65 • www.lameloise.fr*

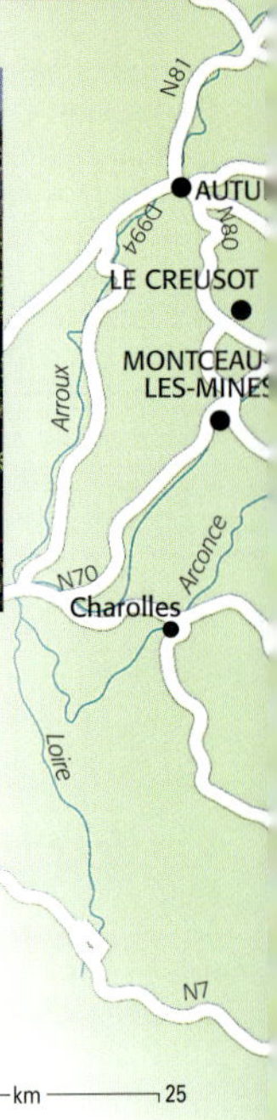

Legenda

Percurso sugerido

5 Beaune

Uma encantadora cidade murada repleta de igrejas, lojas de vinhos, restaurantes e praças tranqüilas. O passeio imperdível é o Hôtel-Dieu *(à esquerda)*, com seu telhado geométrico e colorido. Alguns comerciantes locais de vinho, como Patriarche, também merecem ser visitados.

6 Le Montrachet

Saindo de Beaune, tome a estrada Chagny, que passa por Puligny-Montrachet *(pág 63)*. Atrás da comuna estão alguns dos mais famosos vinhedos de uvas brancas do mundo, identificados por placas de pedra nos portões.

7 Côte Chalonnaise Villages

A notável AOC Villages de Côte Chalonnaise inclui Mercurey, Rully e Givry. Muitos produtores aqui recebem visitantes sem agendamento prévio.

8 Tournus

A principal razão para visitar esta pequena cidade é a impressionante abadia romanesca. Tournus também é um famoso centro gastronômico e uma excelente base a partir da qual se visitam as comunas e os vinhedos de Mâconnais.

9 Mâconnais

Este distrito inclui a AOC de Poully-Fuissé e é famoso por seus Chardonnay frutados.

10 Hameau en Beaujolais

Localizada nos limites de Beaujolais, na comuna de Romanèche-Thorins, fica o quartel-general do famoso produtor de vinhos Duboeuf *(pág 77)*. Ele criou um esplêndido museu do vinho no local, com boas exposições relacionadas à história do vinho e seu processo de produção. Lá, é possível comprar também toda a linha de vinhos Duboeuf.

Os *Hospices* de Beaune

Fundado em 1443, o magnífico Hôtel-Dieu, abriga os *Hospices* de Beaune, com 58ha de vinhedos. As atividades beneficentes da instituição são financiadas pelos rendimentos obtidos com a produção de vinhos. O leilão beneficente acontece anualmente em novembro e recebe amantes do vinho do mundo inteiro. Depois da venda, os barris de carvalho são levados para as adegas, onde o vinho amadurece até que esteja pronto para comercialização. Os preços do leilão são monitorados de perto, funcionando como uma espécie de guia para as tendências de preço da nova safra.

Comunas Produtoras de Côte Chalonnaise e de Mâconnais

CÔTE CHALONNAISE

A paisagem de Côte Chalonnaise é bastante distinta da que se encontra em Côte d'Or, ao norte. Entre suaves colinas ondulantes, a viticultura aqui divide o terreno com outras formas de plantio. Até recentemente, o distrito tinha uma reputação de rusticidade, mas *négociants* conscientes e um punhado de excelentes viticultores elevaram consideravelmente os seus padrões. Hoje, Côte Chalonnaise oferece boa qualidade e bons preços. Além da denominação básica AOC Chalonnaise, existem outras, apresentadas a seguir. *Calcário* *Pinot Noir* *Chardonnay* *tinto, branco*

Bouzeron

Uma pequena comuna com apenas 60ha, Bouzeron é conhecida por uma cepa branca ácida, a Aligoté *(pág 71)*. Em 1997, recebeu denominação própria, passando de Aligoté de Bouzeron a Bouzeron.

Rully

Comuna dominada por seu esplêndido château e seus 300ha de vinhedos são divididos quase igualmente entre Pinot Noir e Chardonnay. Boa parte do vinho é produzida por *négociants* como Antonin Rodet, Domaine Drouhin e Olivier Laflaive, mas propriedades particulares também estão começando a produzir vinhos excelentes. Os *premiers crus* (tintos e brancos) de viticultores como o Domaine Henri & Paul Jacqueson são frutados, suculentos e têm ótimos preços.

Mercurey

Com seus 600ha em cultivo, cerca de um terço dos vinhedos de Mercurey recebem o status de *premier cru*. Os vinhos (90% tintos) costumavam ser grosseiros, mas a ambição de viticultores locais como Michel Juillot e *négociants* como o Domaine Faiveley levaram a uma importante melhora na qualidade. Os vinhos brancos estão melhorando, mas a força de Mercurey ainda são os tintos potentes e frutados.

Givry

A sossegada vila de Givry é a menor na AOC da região. Os esforços de um punhado de ambiciosos e engajados viticultores locais, como o Domaine François Lumpp, Michel Sarrazin e Parizé & Fils, estão mostrando que Givry é capaz de produzir Pinots delicados e Chardonnays atraentes e aromáticos (embora apenas 10% de sua produção seja de vinhos brancos).

Montagny

É a comuna mais ao sul de Côte Chalonnaise. Só produz vinho branco e seus vinhedos são todos designados como *premiers crus*, mas o vinho é geralmente plano.

Manuseio da Chardonnay na cooperativa Buxy, em Montagny

Vinhedo na base de um penhasco em Pouilly-Fuissé

Boa parte é produzida por uma forte cooperativa em Buxy, mas os melhores vêm de *négociants* como Olivier Leflaive e Chartron & Trébuchet.

MÂCONNAIS

A força deste grande distrito são seus brancos frutados feitos de Chardonnay; os tintos, em geral feitos de Gamay, são invariavelmente inferiores. Vinhos básicos são vendidos como Mâcon ou Mâcon Supérieur. Os Mâcon-Villages têm muito mais caráter, mas muitas vezes o termo *villages* é substituído no rótulo pelo nome de uma das 43 comunas autorizadas a utilizar a denominação. Os melhores vinhos de Pouilly-Fuissé e das comunas próximas costumam ser cheios, com elevado teor alcoólico e encorpados. Embora muito diferentes em estilo, podem competir com alguns dos melhores vinhos de Chablis de Côte de Beaune. A seguir, estão listadas as principais AOCs. *Calcário* *Gamay* *Chardonnay* *tinto, branco*

Viré-Clessé

Esta nova AOC, criada em 1999, substituiu as duas denominações Mâcon-Villages de Mâcon-Viré e Mâcon-Clessé. Viré-Clessé tem cerca de 400ha cultivados e há produtores muito competentes na região.

Pouilly-Fuissé

Esta é a mais conhecida denominação de Mâconnais, e por bons motivos, já que seus 850ha produzem alguns dos vinhos mais interessantes da região. Os vinhedos se localizam no sopé de penhascos impressionantes, que captam o calor e o transmitem às vinhas. A Chardonnay cultivada nestes solos de calcário tende a ser rica e gorda, e a vinificação varia desde os sem madeira (vinhos frutados) até *cuvées* pesadamente envelhecidos em barris de carvalho novo, que, nas mãos de enólogos habilidosos, podem ser suntuosos e opulentos.

Pouilly-Vinzelles & Pouilly-Loché

São áreas menores que ficam a leste de Pouilly-Fuissé. O Pouilly-Loché é muitas vezes (legalmente) rotulado como Pouilly-Vinzelles. A produção é dominada por cooperativas locais nos 81ha dos dois distritos.

St-Véran

St-Véran (500ha) reúne o vinho de sete comunas que, antes de 1971, quando a AOC foi criada, costumava ser vendido como Beaujolais branco. Os vinhos de St-Véran são frescos e atraentes e podem ter boa relação custo-benefício.

Em Defesa da Aligoté

Poucos amantes do vinho falam bem da cepa Aligoté, considerando-a pouco mais que um ingrediente essencial para fazer Kir, já que sua aspereza é suavizada pelo licor de cassis. Mas Aubert de Villaine – co-proprietário da Romanée-Conti *(pág 59)* – reconheceu rapidamente o potencial da uva ao adquirir uma propriedade em Bouzeron em 1970. Aubert ajudou a estabelecer a AOC Bouzeron e uma melhor reputação para a cepa, que, quando plenamente maduro, é deliciosa – e uma alternativa refrescante à onipresença da Chardonnay na Borgonha.

As cooperativas produzem a maior parte do vinho de Mâconnais. Algumas são bem equipadas e fazem vinhos de bom padrão

Esq **Château de Rully em Côte Chalonnaise** Dir **Château de Fuissé**

Grandes Produtores de Côte Chalonnaise e de Mâconnais

Antonin Rodet
Côte Chalonnaise

A Rodet é um *négociant* competente, com 160ha em várias partes da Borgonha. A companhia é proprietária do Château de Mercey, que faz Mercurey e Borgonha genérico, e arrenda o Château de Rully (em Rully) e o Château Chamirey (em Mercurey). Em boas safras, os vinhos da Rodet podem ser sensacionais e de excelente valor. *Mercurey • 03 85 98 12 12 • www.rodet.com* *tinto, branco ★ Rully Blanc (Château de Rully), Mercurey (Château Chamirey), Mercurey (Château de Mercey)*

Domaine du Clos Salomon
Côte Chalonnaise

Clos Salomon já foi o vinhedo mais valorizado de Givry, mas, com o tempo, tornou-se menos interessante. Mas Ludovic du Gardin e seu irmão se esforçaram para aumentar os padrões e agora produzem, com sucesso, vinhos encorpados que amadurecem em cerca de 20% de carvalho novo, permitindo que a riqueza da fruta brilhe. *Givry • 03 85 44 32 24* *tinto ★ Givry Clos Salomon*

Domaine Faiveley
Côte Chalonnaise

Grande *négociant* que possui bons vinhedos por toda a Borgonha, incluindo seis em Mercurey. Seus vinhos La Framboisière e Les Mauvarennes devem ser bebidos jovens, quando seu charme e sua fruta são mais evidentes; seu melhor rótulo, amadurecido em parte em carvalho novo, é o Clos du Roi. *8 rue de Tribourg, Nuits-St-Georges, Mercurey • 03 85 61 04 55 • www.bourgognes-faiveley.com* *tinto, branco ★ Mercurey: La Framboisière, Clos du Roi*

Domaine François Lumpp
Côte Chalonnaise

Os vinhos de François Lumpp respeitam o caráter da fruta de Givry, que é mais delicado do que rico. Isso dá aos brancos uma atraente qualidade herbácea, e aos tintos um perfume de framboesa. O melhor *cru* para tintos em geral é o Crausot, que combina concentração e frescor. *36 ave de Mortières, Givry • 03 85 44 45 57 • www.francoislumpp.com* *com hora marcada* *tinto, branco ★ Givry: Crausot, Petit Marole*

VINCENT GASNIER TOP 10

Melhores Rótulos de Côte Chalonnaise e de Mâconnais

1. **Michel Juillot: Clos des Barraults** *pág oposta*
2. **Bongran: Cuvée Tradition** *pág oposta*
3. **Ferret: Les Ménétrières** *pág oposta*
4. **Faiveley: Clos du Roi** *acima*
5. **Jacqueson: Grésigny** (branco) *pág oposta*
6. **J M Boillot: Rully** *pág 70*
7. **Fuissé: Cuvée Vieilles Vignes** *pág oposta*
8. **François Lumpp: Crausot** *acima*
9. **Guffens-Heynen: Pierreclos** *pág oposta*
10. **Domaine Thibert** Pouilly-Fuissé *pág 71*

Domaine Henri e Paul Jacqueson
Côte Chalonnaise

Henri e seu filho Paul são tidos por muitos como os melhores produtores de Rully. Têm vinhas em alguns bons *premiers crus*: Les Pucelles e Grésigny para vinhos brancos, e Les Cloux e Chaponnière para tintos. Embora os Jacqueson sejam mais conhecidos por seus brancos ricos e cheios de especiarias, o tinto Les Cloux pode ser sensacional. *5 rue de Chèvremont, Rully • 03 85 91 25 91 ☐ com hora marcada ▣ tinto, branco ★ Rully: Grésigny, Les Cloux*

Domaine Michel Juillot
Côte Chalonnaise

Primeiro produtor local a colocar Mercurey no mapa. Hoje, sua propriedade de 27ha é gerenciada por seu filho Laurent, com terrenos valorizados em Champs Martin, Clos de Tonnerre e Clos de Barraults. Os tintos são fantásticos, com aroma de frutas vermelhas e firmes sem serem rústicos. *59 Grande rue, Mercurey • 03 85 98 99 89 • www.domaine-michel-juillot.fr ☐ ▣ tinto, branco ★ Mercurey: Champs Martin, Clos des Barraults*

Château de Fuissé
Mâconnais

Por décadas esta propriedade de Jean-Jacques Vincent deu o tom da produção vinícola em Pouilly-Fuissé. Diferentes parcelas dos vinhedos são vinificados separadamente, e a madeira nova é usada para conseguir vinhos plenos de sabor, estruturados e que envelhecem bem. O mais famoso é o Cuvée Vieilles Vignes. *Fuissé • 03 85 35 61 44 • www.chateau-fuisse.fr ☐ ▣ white ★ Pouilly-Fuissé: Cuvée Vieilles Vignes, Le Clos*

Domaine de la Bongran
Mâconnais

O irreverente Jean Thévenet considera seus métodos tradicionais:rendimentos muito baixos do que o oficialmente permitido, colheita tardia. Com isso, seus vinhos são extremamente encorpados, em geral com elevado teor alcoólico. *Quintaine, rue Gillet, Clessé • 03 85 36 94 03 • www.bongran.com ☐ com hora marcada ▣ branco ★ Cuvée Tradition, Cuvée Botrytis*

Chardonnay Doce

O vinho Chardonnay é sempre doce, certo? Não quando Jean Thévenet, do Domaine de la Bongran, põe as mãos nele. Os vinhedos de Thévenet às vezes atraem a botrítis, e em 1983 ele decidiu fazer o que se considerava uma loucura. Selecionando apenas as uvas que tinham sido afetadas pelo fungo, ele produziu um vinho rico e com doçura de mel que atraiu a atenção do mundo todo. Desde então, Thévenet continua a fazer seu vinho sempre que as condições climáticas permitem.

Domaine Guffens-Heynen
Mâconnais

Além de administrar o *négociant* Verget, o belga Jean-Marie Guffens-Heynen também tem vinhas em Mâcon Pierreclos e Pouilly-Fuissé, cultivadas por sua mulher, enquanto ele se dedica à vinificação. Os vinhos são excepcionalmente ricos e profundos. *Vergisson • 03 85 35 84 22 ☐ com hora marcada ▣ branco ★ Mâcon Pierreclos, Mâcon Pierreclos en Chavigne*

Domaine J A Ferret
Mâconnais

Um dos pontos fortes desta propriedade de 15ha é que a maioria de suas vinhas tem pelo menos 30 anos de idade. Todas as uvas são colhidas a mão e fermentadas, em sua maioria, em *barriques*. Parte das vinhas é vinificada e comercializada separadamente; a estrela do momento, o elegante vinho Les Ménétrières, é amadurecido em carvalho novo. *Le Plan, Fuissé • 03 85 35 61 56 ☐ com hora marcadaq ▣ branco ★ Pouilly-Fuissé: Le Clos, Les Ménétrières*

Boas safras de Mâconnais incluem os anos de 1996, 1997, 1999, 2000, 2002 e 2004

Comunas Produtoras de Beaujolais

O distrito sul da Borgonha é uma área vasta e excepcionalmente bela, com pequenas comunas e encostas cultivadas quase exclusivamente com a cepa Gamay. Por seu solo e pela variedade de uva, é considerada uma região distinta da Borgonha em termos vinícolas, e o estilo de seus vinhos é, de fato, muito diferente dos produzidos em outras áreas.

O Beaujolais construiu há muitas décadas, nos bistrôs de Paris e Lyon, a reputação de ser um vinho popular e fácil. Muito agradável e sem maiores pretensões, ainda hoje é puro frescor de fruta vivaz – um estilo levado ao extremo com o rentável Beaujolais Nouveau. Como alguns Beaujolais mais "sérios", ele é feito pelo método conhecido como maceração carbônica, que na fermentação dos cachos inteiros de uvas são envolvidos em uma camada protetora de gás. O processo enfatiza o frescor da uva, mas a bebida perde em estrutura. Contudo, alguns produtores da região continuam a vinificar segundo o método borgonhês tradicional, com o objetivo de criar algo mais sério e propício ao envelhecimento da bebida.

O Beaujolais parece ter perdido o brilho nos últimos anos: além das muitas pequenas propriedades familiares – algumas excelentes, outras medíocres –, o ramo é dominado por *négociants* e cooperativas que se descuidaram da qualidade do vinho. O mercado está encolhendo, e em 2002 a região teve parte de sua colheita enviada para destilação por falta de consumidores interessados. Ainda assim, o Beaujolais em sua melhor forma é um vinho único que, bem feito e com bom preço, sempre terá admiradores entusiasmados.

A denominação básica é a AOC Beaujolais, que produz em média 80 milhões de garrafas por ano; um degrau acima está a AOC Beaujolais Villages, que produz 45 milhões de garrafas. O resto da produção, cerca de 48 milhões de garrafas, está ligado às AOCs de dez *crus* que têm direito a denominação própria, cada um com características singulares. Esses *crus* (listados abaixo) se localizam nos solos graníticos da porção norte da região. *Granito* *Gamay* *tinto*

Uvas Gamay amadurecem ao redor de moinho em Moulin-à-Vent

Juliénas

Este não é, em geral, um dos *crus* mais atraentes da região, já que seus 560ha produzem vinhos muito ácidos e tânicos. Por outro lado, envelhecem admiravelmente bem, desenvolvendo um toque condimentado ao evoluir. Nas safras com menor acidez, o Juliénas exibe um atraente vigor.

St-Amour

O *cru* mais ao norte da região atrai certa atenção devido ao seu nome romântico. Pode ser

Novembro é a época de comprar o Beaujolais Nouveau

mesmo um vinho charmoso, que enche a boca com fruta doce e madura. Mas tem menos personalidade que outros *crus* de Beaujolais.

Chénas

Os subsolos graníticos desta comuna produzem vinhos com maior potencial de guarda do que a maioria dos *crus* de Beaujolais. Os vinhos são menos frutados e perceptíveis, mas têm peso e densidade, o que lhes confere mais complexidade.

Moulin-à-Vent

Esta denominação de 640ha tem o *cru* mais interessante de Beaujolais. Produz vinhos que realmente não combinam com o estereótipo do púrpura e frutado fácil de beber e de esquecer. Seu caráter deriva do manganês encontrado em seu solo. O vinho também tende a amadurecer por mais tempo, e com maior proporção de uso de madeira do que outros *crus*. Bom para guarda, depois de dez anos lembra um Pinot Noir. Alguns vinhos deste *cru* podem ser ligeiramente encorpados, com excesso de concetração, o que os torna menos prazerosos que os mais simples e frutados.

Fleurie

A denominação Fleurie produz um dos mais fragrantes e elegantes vinhos de Beaujolais. Essas características, combinadas ao nome charmoso, fazem dele um dos vinhos mais caros do distrito, apesar da alta produção proveniente de seus 800ha. Felizmente, existe um bom número de produtores confiáveis.

Chiroubles

Com seus 300ha de vinhedos localizados em alguns dos pontos mais altos da região, Chiroubles produz um vinho que é relativamente leve, sem que isso seja um problema. É melhor bebê-lo jovem, quando seu frescor de fruta está no auge.

O Fenômeno do Beaujolais Nouveau

O Beaujolais Nouveau é o Beaujolais vinificado e engarrafado o mais cedo possível – poucas semanas depois da colheita – para assegurar um vinho transbordante de fruta jovem. Mas o excesso de produção de vinhos medíocres reduziu o interesse pelo Nouveau nos últimos anos, embora possa ser delicioso. A vinificação começa com alguns dias de maceração carbônica; depois, a Gamay é prensada e a fermentação é concluída em tonel, sem as cascas de uva, para minimizar a adstringência do vinho. A técnica enfatiza a cor e a fruta e reduz os taninos ao mínimo.

Morgon

Com mais de mil ha sob vinhas, Morgon é um *cru* importante e também um dos mais singulares, graças ao xisto e ao granito de seu solo. Nem sempre é o mais atraente dos vinhos quando jovem, mas pode envelhecer bem. Os fãs de Beaujolais procuram os vinhos do subdistrito Côte du Py, onde crescem as melhores uvas de Morgon.

Régnié

A mais recente comuna a receber o status de *cru*, Régnié tornou-se uma AOC em 1988. Com 640ha de área cultivada, é um vinho que deveria estar mais em evidência. Mas, como estão custando a "pegar", ainda são engarrafados como simples Beaujolais Villages.

Brouilly e Côte de Brouilly

Brouilly e Côte de Brouilly são os *crus* mais ao sul de Beaujolais. Brouilly é uma comuna grande, com 1.200ha plantados; Côte de Brouilly, com apenas 300ha, é geralmente de qualidade superior, pois as vinhas são plantadas em encostas. Os dois vinhos costumam ter fruta abundante e podem ser bebidos com prazer relativamente jovens.

Boas safras recentes de Beaujolais incluem os anos de 2000, 2003 e 2005

Esq **Colheita da uva Gamay** Dir **Rótulo da Maison Mommessin**

Grandes Produtores de Beaujolais

Château des Jacques

Em 1996, Louis Jadot *(pág 58)* adquiriu esta propriedade em Moulin-à-Vent e impôs a ela um estilo borgonhês de vinificação, com discreto uso de madeira nova e sem maceração carbônica. A propriedade de 27ha é dividida em várias parcelas, que são vinificadas separadamente – e às vezes até engarrafados assim – para evidenciar os diversos estilos e sabores que o Beaujolais é capaz de obter. ✆ *Romanèche-Thorins • 03 85 35 51 64 • www.louis-jadot.com* ☐ *com hora marcada* ▣ *tinto* ★ *Moulin-à-Vent: Roche, Clos du Grand Carquelin*

Domaine Calot

Jean Calot é um dos crescentes viticultores de Beaujolais que deixaram de utilizar a maceração carbônica. Em vez disso, ele prefere destacar a fruta de sua propriedade de 10ha. A idade média de suas vinhas é de 40 anos, e algumas chegam a ser centenárias. Estas dão origem ao Morgon Cuvée Vieilles Vignes, com fragrância de amoras. ✆ *Villié-Morgon • 04 74 04 20 55* ☐ ▣ *tinto* ★ *Morgon: Cuvée Vieilles Vignes, Cuvée Jeanne*

VINCENT GASNIER TOP 10

Melhores Rótulos de Beaujolais

1. **Madone: Fleurie** *à direita*
2. **Mommessin: Brouilly** *pág oposta*
3. **Château des Jacques: Clos du Grand Carquelin** *acima*
4. **Janin: Clos du Tremblay** *pág oposta*
5. **Burgaud: Morgon Côte du Py** *pág oposta*
6. **Cheysson: Chiroubles Cuvée Prestige** *à direita*
7. **Calot: Morgon Cuvée Vieilles Vignes** *acima*
8. **Desvignes: Morgon Côte du Py** *pág oposta*
9. **Mommessin: Moulin-à-Vent** *pág oposta*
10. **Marcel Lapierre: Morgon** *www.marcel-lapierre.com*

Domaine de la Madone

La Madone é um dos bons produtores de La Fleurie, um vinho que deve ser floral e charmoso. A produção de Jean-Marc Desprès é fiel ao estilo. O rótulo básico é simples e discreto, e a Cuvée Vieilles Vignes tem mais concentração. ✆ *La Madone, Fleurie • 04 74 69 81 51* ☐ ▣ *tinto* ★ *Fleurie, Fleurie Vieilles Vignes*

Domaine des Terres Dorées

Jean-Paul Brun tem o estilo mais pessoal da região. À moda borgonhesa, ele prefere leveduras naturais e um longo período de fermentação. Apropriadamente, ele batizou seu vinho de Cuvée à l'Ancienne. Não se limita à cepa Gamay; também produz Chardonnay, com e sem madeira, e vinhos encorpados de colheitas tardias. ✆ *Crière, Charnay • 04 78 47 93 45* ☐ *com hora marcada* ▣ *tinto, branco* ★ *Cuvée à l'Ancienne, Moulin-à-Vent*

Domaine Émile Cheysson

Aqui, 26ha de vinhedos estão dispersos por várias seções de Chiroubles. Os vinhos podem não ser interessantes quando jovens, mas revelam notas de violeta e uma textura particularmente sedosa se guardados por um ou dois anos.

Chiroubles • 04 74 04 22 02 • vins-du-beaujolais.com/chiroublescheysson ▢ ▣ tinto ★ Chiroubles: Traditionnelle, Cuvée Prestige

Domaine Louis-Claude Desvignes

Louis-Claude Desvignes gosta de colher suas uvas o mais tarde possível, para obter amadurecimento máximo, e então faz os vinhos passarem por longa fermentação, para conferir cor e riqueza. Embora possam ser bebidos jovens, estão entre os poucos que melhoram com dois ou três anos na garrafa. *135 rue de la Voute, Villié-Morgon • 04 74 04 23 35 ▢ com hora marcada ▣ tinto ★ Morgon: Javernières, Côte du Py*

Duboeuf

Georges Duboeuf começou sua carreira há mais de 50 anos, vendendo seus vinhos a restaurantes locais. Em pouco tempo estabeleceu-se como um importante *négociant*, trabalhando de perto com 400 viticultores e 15 cooperativas e produzindo 3 milhões de caixas por ano. Duboeuf continua firmemente estabelecido em Beaujolais e ainda faz três horas diárias de degustação com seu filho Franck para selecionar os vinhos de seu confiável catálogo. *BP12, Romanèche-Thorins • 03 85 35 34 20 • www.duboeuf.com ▢ ▣ tinto, branco ★ Fleurie, Morgon, Moulin-à-Vent Prestige*

Jean-Marc Burgaud

Junto com alguns outros produtores, Jean-Marc Burgaud passou a se dedicar à elaboração de um Beaujolais mais encorpado e consistente que, apesar de tudo, mantém todo o charme da fruta. O Morgon Les Charmes, da renomada Côte de Py, é leve e fresco, e mais fechado e amadurecido por um ano em barris de carvalho. *Villié-Morgon • 04 74 69 16 10 • www.jean-marc-burgaud.com ▢ com hora marcada ▣ tinto ★ Morgon: Côte du Py, Vieilles Vignes*

Um Retorno à Tradição

No início deste século, o Beaujolais estava em crise. Embora seus melhores vinhos fossem muito valorizados, a produção em massa de vinhos de média qualidade não atraía compradores. A solução, segundo os tradicionalistas, era retomar as formas mais autênticas de produção, recorrendo menos a altos rendimentos, chaptalização e maceração carbônica. Hoje, produtores conscientes de Beaujolais estão voltando às práticas menos apressadas, trabalhando com produção menor por safra, selecionando melhor as frutas e amadurecendo o vinho em barris de carvalho para dar-lhe mais harmonia e profundidade.

Maison Mommessin

Fundada em 1865, é um *négociant* de alta qualidade que faz cortes e vende vinhos de todos os *crus* de Beaujolais. Os rótulos mais simples da Maison Mommessin são de boa qualidade, mas em degrau muito superior estão as *cuvées* de um único vinhedo, como a Moulin-à-Vent Réserve. *Pont des Samsons, Quincié-en-Beaujolais • 04 74 69 09 30 • www.mommessin.com ● ▣ tinto ★ Brouilly, Fleurie, Moulin-à-Vent Réserve*

Paul Janin et Fils

Esta é uma propriedade bastante tradicional, com 12ha, mas – caso raro em Beaujolais – parcialmente cultivada seguindo os princípios da biodinâmica *(pág 66)*. Paul Janin et Fils vinifica e envelhece numerosas parcelas de vinhedos separadamente antes de fazer o corte. Seus vinhos são decididamente complexos, com aromas de cereja e alcaçuz, e o melhor rótulo da propriedade costuma ser o Moulin-à-Vent Clos du Tremblay, feito de suas vinhas velhas. *Romanèche-Thorins • 03 85 35 52 80 ▢ com hora marcada ▣ tinto ★ Beaujolais-Villages, Moulin-à-Vent Clos du Tremblay*

Os vinhos Beaujolais mais robustos podem ser guardados por até cinco anos

VALE DO RHÔNE

Introdução
80-81

Mapa Vinícola
do Vale do Rhône
82-83

Áreas Vinícolas
do Vale do Rhône
84-89

Grandes Produtores
do Vale do Rhône
90-93

VALE DO RHÔNE

REGIÃO DE CONTRASTES EXTREMOS, o norte é mais fresco, discreto, expresso em diferentes matizes de uma única cepa, a Syrah. O sul é quente, exuberante e acolhedor, com vinhos feitos de uma miríade de cepas diferentes. Os fatores que unificam as duas partes são o rio Rhône (ou Ródano) e o encanto eterno de seus vinhos, muitos produzidos sob uma vasta denominação, a AOC Côtes du Rhône.

O Norte do Rhône

Seguindo o curso do Rhône a partir de Lyon, rumo ao sul, avista-se uma paisagem de colinas altas e rochosas – uma massa de granito, xisto e gnaisse com vinhedos encravados nas encostas. Aqui, por causa dos declives e da erosão, as treliças de videiras necessitam do apoio de terraços de rocha seca e de estacas de madeira. Nesta paisagem com jeito de colcha de retalhos, uma única variedade de uva tinta, a Syrah, pode ser cultivada em cinco áreas de vinhedos ou *crus*: Côte Rôtie, Hermitage, Cornas, St-Joseph e Crozes-Hermitage. Um pequeno volume de vinho branco é produzido a partir da aromática Viognier e das potentes Marsanne e Roussanne.

Na década de 1960, Côte Rôtie, Hermitage, Cornas e as denominações Condrieu e Château Grillet, de vinho branco feito de Viognier, viram-se ameaçadas de extinção por falta de interesse e de investimento. Sobreviveram e reconquistaram brilho e prestígio graças ao reconhecimento de sua qualidade, mas a produção ainda é muito pequena.

Legenda

Vale do Rhône

O Sul do Rhône

Já na porção meridional, o vale do Rhône se abre numa ampla paisagem com planície de aluvião, *garrigue* pedregoso, carvalhos, oliveiras e vinhas em forma de arbusto cercadas por montanhas. Mais de 90% dos 80 mil ha são cultivados aqui. As propriedades são maiores do que as do norte e, além de Syrah, o sul também cultiva Grenache, Mourvèdre e outras cepas tintas.

Châteauneuf-du-Pape, com seus vinhos generosos, quentes, em sua maioria tintos, é o maior e mais famoso *cru*. As outras grandes regiões para produção de tinto são Gigondas e Vacqueyras; a região de Tavel, de *rosés*, e a de Lirac, tricolor, completam a lista de *crus*. Mas o maior volume de produção provém de Côtes du Rhône, Côtes du Rhône Villages e de distritos "novos" como Côtes du Ventoux.

Côtes du Rhône

Côtes du Rhône, nome freqüentemente utilizado para se referir ao Vale do Rhône como um todo, também é o rótulo dado a uma ampla gama de vinhos genéricos. Esta

La Chapelle, a capela que dá nome ao vinhedo Paul Jaboulet em Hermitage

Págs 78-9 **Vinhas em estacas individuais nos terraços escarpados de Côte Blonde em Ampuis, em Côte Rôtie**

Vista do Rhône com vinhedos na encosta de Hermitage

AOC responde por 40 mil ha de vinhedos e uma média anual de quase 200 milhões de litros de vinho, em sua maioria tintos. A denominação se estende até áreas do norte. Como a região é extensa, oferece maior variedade de estilos de vinho, dos leves e frutados até os mais ricos e encorpados, com adorável caráter de fruta vermelha. O preço costuma ser o melhor indicador da qualidade. A Grenache é a principal cepa e, de acordo com as regras da AOC, representa 40% do total do plantio. Outras variedades tintas incluem a Syrah, a Mourvèdre, a Cinsaut e a Carignan, enquanto os brancos são produzidos de Grenache Blanc, Clairette, Bourboulenc, Marsanne e Voignier. As cooperativas respondem por cerca de 70% da produção.

A denominação Côtes du Rhône Villages está um degrau acima do Côtes du Rhône genérico; requer solos de calcário com argila ou pedregosos, normas mais rígidas de produção e vinhos de maior corpo. O percentual de Grenache, Syrah e Mourvèdre no corte é maior, e a produtividade permitida é menor. A denominação *villages* se aplica a 96 comunas do sul, das quais 16 têm permissão de usar seus nomes nos rótulos. Os vinhos são quase sempre tintos; o branco (apenas 1% da produção) é leve, macio e floral. Deve ser bebido jovem. O vilarejo de Rasteau também produz um *vin doux naturel (pág 102)* doce e fortificado a partir de Grenache, e o de Beaumes-de-Venise faz o mesmo com Moscatel.

VINCENT GASNIER TOP 10 Melhores Vinhos Tintos da França

1. **Côte Rôtie** Norte do Rhône *pág 84*
2. **Châteauneuf-du-Pape** Sul do Rhône *pág 88*
3. **Hermitage** Norte do Rhône *pág 85*
4. **Vosne-Romanée** Côte de Nuits, Borgonha *pág 55*
5. **Gevrey-Chambertin** Côte de Nuits, Borgonha, *pág 54*
6. **St-Émilion** Margem Direita, Bordeaux *pág 32*
7. **Margaux** Margem Esquerda, Bordeaux *pág 23*
8. **Pauillac** Margem Esquerda, Bordeaux *pág 22*
9. **Pessac-Léognan** Margem Esquerda, Bordeaux *pág 24*
10. **Chambolle-Musigny** Côte de Nuits, Borgonha *pág 55*

Mapa Vinícola do Vale do Rhône

Os vinhedos do norte do Rhône acompanham o curso do rio desde a cidade de Vienne até o sul, em Valence: Côte Rôtie, Château Grillet, St-Joseph, Cornas e St-Péray ficam na margem esquerda, com Hermitage e Crozes-Hermitage à direita. Uma distância de aproximadamente 100km separa essas denominações do norte do Rhône do principal grupo do sul, com Châteauneuf-du-Pape, Gigondas, Vacqueyras, Lirac e Tavel situadas logo ao norte de Avignon.

NORTE DO RHÔNE: ÁREAS VINÍCOLAS E GRANDES PRODUTORES

Côte Rôtie *pág 84*
Domaine Jamet *pág 90*
Guigal *pág 90*

Condrieu *pág 84*
Domaine Georges Vernay *pág 90*
Domaine Yves Cuilleron *pág 90*

Château Grillet *págs 84-5*

St-Joseph *pág 85*

Hermitage *pág. 85*
Domaine Jean-Louis Chave *pág 91*
Paul Jaboulet Aîné *pág 91*

Crozes-Hermitage *pág 86*
Domaine Alain Graillot *pág 91*

Cornas *pág 86*
Domaine Clape *pág 91*

St-Péray *pág 86*

Clairette de Die, Crémant de Die e Châtillon-en-Diois *pág 87*

SUL DO RHÔNE: ÁREAS VINÍCOLAS E GRANDES PRODUTORES

Coteaux du Tricastin *pág 87*

Côtes du Vivarais *pág 87*

Gigondas *pág 88*
Domaine Raspail-Ay *pág 92*

Vacqueyras *pág 88*
Domaine de la Monardière *pág 92*

Châteauneuf-du-Pape *pág 88*
Château de Beaucastel *pág 92*
Château la Nerthe *pág 92*
Château Rayas *pág 92*
Domaine Bosquet des Papes *pág 93*
Domaine de la Janasse *pág 93*

Lirac *págs 88-9*

Tavel *pág 89*
Château d'Aquéria *pág. 93*

Côtes du Ventoux *pág 89*

Côtes du Lubéron *pág 89*

Côtes du Rhône e Côtes du Rhône Villages *págs 80-1*
Domaine Marcel Richaud *pág 93*

Vista do Rhône e de Tain l'Hermitage com os vinhedos na encosta de Hermitage

Informações Regionais Básicas

Latitude 43,5-45,5°N.

Altitude 0-450m.

Topografia O terreno ao norte é bastante acidentado, com escarpas xistosas que se elevam até um planalto 350m de altitude acima do leito. Os melhores locais para vinhedos oferecem exposição sul ou sudeste e proteção contra os ventos do norte. O sul varia da planície de aluvião exposta ao sol forte às encostas de calcário com argila que se elevam a até 450m de altitude, onde as uvas tem amadurecimento tradio.

Solo Granito, xisto, areia, silício, giz, mica e argila.

Clima O norte, de clima continental clássico, com verões quentes, invernos frios e estações claramente demarcadas, são condições ideais para a Syrah, que exige calor menos intenso. Os ventos frescos e secos do norte e os quentes e úmidos do sul sopram intermitentemente ao longo do ano. No sul, o clima é mediterrâneo puro, com verões quentes e secos, bons para cepas como a Grenache e a Mourvèdre, que gostam de calor.

Temperatura A média em julho é de 22,5°C no norte e de 23,5°C no sul.

Chuvas O índice pluviométrico anual de chuva fica entre 600-650mm.

Ventos No sul, o mistral, que sopra do norte, auxiliando o amadurecimento das uvas.

Problemas para a viticultura Doenças provocadas por fungos e granizo.

Uvas Syrah, a principal cepa do norte do Rhône

Áreas Vinícolas do Vale do Rhône

Côte Rôtie

As colinas da AOC Côte Rôtie, ou "encostas tostadas", são imponentes – escadas de vinhas plantadas em terraços estreitos elevam-se em ângulos vertiginosos a partir do rio. Aqui estão os vinhedos mais setentrionais do Rhône, estendendo-se por 8km ao longo de sua margem direita. Na década de 1960, limitações econômicas e dificuldades físicas do trabalho com os vinhedos quase levaram ao seu abandono, mas o renascimento do interesse de uma geração mais jovem levou à renovação do plantio. Com 200ha cobertos com vinhas, produzindo aproximadamente 1 milhão de garrafas de fabuloso vinho tinto por ano. Com cor intensa, a bebida tem um aroma exuberante de frutas escuras, violetas e especiarias, sabor intenso, textura aveludada e médio-corpo. Embora seja atraente quando jovem, também envelhece bem. Tudo isso se deve à Syrah cultivada em solos xistosos que retêm calor nos limites do clima continental. Até 20% da cepa branca Viognier podem ser acrescentados à Syrah segundo as normas da denominação, mas isso raramente acontece.

A AOC se divide em duas partes. Ao sul da cidade de Ampuis, os solos de calcário com silício de Côte Blonde produzem vinhos de grande elegância. Ao norte, em Côte Brune, que tem solos mais escuros (argila), a ênfase recai na estrutura. Aqui foram incluídos oficialmente 72 vinhedos, o que alimentou a tendência de engarrafamento de vinhos de um só vinhedo, vendidos como *premium*. A maior parte da produção, no entanto, provém de vinhedos pertencentes a cerca de 100 viticultores que engarrafam seus próprios vinhos ou nos vendem a um grande *négociant*. *Xisto, gnaisse, calcário, argila Syrah Viognier tinto*

Condrieu

Esta AOC tem história e aspecto semelhantes aos da vizinha Côte Rôtie: encostas íngremes ao longo da margem do rio, vinhedos em terraços e um renascimento que teve início depois de sua virtual extinção, nos anos 1970. A grande diferença é que aqui se faz vinho branco, de uva Viognier. Essa cepa é cultivada na região há séculos e, favorecida pelo clima continental e pelas encostas arenosas e graníticas, produz um dos vinhos mais originais do mundo. Untuoso e inebriante, o espectro olfativo oferece uma mistura de damasco, pêssego, pêra e água-de-rosas, no caso do Condrieu seco, e de frutas cítricas cristalizadas, no caso dos doces, mais raros. O volume e a textura sentidos na boca devem-se a um esplêndido teor alcoólico e à baixa acidez. Os brancos, de muito sucesso, são melhores quando jovens, com dois ou três anos de idade. O problema é que a Viognier, nesse clima, é instável, com tendência a viticultura difícil e com históricos rendimentos baixos. Isso significa que, com apenas 100ha de vinhedos, o Condrieu é um vinho raro e, conseqüentemente, seu preço é alto. Dos cerca de 100 viticultores do distrito, 30 produzem e engarrafam seus próprios vinhos, e os demais vendem a produção a *négociants*. Destes, o mais importante é o E Guigal, responsável por algo entre um terço e a metade da produção local. *Granito, areia Viognier branco*

Château Grillet

Com apenas 4ha de vinhedos, esta AOC é uma das menores denominações do país. Trata-se de um enclave dentro de Condrieu; forma uma espécie de anfiteatro voltado para o sul, o que o protege dos ventos do norte. O vinho é feito de

Terraços escarpados em Château Grillet

Viognier, mas não tem a exuberância do Condrieu: é bem mais fechado e austero e precisa envelhecer na garrafa. Isso é possível devido à colheita precoce praticada pela única família proprietária (Neyret-Gachet) e ao tempo relativamente longo (20 a 22 meses) passado em tonéis de carvalho. Seu alto preço se deve à sua raridade. *Granito, areia* *Viognier* *branco*

St-Joseph

A área se estende por 60km ao longo da margem direita do rio. Mais de 90% de seus vinhos são tintos, variando de estilos leves e frutados até os mais firmes, encorpados e tânicos, dependendo muito do aspecto dos vinhedos – como em Côte Rôtie, as encostas voltadas para o sul são as preferidas – e das técnicas de vinificação. Os vinhos oferecem a pureza da Syrah escura, o que os torna bons para beber no prazo de dois a cinco anos. É um dos maiores distritos do Rhône, com mais de 900ha, o que significa que seus vinhos são fáceis de encontrar. O pequeno percentual de vinho branco é feito principalmente de uva Marsanne, com apenas um toque de Roussanne; os melhores são os encorpados com acidez pronunciada e leve aroma floral.
Granito, xisto, areia, cascalho *Syrah* *Marsanne, Roussanne* *tinto, branco*

Hermitage

Famosa por seus tintos longevos e por seus brancos complexos, a reputação da área remonta ao século 18, quando seus vinhos se tornaram tão valorizados quanto os melhores *crus classés* de Bordeaux. De fato, os vinhos do Rhône eram às vezes acrescentados aos bordaleses para dar-lhes mais força, profundidade e sabor. A denominação Hermitage se aplica a uma única colina de granito que se eleva sobre a cidade de Tain l'Hermitage, na margem esquerda do rio. O nome se origina da lenda de um cavaleiro ferido que, ao retornar das cruzadas, terminou seus dias vivendo como um ermitão na colina; uma pequena capela no alto da colina, de propriedade do *négociant* Paul Jaboulet Ainé, celebra a história.

Como ocorre em Côte Rôtie, o aspecto e o solo podem variar ao longo de seus 140ha – o que leva à formação de diferentes *climats*, os vinhedos classificados, que produzem vinhos de variadas nuances. O Hermitage tinto (75% da produção) é um vinho reverenciado por seu corpo e persistência. Deve passar pelo menos uma década na garrafa, mas pode envelhecer por muito mais tempo, como os grandes bordaleses. O branco, feito de Marsanne e Roussanne, é encorpado e tem aroma de mel quando jovem; ao evoluir na garrafa, adquire notas minerais. A cooperativa de Tain l'Hermitage responde por um terço da produção. Os *négociants* Chapoutier e Paul Jaboulet Ainé vêm em seguida, em volume de produção, e cerca de 20 vitivinicultores engarrafam os próprios vinhos.
Granito, argila, loess *Syrah* *Marsanne, Roussanne* *tinto, branco*

Crozes-Hermitage

Maior denominação do norte do Rhône, com 1.280ha cultivados, grande parte de Crozes-Hermitage situa-se nas terras planas que cercam a famosa colina de Hermitage, na margem esquerda do rio. Produz essencialmente tintos, com apenas 10% de brancos, aqui estão os vinhos com melhor custo-benefício da região. Mais macios e frutados que os de Hermitage, mas com um toque da majestosa e robusta intensidade da denominação vizinha, o Crozes-Hermitage geralmente é consumido jovem. Os estilos, entretanto, variam de acordo com os solos: as uvas cultivadas nos solos graníticos e pedregosos ao sul produzem vinhos mais longevos do que a média. A eficiente cooperativa em Tain l'Hermitage responde por 60% da produção, e o resto provém de *négociants* como Paul Jaboulet Ainé e bons produtores individuais. O Crozes-Hermitage branco é encorpado e floral, com potencial para se tornar mais complexo com cinco ou seis anos de guarda. *Granito, cascalho, areia, argila* *Syrah* *Marsanne, Roussanne* *tinto, branco*

Cornas

Esta AOC é a ovelha negra do norte do Rhône. Os vinhos tintos à base de Syrah produzidos aqui tiveram sólida reputação no século 18, mas recentemente caíram numa espécie de limbo, ofuscados pelos aclamados Côte Rôtie e Hermitage e pela boa relação custo-benefício dos Crozes-Hermitage e St-Joseph. A ausência de um produtor famoso e o tamanho da denominação (90ha) provavelmente ajudam a explicar por que esses vinhos são tão subestimados. Os vinhedos em solo granítico voltados para o sul, formando um anfiteatro de videiras protegidas do vento, têm potencial para bom amadurecimento das frutas, e os vinhos são em geral concentrados e têm caráter encorpado. No passado, também foram considerados tânicos, mas frutas mais maduras e com redimentos menores ajudaram a arredondar mais os taninos. Um estilo mais moderno, que emprega desengaço, fermentação rápida e amadurecimento em barris novos de carvalho, também surgiu no fim dos anos 1980, depois da chegada do controvertido enólogo Jean-Luc Colombo, que montou seu *Centre Oenologique* aqui em 1984. Em termos de envelhecimento, uma década é o ideal, fornecendo um vinho satisfatório em termos de expressão e complexidade. *Granito, areia, cascalho* *Syrah* *tinto*

Vinhedos de Syrah, em Cormas

St-Péray

Esta AOC, última parada na viagem rumo ao sul do Rhône, produz uma pequena quantidade de vinho branco, nas variedades frisante e espumante, a partir das cepas tintas Marsanne e Roussanne. O espumante, feito pelo método tradicional, é vendido basicamente na região: costuma faltar acidez nos bons da categoria. O frisante é suave e redondo, com aroma floral, não muito diferente do St-Joseph branco – e atraente quando bebido jovem. *Granito, calcário* *Marsanne, Roussanne* *branco*

Clairette de Die, Crémant de Die e Châtillon en Diois

A cerca de 40km ao leste do Rhône, no Vale do Drôme, fica a região de Diois. O melhor vinho das três AOCs é o Clairette de Die, leve, doce, espumante e com sabor da fruta. É feito das cepas Moscatel Blanc à Petits Grains e Clairette pelo método *dioise*. Neste método, a segunda fermentação que ocorre na garrafa é provocada por açúcares residuais da uva, e não pela adição de açúcar, como no método tradicional. O espumante branco seco Crémant de Die, de estilo mais comum, é feito exclusivamente com uvas Clairette e pelo método tradicional. Há uma pequena produção de vinhos tintos e brancos frisantes na zona de Châtillon em Diois. São vinhos leves em corpo e estrutura: o tinto é feito basicamente de Gamay e os brancos, de Aligoté e Chardonnay. *Pedregoso* *Gamay, Pinot Noir, Syrah* *Moscatel Blanc à Petits Grains, Clairette, Aligoté, Chardonnay* *tinto, branco, rosé*

Coteaux du Tricastin

AOC razoavelmente extensa, com 2,5 mil ha, Coteaux du Triscatin se localiza logo ao sul de Montélimar. Os tintos, que representam 90% da produção da área, são como os estilos mais leves de Côtes du Rhône e devem ser bebidos jovens. A paisagem de altitude é completamente exposta às rajadas do vento mistral, e cepas brancas como a Grenache não amadurecem facilmente. A Syrah se sai melhor e, de acordo com as normas da AOC, deve representar pelo menos 20% do plantio. Um vinho *rosé* frutado responde por 8% da produção; os brancos são raros, mas de qualidade cada vez melhor. *Calcário com argila, areia* *Grenache, Syrah, Cinsault, Carignan, Mourvèdre* *Grenache Blanc, Clairette, Marsanne, Roussanne, Viognier* *tinto, branco, rosé*

Vinhedos em Côtes du Rhône

Côtes du Vivarais

Este distrito pouco conhecido em Ardèche recebeu o status de denominação plena em 1999. O clima de Côtes du Vivarais é mais fresco e úmido do que no restante do sul do Rhône, e, por isso, os vinhos têm estilo menos encorpado. Os tintos são a maioria, feitos principalmente de cortes das cepas brancas Syrah e Grenache, que, juntas, representam 90% do cultivo. As cooperativas produzem 85% do volume. *Calcário* *Syrah, Grenache, Cinsault, Carignan* *Clairette, Grenache Blanc, Marsanne* *tinto, branco, rosé*

VINCENT GASNIER TOP 10

Vinhos Franceses para o Dia-a-Dia

1. **Touraine Sauvignon** (branco) Vale do Loire *pág 118*
2. **Côtes du Rhône Villages** (tinto) Vale do Rhône *pág 81*
3. **Faugères** (tinto) Coteaux du Languedoc *pág 100*
4. **Menetou-Salon** (branco) Vale do Loire *pág 119*
5. **Vin de Pays d'Oc Merlot** (tinto) Languedoc-Roussillon *pág 97*
6. **Bergerac Sec** (branco) Sudoeste *pág 25*
7. **Mâcon-Villages** (branco) Mâconnais, Borgonha *pág 71*
8. **Saumur-Champigny** (tinto) Anjou-Saumur *pág 117*
9. **Minervois** (tinto) Sul da França *pág 100*
10. **Côtes du Frontonnais** (tinto) Sudoeste *pág 25*

Gigondas

Gigondas, como Vacqueyras, localiza-se no sopé das colinas Dentelles de Montmirail. As duas AOCs têm solos semelhantes, mas Gigondas têm um percentual maior de seus vinhedos plantados em encostas de calcário com argila que se elevam a até 400m de altitude. Esses solos e as temperaturas ligeiramente mais frescas dão mais intensidade e volume e uma estrutura mais firme aos cortes da cepa Grenache, tornando-os mais austeros e longevos. Uma década de envelhecimento não é problema para esses vinhos encorpados e, embora o preço tenha subido nos últimos anos, o Gigondas ainda apresenta uma excelente relação custo-benefício.

Calcário, argila, areia Grenache, Syrah, Mourvèdre, Cinsaut tinto, rosé

Vacqueyras

Vacqueyras é o mais recente dos *crus* do Rhône, promovido de Côtes du Rhône Village a denominação plena em 1990. Essencialmente um distrito de vinhos tintos, apresenta uma das melhores relações custo-benefício da região, com mais corpo e concentração do que as ofertas comuns dos *villages*. A Grenache é a cepa de uva dominante e confere uma generosidade quente e encorpada ao vinho, que é melhor se consumido entre os três e os seis anos de guarda. *Calcário, argila, areia Grenache, Syrah, Mourvèdre, Cinsaut Grenache Blanc, Clairette, Bourboulenc, Marsanne, Viognier tinto, branco, rosé*

Châteauneuf-du-Pape

O vinho mais celebrado do Rhône empresta seu nome do local que foi uma das residências de verão do papado, construída no século 14, quando seu trono foi temporariamente transferido para Avignon. Châteauneuf-du-Pape, o maior *cru* do Rhône, é uma denominação de com 3,2 mil ha plantados, que produz mais de 10 milhões de litros de vinho por ano. Muitos dos vinhedos aqui são cobertos com *galets*, os seixos grandes e lisos que retêm calor, assegurando amadurecimento pleno e sabor.

O vinho, em sua maioria tinto, é um ritual prazeroso, potente e encorpado. Os melhores são macios e aveludados, cheios de frutas de verão e taninos finos, com frescor mineral no fim e potencial de envelhecimento. Alguns têm até mesmo um toque dos melhores tintos da Borgonha. Pelo menos 13 cepas diferentes são permitidas na denominação, e as técnicas de vinificação variam enormemente, assim como os solos e as condições de exposição. Muito em voga atualmente, os *cuvées* especiais – com uvas de velhas vinhas, cortes menos tradicionais (como percentuais mais altos de Syrah) ou vinhos amadurecidos em carvalho – são ainda mais irregulares. O distrito, mesmo assim, vem ganhando espaço, com várias safras excelentes (1998 a 2001) e uma nova geração de produtores entrando na briga. O momento é ideal para experimentar os seus vinhos.

Châteauneuf-du-Pape do Château Beaucastel

O Châteauneuf branco, geralmente um corte de quatro cepas – Granache Blanc, Clairette, Bourboulenc e Roussanne – é cheio e frutado, com um delicado buquê floral, e deve ser bebido jovem.

Argila vermelha arenosa, pedras, calcário Grenache, Syrah, Mourvèdre, Cinsaut, Counoise Grenache Blanc, Clairette, Bourboulenc, Roussanne tinto, branco

Lirac

Na margem oposta a Châteauneuf-du-Pape, a denominação de Lirac tem quase 700ha de vinhedos. Seu vinho tinto à base de Grenache é

Embora 13 cepas de uvas sejam permitidas em Châteauneuf-du-Pape, a Grenache representa 75% do cultivo

Vinhedos em Tavel

potente e encorpado; uma porção dele, com percentual maior de Mourvèdre, tem estilo mais firme e potencial de guarda. O *rosé* é semelhante ao da vizinha Tavel: cheio e inebriante, vai bem com as refeições. Como o branco frutado, deve ser consumido jovem. *Calcário, areia, pedras Grenache, Syrah, Mourvèdre, Cinsaut Grenache Blanc, Clairette, Bourboulenc tinto, branco, rosé*

Tavel

A reputação deste distrito se baseia no *rosé*. E, com quase 950ha de vinhedos, a produção é grande. A Grenache é a cepa-base, complementada, de acordo com cada produtor, por cortes de outras uvas tintas e brancas. Este é um vinho forte, encorpado e frutado que termina seco e é melhor se consumido refrescado, acompanhando as refeições. Seu nome geralmente determina um preço mais alto que o de outros *rosés*. *Calcário, areia, argila Grenache, Syrah, Mourvèdre, Cinsaut, Carignan Clairette, Bourboulenc rosé*

Côtes du Ventoux

De longe a mais "jovem" das denominações do Rhône, com mais de 7,7 mil ha cultivados, Côtes du Ventoux é, mais uma vez, dominada pelo vinho tinto. O Mont Ventoux, com 1.900m de altitude, é o centro das atenções, com vinhedos plantados a até 500m de altitude em suas encostas. A altitude geralmente implica um clima mais frio do que a média, com grande variação entre as temperaturas diurnas e noturnas, o que resulta em vinhos frescos e frutados com pronunciada acidez. Em geral, devem ser consumidos jovens, mas um número crescente de produtores está fazendo vinhos mais estruturados, que envelhecem bem por cinco ou seis anos. A pequena quantidade de vinho branco é geralmente pouco encorpada, com aromas florais. *Calcário, argila, areia Grenache, Carignan, Syrah, Cinsault, Mourvèdre Clairette, Ugni Blanc, Bourboulenc, Grenache Blanc, Roussanne tinto, branco, rosé*

Côtes du Lubéron

O perfil de denominação Côtes du Lubéron é similar ao de Côtes du Ventoux, com o encanto extra de um cenário provençal. Seus vinhedos são plantados nas encostas de Lubéron, cercadas por campos de alfazema, pomares e vilarejos com ar de cartão-postal. O clima é ligeiramente mais fresco aqui, e os vinhos tintos são geralmente leves, frutados e fáceis de beber, embora possam, ocasionalmente, exibir mais corpo e estrutura. O clima mais frio favorece as cepas brancas – de fato, Côtes du Lubéron produz mais vinho branco do que qualquer outro distrito do Rhône. Este tende a ser redondo e frutado, embora tenha a acidez mais pronunciada que qualquer outro branco da região. *Calcário, areia Grenache, Syrah, Carignan, Cinsaut, Mourvèdre Grenache Blanc, Ugni Blanc, Vermentino, Clairette, Bourboulenc tinto, branco, rosé*

Costières de Nîmes

Esta denominação, logo a oeste da cabeceira do rio Rhône, às vezes é tida como parte da região. Neste livro, está na seção dedicada ao Languedoc-Roussillon *(pág 100)*.

Esq **Hermitage de Paul Jaboulet Ainé** Dir **Château de Beaucastel**

Grandes Produtores do Vale do Rhône

Domaine Jamet
Côte Rôtie

Os irmãos Jean-Luc e Jean-Paul Jamet produzem um extraordinário e longevo Côte Rôtie a partir de 25 vinhedos espalhados pelo distrito. Com até cinco anos de envelhecimento, pode-se desfrutar o vívido aspecto frutado do vinho, que ganha maior complexidade se ficar na adega por até oito anos. Infelizmente, a produção anual se limita a apenas 30 mil garrafas. *Le Vallin, Ampuis • 04 74 56 12 57 ☐ com hora marcada ▣ tinto ★ Côte Rôtie*

Guigal
Côte Rôtie / Condrieu

Marcel Guigal é um dos grandes responsáveis, talvez o maior, pelo renascimento da vinicultura no norte do Rhône. Com tranqüila autoridade (e a ajuda do filho, Philippe), ele supervisiona o que é hoje um império em expansão e inclui os vinhos dos *négociants* E Guigal, Vidal Fleury e De Vallouit, bem como os seus próprios. Entre estes, os mais conhecidos são os vinhos Côte Rôtie La Mouline, La Landonne e La Turque, ricos, intensos e caros, assim como o Château d'Ampuis de seis vinhedos diferentes e o deliciosamente fragrante Condrieu La Doriane. Marcel Guigal tem também um St-Joseph muito elegante elaborado em vinhedos adquiridos de Jean-Louis Grippat. *Ampuis • 04 74 56 10 22 • www.guigal.com ☐ com hora marcada ▣ tinto, branco ★ Côte Rôtie La Mouline, Côte Rôtie La Landonne, Côte Rôtie La Turque, Condrieu La Doriane*

Domaine Georges Vernay
Condrieu

Georges Vernay é o "Senhor Condrieu". Nas décadas de 1950 e 1960, quando o distrito estava sendo abandonado, foi o único a continuar replantando seus terraços. Hoje, a propriedade de 16ha é dirigida por sua filha, Christine, e produz vinhos Côte Rôtie e St-Joseph muito melhores, além de três *cuvées* de Condrieu. O Côte Rôtie Maison Rouge é um vinho amplo, mas elegante; o Condrieu Chaillés de l'Enfer e o Coteau de Vernon são ricos, cheios, exóticos, mas o segundo tem mais corpo; devem ser bebidos entre três e seis anos de idade. *1 rte nationale, Condrieu • 04 74 56 81 81 • www.georges-vernay.fr ☐ com hora marcada ▣ tinto, branco ★ Condrieu Coteau de Vernon*

Cave Yves Cuilleron
Condrieu

A propriedade cresceu consideravelmente em tamanho e notoriedade desde que Yves Cuilleron a assumiu, em 1987, e hoje totaliza 31ha. Tem um complexo catálogo de diferentes *cuvées* de Condrieu, Côte Rôtie e St-Joseph provenientes de vinhas de terrenos específicos. Os vinhos são ricos, densos, potentes, freqüentemente com a marca do carvalho novo quando jovens. O branco Condrieu Les Chaillets, irresistivelmente aromático, é produzido a partir das vinhas mais velhas, e o também branco Les Ayguets, doce e cítrico como geléia de laranja, é feito de uvas de colheita tardia. Os melhores *cuvées* tintos são St-Joseph Les Serines, Côte Rôtie Ter-

Boas safras recentes de vinhos tintos do norte do Rhône incluem as de 1997, 1998, 1999, 2000 e 2003

res Sombres e a Basseron. ✆ *Verlieu, Chavanay • 04 74 87 02 37 • www.cuilleron.com* ☐ *com hora marcada* 🍷 *tinto, branco* ★ *Condrieu Les Ayguets, Côte Rôtie Terres Sombres, St-Joseph Les Serines*

Domaine Jean-Louis Chave
Hermitage
Os rótulos nos gargalos das garrafas de Chave exibem a frase "*Vignerons de père em fils depuis 1481*" (vinicultores de pai para filho desde 1481). Quando Gerard Chave assumiu o lugar do pai, na década de 1970, os vinhos tornaram-se muito mais procurados. Agora trabalhando com o filho, Jean-Louis (o nome aparece a cada duas gerações), ele continua a fazer vinhos Hermitage firmes, elegantes e longevos. O segredo são as vinhas velhas localizadas em sete diferentes vinhedos ou *climats*, vinificadas em separado e misturadas com grande habilidade. Sempre que os Chave consideram que uma safra é excepcional, produzem o mais intenso Cuvée Cathelin. Seu Hermitage branco também é longevo, e há uma pequena produção de St-Joseph tinto, rico e frutado, para consumo mais imediato. ✆ *37 ave du St-Joseph, Mauves • 04 75 08 24 63* ■ 🍷 *tinto, branco* ★ *Hermitage red, Hermitage white, Hermitage Cuvée Cathelin*

Paul Jaboulet Aîné
Hermitage / Cornas
Antoine Jaboulet estabeleceu seu lendário *négociant* no século 19, e ela continua a ser, em boa medida, um negócio familiar. Embora um pouco menos regular do que há alguns anos, ainda tem vinhos capazes de chamar atenção, particularmente os produzidos por seus vinhedos próprios. O principal é o potente e longevo Hermitage tinto La Chapelle, fruto dos 21ha de videiras que pontuam a colina de Hermitage. A casa sempre teve uma forte linha Crozes-Hermitage, que inclui os *cuvées* Domaine de Thalabert e Raymond Roure, de boa estrutura. Seu Domaine de St-Pierre, proveniente de Cornas, é rico e encorpado. ✆ *Les Jalets, RN 7, La Roche de Glun, Tain l'Hermitage • 04 75 84 68 93 • www.jaboulet.com* ☐ *com hora marcada* 🍷 *tinto, branco* ★ *Hermitage La Chapelle, Crozes-Hermitage Domaine de Thalabert, Cornas Domaine de St-Pierre*

Domaine Alain Graillot
Crozes-Hermitage
Ex-diretor de marketing de uma grande indústria francesa, Alain Graillot tornou-se *vigneron* no fim dos anos 1980 e hoje produz com regularidade bons vinhos Crozes-Hermitage. Os tintos são maduros e frutados, como o La Guiraude, concentrado e longevo, e os brancos são frescos e aromáticos. Também produz um St-Joseph tinto com especiarias e uma pequena quantidade de um Hermitage macio, elaborado a partir de uma parcela do Les Gréffieux, uma área da denominação. ✆ *Les Chênes Verts, Pont de l'Isère • 04 75 84 67 52* ☐ *com hora marcada* 🍷 *tinto, branco* ★ *Crozes-Hermitage, Crozes-Hermitage La Guiraude*

Domaine Clape
Cornas
O retraído Auguste Clape é um dos pilares de Cornas há muitos anos. Ao lado do filho, Pierre-Marie, faz um Cornas tradicional, autêntico, transbordante de fruta madura, mas também firme e concentrado, sem nenhum traço de carvalho novo. As vinhas novas produzem o *cuvée* Renaissance, e as mais antigas (de 25 a 60 anos) fazem o melhor vinho da casa, batizado simplesmente de Cornas. Clape faz também um pouco de Côtes du Rhône genérico com uvas Syrah, além de 1.200 garrafas anuais de um delicioso St-Péray. ✆ *146 Route Nationale, Cornas • 04 75 40 33 64* ☐ *com hora marcada* 🍷 *tinto, branco* ★ *Cornas*

Domaine Raspail-Ay
Gigondas
Dominique Raspail-Ay, um *vigneron* pragmático, faz em sua propriedade de 18ha um Gigondas com bom potencial de guarda. Seus vinhos não têm nenhum artifício: apenas boas uvas, vinificação cuidadosa e amadurecimento nos grandes e clássicos *foudres* de carvalho. Os vinhos têm taninos firmes e devem passar pelo menos cinco anos na garrafa. Faz também uma pequena quantidade de excelente vinho *rosé*. *Gigondas • 04 90 65 83 01 com hora marcada tinto, rosé ★ Gigondas*

Domaine de la Monardière
Vacqueyras
Martine e Christian Vache criam diferentes expressões de Vacqueyras com uma seleção de *cuvées* produzidos em três tipos de solo. Todos têm a cepa Grenache como base. O Les Calades, a partir de solo de argila, é quente, generoso e agradável quando bebido jovem. O Réserve des Monardes mostra o frescor e a elegância dos solos arenosos, e o Vieilles Vignes, do planalto pedregoso de calcário com argila, é cheio e firme, próprio para envelhecimento longevo. *Quartier les Grès, Vacqueyras • 04 90 65 87 20 com hora marcada tinto, branco ★ Vacqueyras Réserve des 2 Monardes, Vieilles Vignes*

Château de Beaucastel
Châteauneuf-du-Pape
O vinho excepcional desta casa é um dos melhores da França. Rico, firme e concentrado, tem notas de frutas escuras, especiarias e caça, e com o tempo pode evoluir desenvolvendo aromas complexos como tabaco. Sua originalidade provém do corte: a proporção de Grenache é reduzida a 30%, a Mourvèdre (30%) e a Counoise (10%) ganham mais expressão, e os 30% restantes são feitos de um corte de cepas que varia com a safra. Todas as 13 variedades de uvas permitidas são cultivadas na propriedade de 100ha. Em anos excepcionais, o tânico Cuvée Hommage à Jacques Perrin (o pai dos atuais proprietários, François e Jean-Pierre) é produzido com 60% a 70% de Mourvèdre. Há também dois excelentes Châteauneufs brancos, entre eles o suntuoso Roussanne Vieilles Vignes, além de vinhos Côtes du Rhône tintos e brancos produzidos sob o rótulo Coudoulet de Beaucastel. *Courthézon • 04 90 70 41 00 • www.beaucastel.com com hora marcada tinto, branco ★ Châteauneuf-du-Pape (tinto), Châteauneuf-du-Pape Hommage à Jacques Perrin, Châteauneuf-du-Pape Roussanne Vieilles Vignes*

Château la Nerthe
Châteauneuf-du-Pape
Esta magnífica propriedade é uma das mais antigas de Châteauneuf-du-Pape e engarrafa seus próprios vinhos desde 1784. Ingressou na era moderna em 1985, quando foi comprada pela família Richard, de comerciantes parisienses de café e vinho, e Alain Dugas assumiu como administrador. O vinhedo foi completamente renovado, o rendimento foi diminuído e a vinificação adotou uma abordagem mais contemporânea. Seus tintos e brancos são macios e elegantes. Em safras excepcionais são produzidos o tinto Cuvée des Cadettes e o branco Clos de Beauvenir, seleções especiais mais longevas. *Route de Sorgues, Châteauneuf-du-Pape • 04 90 83 70 11 • www.château-la-nerthe.com*
com hora marcada tinto, branco
★ Châteauneuf-du-Pape (tinto e branco), Châteauneuf-du-Pape Cuvée des Cadettes

Château Rayas
Châteauneuf-du-Pape
Rayas é uma propriedade idiossincrática conhecida pelas excentricidades de seu antigo proprietário, Jacques Reynaud, e pela qualidade e

originalidade de seus vinhos. Um sobrinho de Jacques, Emmanuel, impôs mais ordem e regularidade à produção, mas os vinhos feitos exclusivamente de Grenache são essencialmente os mesmos: ricos, doces e potentes, com sabores de frutas tropicais. Há também um segundo vinho digno de nota, o Pignan, e um Rayas branco cheio e com frescor. Alguns Côtes do Rhône tintos e brancos, deliciosos e concentrados, são engarrafados sob o rótulo Château de Fonsalette.
Châteauneuf-du-Pape • 04 90 83 73 09 ● *tinto, branco* ★ *Châteauneuf-du-Pape (tinto), Châteauneuf-du-Pape Pignan, Côtes du Rhône Château de Fonsalette (tinto)*

Domaine Bosquet des Papes
Châteauneuf-du-Pape
Eis um grande endereço para vinhos Châteauneuf-du-Pape clássicos, feitos principalmente de Grenache amadurecidos em grandes *foudres* de carvalho sob o comando de Maurice e Nicolas Boiron, pai e filho. O *cuvée* comum tem aroma de cereja e framboesa, frescor mineral e muita fruta abundante. Há muita intensidade no *cuvée* Chante le Merle, que realça a profundidade e a concentração das vinhas antigas; já o La Gloire de Mon Grand-Père, lançado em 1998, é elegante e tem frescor de fruta. Os vinhos brancos são redondos e frutados, feitos em pequena quantidade para ser bebidos jovens. *18 route d'Orange, Châteauneuf-du-Pape • 04 90 83 72 33* ❑ *com hora marcada* *tinto, branco* ★ *Châteauneuf-du-Pape (tinto), Châteauneuf-du-Pape Chante le Merle*

Domaine de la Janasse
Châteauneuf-du-Pape
Aimé Sabon criou esta propriedade em 1973, mas foi só a partir de 1991, com a chegada de seu filho Christophe, que estudou viticultura na Borgonha, que seus vinhos realmente decolaram. A nova abordagem deu mais elegância aos vinhos à base de Grenache, sem tirar-lhes o caráter redondo, de fruta suave e sabor de ameixa. Há três *cuvées* de intensidade variada: Tradition, Chaupin (100% Grenache, algumas plantadas em 1921) e Vieilles Vignes (de 60 a 100 anos). A casa também produz vinhos Côtes du Rhône com bom custo-benefício, particularmente o Les Garrigues. Entre os Châteauneufs brancos há o carnoso Prestige, à base de Roussanne.
27 chemin du Moulin, Courthézon • 04 90 70 86 29 • www.lajanasse.com ❑ *tinto, branco* ★ *Châteauneuf-du-Pape (tinto), Châteauneuf-du-Pape Chaupin, Côtes du Rhône Les Garrigues*

Château d'Aquéria
Tavel
Propriedade extensa e irregular, com mais de 60ha, que há muitos anos é fonte regular de bons Tavel *rosés* frutados. Seus vinhos têm um frescor que nem sempre é evidente em outros lugares. Produz também Lirac: o tinto é firmemente estruturado, e o branco é fresco e aromático.
Tavel • 04 66 50 04 56 • www.aqueria.com ❑ *tinto, branco, rosé* ★ *Tavel*

Domaine Marcel Richaud
Côtes du Rhône Villages
Marcel Richaud é um mestre na produção de vinhos untuosos, com de sabores de fruta madura. Os melhores são o tinto Côtes du Rhône Garrigues, com bom custo-benefício, o Cairanne, que é mais firme, e o top Cairanne l'Ebrescade (mais intenso e com taninos mais sedosos), produzido em um terreno Grenache velhas e que pode envelhecer por cinco ou seis anos. O branco, com leve toque de carvalho, é cheio e cremoso, com sabor e textura que enchem a boca. *Route de Rasteau, Cairanne • 04 90 30 85 25* ❑ *tinto, branco* ★ *Côtes du Rhône Garrigues, Côtes du Rhône Villages Cairanne, Côtes du Rhône Villages Cairanne l'Ebrescade*

SUL DA FRANÇA

Introdução
96-97

Mapa Vinícola
do Sul da França
98-99

Áreas Vinícolas do
Sul da França
100-103

Grandes Produtores
do Sul da França
106-109

SUL DA FRANÇA

CÉU AZUL, SOL OFUSCANTE, *ciprestes, pinheiros e oliveiras que se curvam à força do vento mistral, terreno rochoso e vilas pequeninas – a imagem idílica e tradicional do Sul da França continua a ser verdadeira. Estendendo-se ao longo de toda a costa do Mediterrâneo, das fronteiras com a Itália e com a Espanha, a área é também uma enorme região vinícola: sozinho, o Languedoc-Roussillon representa um terço da área total de vinhedos do país.*

A história do vinho no Sul da França provavelmente remonta ao século 6º antes de Cristo, quando os primeiros assentamentos gregos se estabeleceram em torno de Marselha e da foz do Rhône. Aos gregos, seguiram-se os romanos, que também cultivavam vinhas ali.

Legenda

Sul da França

O sol constante da costa mediterrânea francesa facilitava o plantio das vinhas, e os romanos evidentemente apreciavam os vinhos da região. Ânforas encontradas em escavações arqueológicas demonstram que eles embarcavam grandes quantidades do vinho local para Roma. Mas talvez plantar vinhas fosse fácil até demais – por 1.500 anos após a queda do Império Romano, a região continuou a produzir uma boa quantidade de vinho medíocre.

Languedoc-Roussillon

O vinho tinto é rei no Languedoc-Roussillon, responsável por quase 90% da produção. Quase tudo é produzido com cinco variedades meridionais clássicas, e as regras da AOC de modo geral exigem que o corte inclua todas elas. A Syrah, famosa no Vale do Rhône, está cada vez mais em voga; as variedades catalãs Mourvèdre e Carignan produzem vinhos escuros, tânicos e cheios de especiarias; e a Grenache e a Cinsault, plenos de frutas.

A vinicultura só entrou na era moderna na década de 1970, quando os produtores do Languedoc-Roussillon passaram a reconhecer a necessidade de substituir o produto barato, tosco e produzido em massa que deu fama duvidosa à região por vinhos de qualidade. Ao longo dos últimos 30 anos, os estilos mudaram a ponto de se tornarem irreconhecíveis. Encostas foram plantadas com Grenache, Syrah e Mourvèdre, enquanto vinhas velhas de Carignan têm recebido cuidados para produzir vinhos de mais caráter. Com investimento crescente e a introdução de modernas técnicas de vinificação, as denominações do Languedoc-Roussillon, especialmente Coteaux de Languedoc, hoje produzem alguns dos vinhos novos mais interessantes da França – cortes ricos, cheios de caráter com a marca distinta da região.

Marca dos vinhos Rivesaltes

Este canto do país tornou-se a resposta francesa ao Novo Mundo. Não surpreende que um grande número de vinicultores australianos seja atraído para a região, o que dá um empurrão extra à qualidade de seus vinhos.

Págs 94-5 **Videiras da Provença com os primeiros brotos da primavera**

Antigas fazendas cercadas de vinhas na Provença

A classificação *vin de pays* flexibilizou as rigorosas normas das denominações, permitindo que variedades de outras regiões, como Merlot e Cabernet Sauvignon, sejam plantadas. O resultado são vinhos varietais de bom preço, muitos deles rotulados sob a cômoda e ampla categoria regional *Vin de Pays d'Oc*.

Uvas brancas não se dão bem no Languedoc e em Roussillon. Mas em Limoux, uma região montanhosa mais continental, a alguma distância do Mediterrâneo, fazer vinhos espumantes é uma antiga tradição. Eles são produzidos segundo métodos variados, incluindo o *méthode champenoise*. As principais uvas utilizadas são uma variedade branca local, a Mauzac, e a Chardonnay.

Os Vinhos da Provença

A história da Provença é um pouco diferente. O estilo de vida, a comida e o clima quente mantêm uma pujante indústria turística, que exige o *rosé*. É improvável que os *rosés* da região conquistem muitos elogios, mas ainda respondem por mais de 50% da produção da área.

Grandes tintos, no entanto, podem ser encontrados na região de Bandol, dominada pela Mourvèdre. Além disso, por toda a região cada vez mais produtores fazem progressos com cortes de cepas Grenache, Syrah, Mourvèdre e Cabernet Sauvignon.

VINCENT GASNIER TOP 10

Rosés Refrescantes

1. **Bandol** Sul *pág 103*
2. **Côtes de Provence** Sul *pág 102*
3. **Tavel** Vale do Rhône *pág 89*
4. **Rosé de Loire** Anjou-Saumur, Vale do Loire *pág 117*
5. **Cabernet d'Anjou** Anjou-Saumur, Vale do Loire *pág 117*
6. **Sancerre Rosé** Vale do Loire *pág 119*
7. **Bergerac Rosé** Sudoeste *pág 25*
8. **Corbières Rosé** Sul *pág 100*
9. **Coteaux du Languedoc Rosé** Sul *pág 100*
10. **Lirac Rosé** Vale do Rhône *pág 88*

Mapa Vinícola do Sul da França

O Sul da França é, essencialmente, um grande vinhedo, limitado ao sul pelo Mediterrâneo e ao norte pela base sul dos Alpes e do Maciço Central. A leste, a Provença tem cerca de 26 mil ha cultivados, a maioria sob a denominação Côtes de Provence. Seguindo na direção oeste, os vinhedos acompanham o delta do rio Rhône, passando por Costières de Nîmes e, a seguir, pelo Languedoc-Roussillon, que, juntos, abrigam cerca de 300 mil ha de vinhedos. Em termos de produção vinícola, a denominação mais importante é a Coteaux du Languedoc.

ÁREAS VINÍCOLAS E GRANDES PRODUTORES

Costières de Nîmes *pág 100*

Coteaux du Languedoc *pág 100*

Domaine d'Aupilhac *pág 106*
Domaine Canet-Valette *pág 106*
Domaine Peyre Rose *pág 106*
Mas Bruguière *pág 106*
Mas de Daumas Gassac *(vin de pays) pág 107*
Mas Jullien *pág 107*
Prieuré de St-Jean de Bébian *pág 107*

Minervois *pág 100*

Decoração de muro na Provença

Corbières e Fitou *pág 100*

Cabardès e Côtes de Malepère *pág 101*

Limoux *pág 101*

Côtes du Roussillon *pág 101*

Côtes du Roussillon Villages / Rivesaltes e Maury *págs 101-2*

Domaine du Clos des Fées *pág 107*
Domaine Gauby *pág 107*

Banyuls e Collioure *pág 102*

Domaine du Mas Blanc *pág 108*
Domaine de la Rectorie *pág 108*

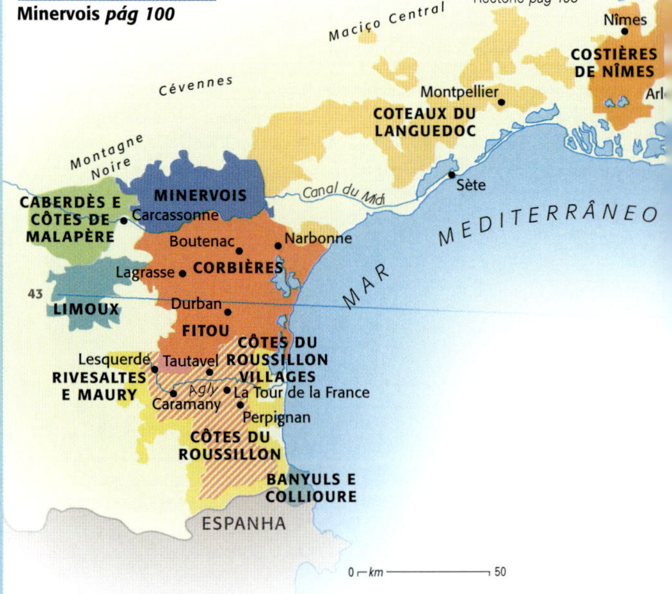

Bellet ***pág 102***

Côtes de Provence ***pág 102***
Château de Roquefort *pág 108*
Domaine Richeaume *pág 108*

Côteaux Varois ***pág 103***

Bandol ***pág 103***
Château de Pibarnon *pág 108*
Château Pradeaux *pág 109*
Domaine Tempier *pág 109*

Cassis ***pág 103***
Clos Sainte Magdeleine *pág 109*

Palette ***pág 103***
Château Simone *pág 109*

Coteaux d'Aix en Provence ***pág 103***

Les Baux de Provence ***pág 103***
Domaine de Trévallon *pág 109*
(vin de pays)

Informações Regionais Básicas

Latitude 42,5°-44°N.

Altitude 0-500m.

Topografia Os vinhedos mais famosos cobrem o trecho de 50km de Côte d'Or. As escarpas são interrompidas por córregos que descem as encostas e deságuam no rio Saône. A exposição e o ângulo de inclinação são fundamentais nesta região.

Solo Nos vales, solo rico de aluvião, xisto e calcário nas encostas.

Clima Mediterrâneo. Verões quentes e secos e invernos particularmente chuvosos.

Temperatura Embora a média em julho seja de 22°C, as máximas durante o dia com freqüência superam os 30°C no verão. As temperaturas na costa são maiores que no interior, e as regiões montanhosas sofrem as maiores variações entre as temperaturas do dia e da noite.

Chuvas A média anual fica entre 500mm e 700mm. No oeste da região, a influência do Atlântico implica índice pluviométrico ligeiramente mais alto.

Ventos Ventos do norte conhecidos na região como *cers* e *tramontane*, junto com o mistral, acentuam o clima seco e ajudam a evitar a podridão das raízes. A brisa marítima pode moderar as temperaturas perto da costa.

Problemas para a viticultura Tempestades, umidade e instabilidade climática.

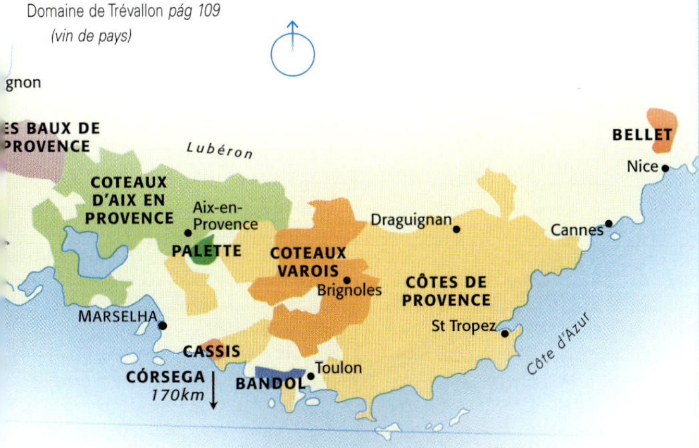

Uvas recém-colhidas são entregues na vinícola de Mas de Daumas Gassac

Áreas Vinícolas do Sul da França

Costières de Nîmes

Estande de vinhos à venda em Coteaux du Languedoc

Esta região, que se chamava Costières du Gard, mudou de nome em 1989, quando o investimento começou a crescer e a vinificação ganhou qualidade. O clima é um dos mais quentes da França, e o terreno é baixo e coberto com pedras ou *galets roulés* semelhantes às de Châteauneuf-du-Pape *(pág 88)*, que irradiam calor durante a noite. Os vinhos se assemelham, em estilo, aos poderosos tintos carnudos do sul do Rhône. *Solo arenoso coberto com galets roulés grandes e lisos*
Grenache, Syrah, Carignan, Mourvèdre
Grenache Blanc, Marsanne, Roussanne
tinto, branco, rosé

Coteaux du Languedoc

Uma das denominações mais interessantes da França na atualidade, esta é uma região enorme e diversificada, com mais de 15 mil ha de vinhas. Nos terrenos mais frescos do interior, no sopé das montanhas Cévennes, os vinhos (90% deles tintos ou *rosés*) têm estilo mais fresco, enquanto as áreas mais quentes, perto do mar, dão vinhos potentes e encorpados. Boa parte da paisagem é constituída de terreno arenoso esparso e rochoso coberto com alecrim e tomilho silvestres.

Historicamente, doze *terroirs* têm autorização extra-oficial para colocar seus nomes nos rótulos. Alguns, como St-Georges d'Orques, são dignos de nota, e outros, mais obscuros. Para fornecer orientação ao consumidor, uma hierarquia para os tintos está em elaboração. A denominação Coteaux du Languedoc "genérico" mantém regras básicas para a produção, como volume de safra e variedade de cepas. Um nível acima, sete zona climáticas (Grès de Montpellier, Terrasses de Béziers, Terres de Sommières, La Clape, Pic St-Loup, Terrasses de Larzac e Pézenas) foram definidas como sub-regiões, com controles mais rígidos.

Um grupo de enólogos talentosos promoveu uma verdadeira revolução de qualidade nos últimos 20 anos. Os estilos variam – mas, em geral, o foco dos vinhos é a concentração madura, o vigor e toques herbáceos. As AOCs na região incluem o mineral com frescor Faugères, o ligeiramente encorpado Saint-Chinian e o branco seco ou meio-doce Clairette du Languedoc. *Calcário, xisto, galets roulés pedregosas* *Syrah, Grenache, Mourvèdre, Carignan, Cinsault* *Grenache Blanc, Bourboulenc, Picpoul, Clairette, Roussanne*
tinto, branco, rosé

Minervois

O Minervois é como um imenso anfiteatro voltado para o sul, elevando-se sobre o Canal du Midi. A região oeste sofre influência do Atlântico, mas o leste possui clima mais mediterrâneo. As cooperativas são influentes aqui, embora também haja bons produtores individuais fazendo atraentes vinhos frutados. Minervois La Livinière, no centro do distrito, possui desde 1997 o status de denominação própria. Os solos rochosos, a topografia montanhosa e o clima quente e seco de Minervois produzem vinhos mais firmes, cheios e longevos, 96% dos quais são tintos.
Calcário pedregoso, arenito, xisto
Syrah, Carignan, Grenache, Cinsault, Mourvèdre *Marsanne, Roussanne, Macabeo, Bourboulenc, Grenache Blanc*
tinto, branco, rosé

Corbières e Fitou

Corbières é uma combinação de vales e montanhas com vegetação esparsa e terreno pedregoso. Também é enorme – mais de 15 mil ha de vinhedos, com 11 zonas de produção que denotam as variadas influências das montanhas, do solo e do mar. Boutenac, Lagrasse e Durban são áreas particularmente interessantes por seus tintos carnudos e encorpados. A denominação Fitou se aplica exclusivamente aos tintos. Os produzidos a partir de vinhas cultivadas no interior, acidentado e montanhoso, são mais estruturados e longevos. *Arenito vermelho, argila, calcário, xisto, cascalho Grenache, Syrah, Mourvèdre, Carignan, Cinsault Grenache Blanc, Bourboulenc, Macabeo, Marsanne, Roussanne tinto, branco, rosé*

Cabardès e Côtes de Malepère

Cabardès e Côtes de Malepère (a segunda é uma VDQS) são as duas zonas mais a oeste do Languedoc-Roussillon. Os estilos dos vinhos dessas regiões variam muito, de acordo com o corte das cepas: um percentual maior de Cabernet Franc ou Cabernet Sauvignon dá ao vinho um estilo mais firme, com notas de cassis que remetem aos vinhos do sudoeste, enquanto a Grenache oferece o calor do Mediterrâneo. *Calcário, xisto, granito, argila Merlot, Cabernet Franc, Grenache, Syrah, Cabernet Sauvignon tinto, rosé*

Limoux

A influência do Atlântico, que confere bom equilíbrio e acidez às cepas brancas, ajudou a estabelecer Limoux como o distrito do vinho espumante no Sul da França. Os melhores são feitos no método tradicional; o Blanquette de Limoux leva pelo menos 90% de uva Mauzac, enquanto o Crémant de Limoux tem grande quantidade de Chardonnay. Esta AOC para tintos foi reconhecida oficialmente em 2003. *Argila com calcário Merlot, Malbec, Syrah, Grenache, Carignan Mauzac, Chardonnay, Chenin Blanc tinto, branco, espumante*

Côtes du Roussillon e Côtes de Roussillon Villages

Região de cultura catalã, clima quente e seco, e o vento tramontano do norte, que produz vinhos ricos, quentes e com sabores de ameixa. As cepas para os Côtes du Roussillon são cultivadas em 18 comunas. As da denominação superior Côtes de Roussillon Villages provêm das encostas dos vales do norte. Os Villages são mais concentrados, suaves e com especiarias. Quatro comunas podem acrescentar seus nomes ao rótulo Villages: Caramany, La Tour de France, Lesquerde e Tautavel. *Calcário com argila, granito, xisto, gnaisse Grenache, Carignan, Syrah, Mourvèdre, Cinsault Grenache Blanc, Marsanne, Roussanne, Vermentino (Rolle), Macabeo tinto, branco, rosé*

Morros e vales com vinhedos em Corbières

O Blanquette de Limoux foi inventado pelos monges da abadia de St-Hilaire em 1531, o que o torna um espumante ainda mais antigo que o champanhe

Rivesaltes e Maury

O *vin doux naturel* de Riversaltes pode ser tinto, branco e, às vezes, *rosé*. É feito por muitos produtores de Côtes du Roussillon e Côtes de Roussillon Villages, incluindo algumas grandes cooperativas. O Riversaltes Ambré é feito de cepas brancas, e o Riversaltes Tuilé leva pelo menos 50% de Grenache em sua composição; ambos são amadurecidos em carvalho por dois anos. A expressão Hors d'Age indica que o vinho foi amadurecido por pelo menos cinco anos. O Maury é um *vin doux naturel* forte, tânico, à base de Grenache, produzido no norte do distrito. Pode ser engarrafado ainda jovem e frutado, quando recebe o rótulo *vintage*, ou amadurecer alguns anos antes de ir para a garrafa. *Calcário, xisto* *Grenache, Syrah, Carignan* *Grenache Blanc, Grenache Gris, Macabeo, Bourboulenc* *fortificado*

Banyuls e Collioure

Na fronteira com a Espanha, onde as encostas ensolaradas e íngremes dos Pireneus alcançam o Mediterrâneo, vinhedos plantados em terraços são mantidos no lugar por 6 mil km de paredões de pedra. Aqui se produz o melhor vinho fortificado francês, o Banyuls. O Banyuls Vintage, com o rótulo Rimage, é engarrafado jovem, o que captura o poder de sua fruta. O Banyuls envelhecido por mais tempo em barris de carvalho ou *bonbonnes* de vidro tem sabor amadeirado. Faz-se também uma pequena quantidade de Banyuls branco. O Collioure é produzido na mesma zona. Os tintos e *rosés* são secos, mas encorpados. O Collioure branco foi oficialmente reconhecido em 2002. *Xisto* *Grenache, Mourvèdre, Syrah, Carignan* *Grenache Blanc, Grenache Gris, Malvoisie, Macabeo, Vermentino (Rolle)* *tinto, branco, fortificado*

Vin Doux Naturel

O dourado *vin doux naturel* (VDN) é uma especialidade de Roussillon. Não é naturalmente doce, como o nome sugere, mas um vinho fortificado obtido pelo processo de *mutage* (a adição de álcool a uvas parcialmente fermentadas): interrompe a fermentação, deixando açúcar residual. Alguns são poderosos e engarrafados ainda jovens, para preservar seu caráter frutado (Muscat de Riversaltes, Vintage Maury, Banyuls Rimage). Outros são envelhecidos em grandes barris de carvalho para adquirir sabor e aroma mais amadeirados (Riversaltes Hors'Age, Banyuls Grand Cru).

Bellet

No sopé dos Alpes, atrás de Nice, um punhado de produtores que ocupam cerca de 50ha mantém o nome de Bellet. As colinas frescas são apropriadas para a produção de um vinho branco fresco e aromático feito principalmente à base da cepa Vermentino (Rolle). O passado italiano de Nice aparece no uso das cepas tintas Folle Noire (Fuella) e Braquet (Brachetto). A maior parte do vinho é consumida na região. *Cascalho, areia, argila* *Folle Noire, Braquet, Grenache, Cinsault* *Vermentino, Chardonnay* *branco, rosé*

Côtes de Provence

Côtes de Provence tem 20 mil ha de vinhedos, com zonas que variam da área costeira ao redor de St-Tropez aos terrenos montanhosos mais frios ao norte de Draguignan. O vinho *rosé*, feito em sua maioria de Cinsault e Grenache, responde por cerca de 80% da produção, embora um número crescente de produtores ofereça tintos interessantes a partir de cortes que podem incluir Syrah, Cabernet Sauvignon e Mourvèdre. *Arenito, calcário, granito, xisto* *Cinsault, Grenache, Syrah, Carignan, Cabernet Sauvignon* *Clairette, Vermentino, Sémillon, Ugni Blanc* *tinto, branco, rosé*

Vinhedo típico em Côtes de Provence

Coteaux Varois

Elevado à categoria de AOC em 1993, a denominação Coteaux Varois utiliza praticamente as mesmas cepas de Côtes de Provence. Os vinhedos ficam no interior, distantes da costa com maiores altitude, o que produz vinhos um pouco mais intensos. *Calcário* *Grenache, Cinsault, Syrah, Carignan, Cabernet Sauvignon* *Vermentino, Clairette, Grenache Blanc, Semillon, Ugni Blanc* *tinto, branco, rosé*

Bandol

A denominação mais séria da Provença empresta seu nome do porto pesqueiro (e também resort turístico) de Bandol. A maior produção é de vinho *rosé*, mas o tinto é que desperta interesse: trata-se de um tânico, metálico, com nuances herbáceas, amadurecido em barril por no mínimo 18 meses. Os vinhedos formam um anfiteatro que se eleva a 400m de altitude, com vista para o Mediterrâneo. A média anual de 3 mil horas de sol e a brisa marinha que tempera o calor são ideais para a difícil cepa Mourvèdre, que representa pelo menos 50% do corte nos tintos. *Calcário, argila* *Mourvèdre, Grenache, Cinsault, Syrah, Carignan* *Clairette, Ugni Blanc, Bourboulenc, Sauvignon Blanc* *tinto, branco, rosé*

Cassis

O desenvolvimento urbano é a maior ameaça ao belo porto pesqueiro de Cassis e aos seus vinhos. Estes são em sua maioria brancos, frescos, mas com baixa acidez, e muito apreciados na região. *Calcário* *Grenache, Cinsault, Mourvèdre, Carignan* *Ugni Blanc, Clairette, Marsanne, Sauvignon Blanc, Grenache Blanc* *tinto, branco, rosé*

Palette

As particularidades deste pequenino distrito de 35ha cultivados são um solo calcário distinto, chamado *calcaire de Langesse*, e vinhos tintos, brancos e *rosés* que melhoram ao envelhecer na garrafa. *Calcário* *Grenache, Mourvèdre, Syrah, Cinsault* *Clairette, Grenache Blanc, Ugni Blanc, Moscatel* *tintos, brancos, rosé*

Coteaux d'Aix en Provence

A denominação Coteaux d'Aix en Provence possui cerca de 3,5 mil ha de vinhas plantadas a altitudes que variam do nível do mar a 400m. Uma ampla gama de cepas é permitida, incluindo a Cabernet Sauvignon, a Mourvèdre e a obscura Counoise, fornecendo vinhos *rosés* frescos e redondos (55%) e tintos (40%) que têm certa profundidade e intensidade. *Calcário com argila ou areia* *Grenache, Cabernet Sauvignon, Carignan, Syrah, Cinsault* *Bourboulenc, Vermentino, Clairette, Grenache Blanc, Ugni Blanc* *tinto, branco, rosé*

Les Baux de Provence

A região já fez parte de Coteaux d'Aix, mas recebeu status de AOC para tintos e *rosés* em 1995 – os brancos produzidos aqui ainda são rotulados como Coteaux d'Aix en Provence. Os vinhedos no sopé da cadeia Alpilles produzem, além das cepas tradicionais do sul, a Cabernet Sauvignon, que pode compor até 20% do corte. Tem aproximadamente uma dúzia de produtores, muitos deles fazendo uso de práticas orgânicas, que produzem vinhos tintos frutados com taninos firmes. *Calcário* *Grenache, Cinsault, Syrah, Carignan, Mourvèdre* *tinto, rosé*

Esq **Barricas de Mas de Daumas Gassac** Dir **Rótulo do Chateaux Pradeaux**

Grandes Produtores do Sul da França

Domaine d'Aupilhac

Coteaux du Languedoc

Sylvain Fadat começou com recursos limitados em 1989, vinificando em um reservatório de tanques. Hoje, tem quase 30ha de vinhas, incluindo um vinhedo desenvolvido a 350m de altitude. Sua linha inclui o Coteaux du Languedoc Montpeyroux, feito com as cinco variedades clássicas do sul (Syrah, Grenache, Mourvèdre, Cargignan e Cinsault) e dois *vins de pays*: Le Carignan, de vinhas com mais de 50 anos, e Les Plos des Baumes, um corte de Cabernet Sauvignon, Cabernet Franc e Merlot cultivadas nas terras altamente valorizadas de Aniane. *28 rue du Plô, Montpeyroux • 04 67 96 61 19 • www.aupilhac.com □ com hora marcada ▪ tinto, branco, rosé ★ Coteaux du Languedoc Montpeyroux, VDP Le Carignan*

VINCENT GASNIER TOP 10 Segredos Mais Bem Guardados da França

1. **Montagny** (branco) Côte Chalonnaise *pág 71*
2. **Touraine Sauvignon** (branco) Vale do Loire *pág 118*
3. **Gigondas** (tinto) Vale do Rhône *pág 88*
4. **Chinon** (tinto) Touraine *pág 118*
5. **Côtes de Castillon** (tinto e branco) Margem Direita, Bordeaux *pág 34*
6. **Madiran** (tinto) Sudoeste *pág 25*
7. **Faugères** (tinto) Coteaux du Languedoc *pág 100*
8. **Jurançon Sec** (tinto) Sudoeste *pág 25*
9. **Alsace Riesling** (branco) *pág 133*
10. **Canon-Fronsac** (tinto) Margem Direita, Bordeaux *pág 34*

Domaine Canet-Valette

Coteaux du Languedoc

Marc Valette é um idealista que conseguiu transformar seus sonhos em realidade. Ele plantou seu vinhedo entre 1988 e 1992, quando ainda era membro de uma cooperativa, e montou, em 1999, uma sua vinícola que faz uso da gravidade. Emprega baixos rendimentos e cultivo orgânico. Os vinhos, ricos e concentrados, são elegantes desde que começou a prática do desengaço, em 1997. Seu melhor vinho é o Maghani, feito de Syrah e Grenache. *Rte de Causses-et-Veyran, Cessenon • 04 67 89 51 83 □ com hora marcada ▪ tinto ★ Maghani*

Domaine Peyre Rose

Coteaux du Languedoc

Os vinhos feitos por Marlène Soria a partir das uvas cultivadas neste isolado vinhedo no interior de La-Grande-Motte são muito especiais. Dois tintos à base de Syrah com rendimentos muito baixos, o Clos des Cistes e o Syrah Léone, são amadurecidos em cubas por três anos ou mais. Densos, concentrados e perfumados, os dois envelhecem muito bem. *Saint-Pargoire • 04 67 98 75 50 □ com hora marcada ▪ tinto, branco ★ Syrah Léone, Clos des Cistes*

Mas Bruguière

Coteaux du Languedoc

Guilhem Bruguière é um dos pioneiros da região, tendo replantado a propriedade da família com cepas Syrah, Grenache e Mourvèdre ainda na década de 1970. Seu melhor tinto é o La Grenadière, amadureci-

Págs 104-5 **Uma colorida faixa de *phacelias* azuis incrustada em vinhedo do Sul da França**

do em barris e feito para envelhecer. O L' Arbouse é atraente, com notas de especiarias, e o branco Les Muriers, feito de uvas Roussanne, é um dos mais harmoniosos da região. *La Plaine, Valflaunes • 04 67 55 20 97 com hora marcada tinto, branco, rosé ★ l'Arbouse, La Grenadière*

Mas de Daumas Gassac
Coteaux du Languedoc / VDP
Lendária propriedade criada por Aimé Guibert nos anos 1970, com o auxílio do consultor e professor Emile Peynaud. A primeira safra, em 1978, foi aclamada como o Château Lafite do sul e fez a reputação do seu vinho. A cepa Cabernet Sauvignon é a base do tinto longevo, e as cepas Viognier, Chardonnay e Petit Manseng são usadas no branco, o que faz com que sejam rotulados como *vins de pays*. O extraordinário sucesso da vinícola atraiu outros compradores de terras na região ao redor de Aniane, entre eles o ator Gérard Depardieu. *Aniane • 04 67 57 71 28 • www.daumas-gassac.com tinto, branco ★ VDP L'Herault*

Mas Jullien
Coteaux du Languedoc
Em 1985, com 20 anos de idade, Olivier Jullien criou esta vinícola a partir de um pequeno vinhedo de família. Encantado com solos e a variedade de cepas locais, é hoje destacado na região. Seus vinhos incluem um tinto de categoria superior que envelhece bem, o Coteaux du Languedoc, o tinto Les États d'Ame, fácil de beber, e o Clairette de Beudelle, original e feito com uvas de colheita tardia. *Route de St-André, Jonquières • 04 67 96 60 04 tinto, branco, rosé ★ Coteaux du Languedoc, Les Etats d'Ame*

Prieuré de St-Jean de Bébian
Coteaux du Languedoc
Uma capela do século 12 atesta a antiguidade desta propriedade, que ganhou fama nos anos 1980, quando o ex-proprietário, Alain Roux, replantou-a com vinhas das melhores propriedades de Châteauneuf-du-Pape, Hermitage e Bandol. Chantal Lecouty, ex-escritora de livros sobre vinhos e seu marido, Jean-Claude Le Brun, chegaram em 1994 e deram continuidade ao legado de Roux, produzindo vinhos ricos, potentes e longevos. *Route de Nizas, Pézenas • 04 67 98 13 60 • www.bebian.com com hora marcada tinto, branco ★ Coteaux du Languedoc (tinto)*

Domaine du Clos des Fées
Côtes du Roussillon Villages
Ex-*sommelier*, ex-*restaurateur* e ex-escritor de livros sobre vinhos, Hervé Bizeul provou que tem boa mão também para fazer vinhos. O progresso de sua vinícola tem sido meteórico desde a primeira safra, de 1998. Três cortes são produzidos a partir de Grenache, Syrah, Carignan e Mourvèdre: Les Sorcières é rico e frutado, enquanto Vieilles Vignes e Les Clos des Fées têm mais categoria. Petite Sibérie é uma edição cara e limitada de apenas 2 mil garrafas feitas de Grenache cultivada em um único terreno. *69 rue du Maréchal-Joffre, Vingrau • 04 68 29 40 00 • www.closdesfees.com com hora marcada tinto ★ Vieilles Vignes, Le Clos des Fées*

Domaine Gauby
Côtes du Roussillon Villages
Gérard Gauby é a estrela pragmática do Roussillon. Ele começou a engarrafar na década de 1980, e seus vinhos, no passado potentes e tânicos, são agora mais elegantes na textura e na qualidade da fruta. Ele se dedica à agricultura orgânica desde 1996 e adotou a biodinâmica a partir de 2001. Os tintos Vieilles Vignes e Muntada – este à base de Syrah – são soberbos, e há também uma boa linha de vinhos brancos. *Le Faradjal, Calce • 04 68 64 35 19 tinto, branco ★ Vieilles Vignes, Muntada*

Domaine du Mas Blanc

Banyuls & Collioure

O doutor André Parcé colocou a propriedade de sua família no mapa na década de 1970. Seu filho, Jean-Michel, desde então dá continuidade ao seu trabalho. A vinícola produz Collioure, mas a linha realmente interessante é a de Banyuls: o Rimage e o Rimage La Coume são engarrafados cedo para preservar o caráter frutado; o Cuvée du Docteur Parcé é um corte de safras de anos distintos; o Hors d'Age de Sostréra utiliza o método solera, empregado na produção de xerez. O branco é feito de Moscatel, Grenache Blanc e Malvoisie. *9 ave du Général-de-Gaulle, Banyuls-sur-Mer • 04 68 88 32 12 • www.domaine-du-mas-blanc.com* *com hora marcada* *tinto, fortificado* ★ *Banyuls La Coume Rimage*

Domaine de la Rectorie

Banyuls & Collioure

Os diligentes irmãos Parcé cultivam cerca de 30 diferentes vinhedos em terraços cujas altitudes variam do nível do mar a 400m. Com eles, elaboram uma ampla gama de vinhos: quatro Banyuls, três Collioures, dois brancos secos e dois *rosés*. A Grenache é a cepa dominante dos tintos, e o elegante e longevo Coulliore leva um pouco de Syrah. Com rica concentração de fruta, o Banyuls *cuvée* amadurece em barril por um ano. *54 ave du Puig-Delmas, Banyuls-sur-Mer • 04 68 81 02 94* *com hora marcada* *tinto, branco, rosé, fortificado* ★ *Collioure Coume Pascole, Banyuls Cuvée Léon Parcé*

Château de Roquefort

Côtes de Provence

Produtor recente e emergente, Raimond de Villeneuve passou a infância na região e voltou em 1994 para dirigir a casa. Rapidamente reestruturou o vinhedo e deu continuidade à prática de agricultura orgânica. Os vinhos são suntuosamente frutados, com textura muito elegante. O branco Les Genêts é fresco e floral, e os *rosés* Corail e Sémiramis têm sabores de frutas vermelhas. Os cortes tintos, Les Murês e Rubrum Obscurum, são simplesmente deliciosos – o segundo é mais estruturado. Em anos excepcionais se produz o La Pourpre, com as cepas Carignan e Syrah. *Roquefort La Bedoule • 04 42 73 20 84* *com hora marcada* *tinto, branco, rosé* ★ *Les Mûres, Rubrum Obscurum*

Rótulo do Château de Roquefort

Domaine Richeaume

Côtes de Provence

Um emprego de professor na universidade de Aix en Provence foi o estímulo para que Henning Hoesch criasse Richeaume em 1972. A propriedade hoje se estende por 20ha, e ele trabalha com o filho, Sylvain, que se especializou em Ridge, na Califórnia, e em Penfolds, na Austrália. Produzem um aromático Blanc des Blancs feito de Vermentino (Rolle) e Clairette, além de uma boa seleção de tintos. O Cuvée Tradition (Cabernet Sauvignon e Grenache) é escuro, rico e herbáceo, enquanto o Cuvée Columelle (Cabernet Sauvignon, Syrah e Merlot) é mais sério e complexo. *Puyloubier • 04 42 66 31 27* *com hora marcada* *tinto, branco, rosé* ★ *Cuvée Columelle*

Château de Pibarnon

Bandol

Em 1977, Henri de St-Victor trocou o trabalho de farmacêutico em Paris pela vida de vinicultor em Bandol. A magnífica propriedade, com vista para o Mediterrâneo, se expandiu e hoje tem quase 50ha. Dirigida por seu filho, Eric, produz um dos tintos mais elegantes, complexos e longevos da região, feito de Mourvèdre e com apenas um ligeiríssimo toque de Grenache. Seu *rosé* frutado é um corte de Mourvèdre e Cinsault, e o branco combina as cepas Clairette, Bourboulenc, Marsanne, Viognier e Roussanne. *Chemin de la Croix-des-Signaux, La Cadière-d'Azur • 04 94 90 12 73 • www.chateaupibarnon.com* *tinto, branco, rosé ★ Bandol tinto*

Château Pradeaux
Bandol
A família Portalis é proprietária do Château Pradeaux desde 1752; Cyrille Portalis é o atual guardião. Seu sucesso se deve em parte às vinhas velhas e à pequena produção de uvas. O estilo de seu vinho à base de Mourvèdre não faz concessões: firme, estruturado, precisa envelhecer muitos anos na garrafa para evoluir e ganhar suavidade. O requinte e a complexidade se desenvolvem com o tempo. *Chemin des Pradeaux, Saint-Cyr-sur-Mer • 04 94 32 10 21* *com hora marcada* *tinto, rosé ★ Bandol tinto*

Domaine Tempier
Bandol
Tempier é há muito tempo uma das referências de Bandol. Relançada em 1940 por Lucien Peyraud, ainda pertence à sua família, embora seja atualmente administrada por Daniel Ravier. Vários tintos diferentes são produzidos aqui, com distintos cortes de Mourvèdre com um pouco de Grenache, Cinsault e Syrah. O Classique e o Cuvée Speciale têm uvas de diferentes terrenos da propriedade, enquanto o La Migoua, o La Toutine e o Cabassou são vinhos magníficos elaborados com uvas de um único trecho de terreno.
Le Plan du Castellet, Le Castellet • 04 94 98 70 21 • www.domainetempier.com *tinto, branco, rosé ★ Cuvée Speciale, La Tourtine, Cabassou*

Clos Sainte Magdeleine
Cassis
Os vinhedos em terraços do Clos Sainte Magdeleine descem até o Mediterrâneo em um cenário idílico. Este é, regularmente, um dos melhores produtores do distrito. Seus vinhos, elaborados com as cepas Marsanne, Clairette e Ugni Blanc, têm buquê floral e de mel e são frutados, amplos e suaves. São melhores quando consumidos jovens.
Cassis • 04 42 01 70 28 *com hora marcada* *branco, rosé ★ Cassis branco*

Château Simone
Palette
Há sete gerações na família Rougier, esta propriedade é tradicionalíssima. O vinhedo de agricultura orgânica jamais foi replantado – as vinhas são substituídas individualmente só quando necessário. São utilizadas as cepas Grenache e Mourvèdre para os tintos e Clairette para os brancos (de frescor mineral e melhores quando evoluem na garrafa). O tinto, amadurecido por três anos em barril de carvalho, tem cor suave, clara, e é a antítese dos modernos vinhos frutados. *Meyreuil • 04 42 66 92 58* *com hora marcada* *tinto, branco, rosé ★ Palette branco*

Domaine de Trévallon
Les Baux de Provence / VDP
Eloi Dürrbach faz um vinho tinto bastante original com um corte em partes iguais de Cabernet Sauvignon e Syrah. A textura é elegante, com aromas de folhas de louro e herbáceo, além do grande potencial de guarda. Mas, como o percentual de Cabernet Sauvignon ultrapassa o permitido pela AOC Les Baux de Provence, seus vinhos ganham o rótulo de *vins de pays*. O branco fermentado em barril é um corte de Marsanne, Roussanne e Chardonnay. *Saint-Etienne du Grès • 04 90 49 06 00 • www.trevallon.com* *com hora marcada* *tinto, branco ★ VDP tinto*

VALE DO LOIRE

Introdução 112-113

Mapa Vinícola do Vale do Loire 114-115

Áreas Vinícolas do Vale do Loire 116-119

Grandes Produtores do Vale do Loire 120-123

VALE DO LOIRE

OS PARISIENSES HÁ MUITO SE DELEITAM *com os vinhos do Loire, que, entretanto, tendem a ser subestimados em outras partes do mundo. Apesar disso, a diversidade de vinhos da região é fantástica – desde brancos vivazes com boa relação custo-benefício,* rosés *deliciosamente refrescantes, tintos leves que acompanham muito bem as refeições até vinhos doces de categoria internacional. Os vinhos da região têm harmonia e são fáceis de beber.*

Legenda

Vale do Loire

Historicamente, a proximidade com a capital parisiense deu um mercado pronto para os vinhos do Vale do Loire. Desde a Idade Média, os numerosos pequenos viticultores da região desenvolveram laços lucrativos com Paris. As ligações estabelecidas com a Bélgica e a Holanda também são muito antigas, graças às excelentes conexões fluviais, e os portos da costa oeste facilitaram as exportações para a Inglaterra, onde os vinhos de Anjou, no passado, eram preferidos aos de Bordeaux.

Da Foz ao Atlântico

O fio que interliga toda a região é o extenso e langoroso Loire, rio que cobre uma distância de 1.000km desde sua origem, no Maciço Central. As partes mais altas do rio são o território de um punhado de vinhos "regionais" (St-Pourçain, Cote Roannaise, Cotes du Forez) raramente encontrados fora da França. Vinhos que merecem ser levados a sério começam a surgir bem mais ao norte, em Pouilly-sur-Loire, e continuam pelo oeste até Nantes. Ao longo desta região do Loire, cerca de 13 mil propriedades familiares cultivam aproximadamente 50 mil ha de vinhas de *Appellation d'Origine Côntrôlée*. As propriedades médias são pequenas – em torno de 4ha cada uma –, mas, com uma produção anual total de cerca de 300 milhões de litros, o Vale do Loire é o terceiro maior produtor de vinhos AOC da França, atrás apenas do Vale do Rhône e de Bordeaux.

Os brancos constituem a maior parte dos vinhos do Loire, representando 55% do volume total, com apenas 24% de tintos, 14% de *rosés* e 7% de espumantes. A latitude norte e o clima geralmente temperado garantem boa acidez aos vinhos, que têm caráter bem refrescante. Mas a extensão geográfica do Vale do Loire, as muitas cepas cultivadas e os efeitos da variação das safras implicam grande diversidade entre os vinhos da região.

Variedades de Uvas e Estilos de Vinho

O vale produz vinhos muito originais em estilos e em variação. Os brancos são feitos principalmente de Chenin Blanc (conhecida localmente como Pineau de la Loire) em Anjou-Saumur e em Touraine, de Melon de Bourgogne no Pays Nantais e de Sauvignon Blanc no centro do Loire e em Touraine. A Chenin Blanc é uma cepa verdadeiramente local, e seu nome é derivado do Mont-Chenin, em Touraine. É usada para fazer vinhos em muitos estilos distintos, alguns melhores do que outros. Seu alto teor de açúcar faz com que seja ideal para a produção de brancos doces e espumantes, especial-

Págs 110-1 **Château de Tracy, propriedade histórica na celebrada região de Pouilly-Fumé, no centro do Loire**

Colheita da uva Sauvignon Blanc nos arredores da cidade de Sancerre, que se ergue numa colina

mente depois de um verão quente. O exemplo mais famoso são os vinhos de Vouvray.

A uva Melon de Bourgogne – que, como o nome sugere, tem origem borgonhesa – é sinônimo do Muscadet ultra-seco do Pays de Nantais. A uva, em si, não possui sabor pronunciado de fruta, e por isso os vinhos Muscadet clássicos são produzidos *sur lie*, isto é, mantidos em contato com suas borras ao longo do inverno para adquirir vivacidade.

Os mais famosos brancos do Loire, porém, são os proveninentes da região central, feitos de Sauvignon Blanc em Sancerre e em Pouilly-Fumé. Esses vinhos têm feito tanto sucesso nos últimos anos que a demanda crescente levou alguns poucos produtores a plantar em demasia. O aumento de produção significa que as frutas não atingirão a maturidade necessária para produzir os maravilhosos e pungentes aromas frescos que tornam a Sauvignon Blanc famosa. Uma boa uva Sauvignon Blanc também é produzida nas proximidades, em Menetou-Salon.

A uva Cabernet Franc (ou Breton, como é conhecida em Touraine) é a variedade tinta predominante na região. Sua melhor expressão é encontrada nos distritos de Chinon e Bourgeuil, em Touraine, e no distrito de Saumur-Champigny, em Anjou-Saumur. Com algumas poucas e notáveis exceções, a maior parte dos vinhos produzidos aqui deve ser bebida jovem. O mesmo vale para os *rosés*, particularmente o Rosé d'Anjou. Qualquer que seja o estilo do vinho, o clima setentrional do Loire dá mais ênfase à delicadeza e ao sabor do que ao corpo e à concentração de fruta.

VINCENT GASNIER TOP 10

Grandes Vinhos Brancos Franceses

1. **Grand Cru Chablis** Borgonha *pág 51*
2. **Puligny-Montrachet** Côte de Beaune *pág 63*
3. **Meursault** Côte de Beaune *pág 63*
4. **Pessac-Léognan** Margem Esquerda, Bordeaux *pág 24*
5. **Hermitage White** Vale do Rhône *pág 85*
6. **Condrieu** Vale do Rhône *pág 84*
7. **Sancerre** Vale do Loire *pág 119*
8. **Bâtard-Montrachet** Côte de Beaune *pág 63*
9. **Corton-Charlemagne** Côte de Beaune *pág 62*
10. **Alsace Riesling Grand Cru** Alsácia *pág 133*

Mapa Vinícola do Vale do Loire

As quatro principais áreas do Vale do Loire acompanham a porção do rio que vai de Pouilly-sur-Loire, no centro da França, até a costa do Atlântico. O Pays Nantais, na costa atlântica, é a terra do Muscadet. Na direção leste, Anjou-Saumur produz vinhos doces sedutores e um Chenin Blanc com bom potencial de envelhecimento. Touraine se orgulha de produzir os melhores tintos e as variedades doces de Chenin Blanc, enquanto o centro do Loire se concentra na Sauvignon Blanc, produzida sob as denominações de Sancerre e Pouilly-Fumé.

ÁREAS VINÍCOLAS E GRANDES PRODUTORES

Pays Nantais *pág 116*

Domaine de l'Écu *pág 120*

Anjou-Saumur *págs 116-7*

Château de Villeneuve *pág 120*
Château Pierre Bise *pág 120*
Clos Rougeard *pág 120*
Coulée de Serrant *pág 120*
Domaine des Baumard *pág 121*
Domaine Patrick Baudouin *pág 121*

Touraine *págs 118-9*

Domaine Bernard Baudry *pág 121*
Domaine de la Taille aux Loups *pág 121*
Domaine du Clos Naudin *pág 122*
Domaine Henry Marionnet *pág 122*
Domaine Huet *pág 122*
Domaine Philippe Alliet *pág 122*
Domaine Yannick Amirault *pág 122*

Centro do Loire *pág 119*

Château de Tracy *pág 123*
Domaine Alphonse Mellot *pág 123*
Domaine Didier Dagueneau *pág 123*
Domaine Henri Bourgeois *pág 123*

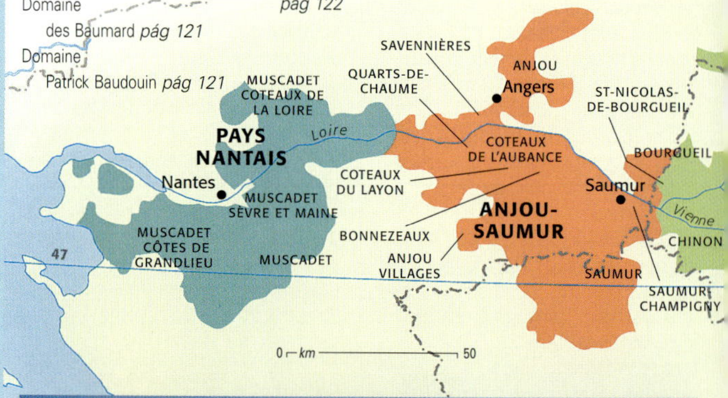

Antigo vinhedo em Pays Nantais, terra do Muscadet

Vinhedos de Sauvignon Blanc em Sancerre, no centro do Loire

Informações Regionais Básicas

Latitude 47-48°N.

Altitude 0-350m.

Topografia O rio Loire cria um extenso vale de leste a oeste. A área é relativa-mente plana, com algumas colinas íngremes em An-jou-Saumur e Touraine, onde os afluentes criam pequenos vales com en-costas suaves. Ao leste, Sancerre se localiza em uma colina de 300m.

Solo Xisto, granito, gnaisse e areia em Pays Nantais; ardósia, xisto, arenito, tufo (solo calcário) em Anjou-Saumur; areia, argila, cascalho e tufo em Touraine; solos de calcário kimmeridgiano semelhan-tes aos de Chablis na parte central do Vale do Loire.

Clima Em geral, fresco e temperado. A influência marítima prevalece na costa atlântica e persiste em graus variados, no interior, até Orléans. Na região central do Loire, o clima é mais continental.

Temperatura A média em julho é de 19°C.

Chuvas A média anual é de 750mm.

Problemas para a vitocultura Geadas na primavera.

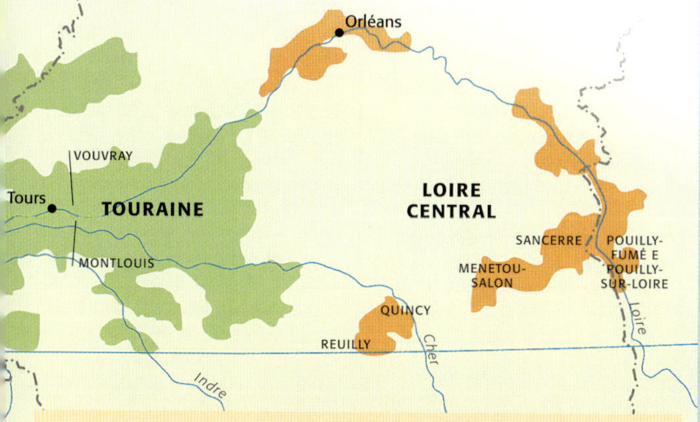

Combinação de Vinho e Comida no Loire

Conhecida como o "jardim da Fran-ça", a região tem uma forte tradição gastronômica que combina a produção local com seus inúmeros vinhos. Frutos-do-mar do Atlântico combinam à perfeição com um Muscadet vivaz, seco e ácido. Aspargos, peixe frito ou queijo de cabra são os parceiros ideais para os aromáticos Sancerre ou Pouilly-Fumé. Caldeiradas de pei-xes como a carpa em molho cremo-so vão bem com um tinto jovem e frutado, como o Saumur-Champigny, ou com brancos secos como o Vouvray e o Sanenniè-res. Carnes de caça co-mo pato selvagem e fai-são combinam com vi-nhos de safras mais antigas de Chinon e Bourgueil. Na sobreme-sa, há um complemento mais perfeito do que uma torta casei-ra de frutas acompanhada por um do-ce, fresco e ácido Coteaux du Layon?

Peixe e frutos-do-mar da região do Loire

Áreas Vinícolas do Vale do Loire

Pays Nantais

Área vinícola mais ocidental do vale, Pays Nantais é terra do Muscadet – o vinho branco seco, vivaz e cautelosamente neutro e sempre servido como acompanhamento para frutos-do-mar. É elaborado a partir de uma uva bastante neutra, a Melon de Bourgogne, uma variedade borgonhesa introduzida no século 17 que conseguiu suportar um inverno extraordinariamente severo em 1709 que destruiu as variedades tintas nativas que antes predominavam na região.

Os vinhedos, com cerca de 13 mil ha, ficam nos arredores de Nantes e são divididos em quatro denominações. **Muscadet Sèvre et Maine** é de longe a maior, respondendo por cerca de 80% da produção. **Muscadet Coteaux de la Loire** é talvez mais encorpada, enquanto a **Muscadet Côtes de Grandlieu**, a designação mais recente – introduzida em 1994 – tem estilo mais suave. Há também uma pequena quantidade de AOC **Muscadet** genérico.

Ao longo de toda a região há potencial para engarrafar o vinho *sur lie*, o que acontece com os melhores exemplos de Muscadet. Com isso, permanecem em contato com as borras por quatro ou cinco meses, durante o inverno, no tanque ou barril no qual foram fermentados, sem transfega; depois, o engarrafamento é imediato. O processo ajuda a acentuar os sabores, e o vinho terá também certa efervescência que enfatizará seu frescor e compensará a acidez geralmente baixa. Ainda mais seco que o Muscadet é o vinho branco Gros Plant Du Pays Nantais, de denominação VDQS, feito de uva Folle Blanche.

Xisto, granito, gnaisse, areia *Melon de Bourgogne, Folle Blanche* *branco*

Anjou-Saumur

A melhor expressão da uva Chenin Blanc do mundo, exceto por Vouvray, em Touraine, está em Anjou. Uma combinação de clima marítimo, vales protegidos, solos xistosos e da própria uva produz vinhos superlativos, secos e brancos, alguns com potencial de guarda de muitos anos, às vezes de décadas.

A sudoeste da cidade de Angers, no lado norte do rio Loire, os vinhedos de **Savannières** são plantados em ardósia e solos xistosos que se inclinam até a margem do rio. Com uma uva Chenin Blanc seca e mineral, com grande profundidade e persistência, a variedade de Savannières precisa de pelo menos quatro ou cinco anos para amadurecer. Versões meio-doces e doces do vinho são produzidas em safras excepcionais.

Dentro desse distrito há duas subdenominações consideradas *grands crus*, a **Roche aux Moines** e a peque-

Colheita da uva Melon de Bourgogne em Muscadet, Pays Nantais

nina **Coulée de Serrant**, um monopólio tocado segundo os princípios da biodinâmica *(pág 66)* pelo proprietário, Nicolas Joly.

O melhor entre os estilos doces vem dos vales formados pelos afluentes do lado direito do Loire, nas AOCs **Coteaux de l'Aubance e Coteaux dy Layon**. A uva Chenin Blanc amadurece até revelar uma doçura fragrante em locais de aspectos muito distintos, com o auxílio, em condições ideais, da botrítis *(pág 24)*. A colheita selecionada e tardia é, portanto, essencial. Os melhores vinhos possuem aromas florais estimulantes quando jovens; evoluídos, ganham notas de mel e frutas secas e uma untuosidade sentida na boca junto com uma acidez esfuziante. Dois locais em Coteaus du Layon, **Bonnezeaux** e **Quarts de Chaume**, são considerados superiores por seu estilo de vinho e, por isso, recebem status de AOCs individuais.

Vinhos brancos secos e tintos também são elaborados na AOC de **Anjou**. Os brancos invariavelmente têm sabor de maçã e marmelo com notas minerais e são produzidos com Chenin Blanc, às vezes com um toque de Chardonnay e Sauvignon; o tinto suave é feito de Cabernet Franc. O **Anjou-Gamay**, elaborado a partir de uma uva diferente e leve, é fácil de beber. Geralmente é consumido só na região. **Anjou-Villages** e **Anjou-Villages Brissac** são denominações únicas para tintos produzidos com uvas selecionadas da margem sul do rio. Produzidos com Cabernet Franc e Cabernet Sauvignon, eles têm um pouco mais de cor, intensidade e estrutura do que os vinhos comuns de Anjou e podem apresentar uma excelente relação custo-benefício.

O vinho *rosé*, outro produto importante da região, aparece em vários estilos. O **Cabernet d'Anjou** e o **Rosé d'Anjou** são vinhos meio-doces ou doces, enquanto o **Rosé de Loire**, também produzido em Touraine, é seco.

Ao sul do rio, os solos macios de calcário e tufo de Saumur tornaram a região um centro de produção de vinhos espumantes *(acima)*. Com suas grandes companhias e adegas escavadas na rocha macia, a cidade de Saumur lembra Épernay, em Champagne. Saumur é a denominação genérica para tintos calmos e brancos feitos, como em Anjou, respectivamente de Cabernet Franc e Chenin Blanc, embora os solos calcários tornem seus vinhos um pouco mais leves. Os melhores tintos vêm de Saumur-Champigny, uma AOC um pouco mais limitada. Com aromas de framboesa e de violetas, são em geral frescos, frutados e fáceis de beber. *Ardósia, xisto, arenito* *Cabernet Franc, Cabernet Sauvignon, Grolleau, Gamay* *Chenin Blanc, Chardonnay, Sauvignon Blanc* *tinto, branco, rosé, espumante*

Crémant de Loire

Os espumantes *(crémants)* são característicos do Loire e produzidos segundo o método tradicional *(pág 128)* em Saumur e em Vouvray. Vouvray e Montlouis são elaborados só com a uva Chenin Blanc e têm um toque de acidez agradável, que lembra maçã. Quando envelhece um pouco na garrafa, ganha nuances de mel. O Saumur *brut* é feito à base de Chenin Blanc, mas se permitem outras variedades na composição – Chardonnay, Sauvignon Blanc e Cabernet Franc – para "arredondar" o vinho. O Crémant de Loire é feito de uma cepa de uvas semelhante às cultivadas em Anjou, Saumur e Touraine. As normas de produção são mais rigorosas do que as aplicadas ao Crémant de Saumur, e o vinho é em geral mais elegante em estilo, com *pérlage* menos agressiva.

Crémant de Loire

Nos anos 1960, o Rosé d'Anjou desfrutou grande popularidade na França e no exterior, mas perdeu apelo diante da crescente sofisticação dos vinhos

Tonéis nas adegas do Domaine Huet, na região de Touraine

Touraine

Os melhores tintos do Loire vêm de Touraine (das denominações **Chinon**, **Bourgeuil** e **St-Nicolas-de-Bourgeuil**). São geralmente frescos e frutados, produzidos com uva Cabernet Franc. São revigorantes, digestivos, vivazes, nada chatos e, sobretudo, amigáveis. O estilo mais leve e jovem pode, como o Beaujolais *(págs 74-5)*, ser servido refrescado (entre 13°C e 14°C) para destacar sua característica frutada. Em grandes safras (como 1997 e 1996) e provenientes de bons solos, eles podem ser mais encorpados e longevos, com potencial de guarda de até uma década.

Chinon é o maior dos três distritos, com 2,1 mil ha localizados no sul do Loire, em qualquer das margens de um de seus afluentes, o Vienne. Os vinhos têm textura macia e redonda. Os estilos mais leves provêm dos solos arenosos e de aluvião próximos das margens do rio, e os mais vigorosos e potentes têm origem nos planaltos de calcário e argila ou nos declives voltados para o sul. Há também um vinho branco seco um tanto raro, elaborado de uvas Chenin Blanc. O solo de calcário reaparece no norte do Loire, em Bourgueil, dando firmeza às uvas locais. Já as uvas plantadas nos solos predominantemente de aluvião de St-Nicolas-de-Bourgueil dão vinhos mais leves e frutados. Nos três distritos, os produtores costumam apresentar vários *cuvées* diferentes, cada um refletindo o tipo de solo e a idade das vinhas.

Touraine é a denominação genérica para vinhos brancos, *rosés* e tintos simples e leves produzidos em uma zona ao redor da cidade de Tours. Permite-se a utilização de uma grande quantidade de cepas de uvas, mas as mais comuns são a Gamay e a Sauvignon Blanc. Três áreas específicas podem acrescentar seus nomes ao rótulo: **Touraine Mesland**, **Touraine Amboise** e **Touraine Azay-le-Rideau**, enquanto o **Touraine Noble-Joué** é responsável por uma pequena produção de *vin gris* frutado feito de Pinot Meunier, Pinot Noir e Pinot Gris.

Bem perto de Tours, a leste, há duas AOCs dos brancos de Touraine: Vouvray e Montlouis. A caprichosa Chenin Blanc volta a ser dominante, produzindo vinhos secos *(sec)*, meio-secos *(demi-sec)*, doces *(moelleux)* e espumantes *(pág 117)*, todos com nuances de maçã e mel e acidez pronunciada. As safras podem variar bastante nesta zona em parte continental, em parte marítima – e, com elas, o estilo do vinho.

Nos anos de bom amadurecimento, quando a botrítis toma conta da vinha, a bebida tende a ser mais doce, com sabor de marmelo e frutas cristalizadas; nos anos menos pujantes, prevalecem os secos e espumantes. Ambos têm incrível longevidade e podem envelhecer por décadas. Vouvray fica na margem direita do Loire e, com suas encostas de calcário, produz um vinho com mais corpo e intensidade que o Montlouis produzido na margem sul, onde os solos são mais arenosos. Escavadas no solo de tufo, em Vouvray, há adegas impressionantes e moradas pré-históricas. *Calcário, areia, argila, calcário* *Cabernet Franc, Gamay, Côt (Malbec), Cabernet Sauvignon* *Chenin Blanc, Sauvignon Blanc, Chardonnay* *tinto, branco, rosé e espumante*

Loire Central

A região central do Loire é a capital do Sauvignon Blanc no país, como demonstram os famosos vinhos de **Sancerre** e **Pouilly-Fumé**. Os vinhedos estão localizados rio acima, a 360km de distância da costa atlântica. O clima é marcadamente continental e as uvas são ácidas, secas e vivas, com aromas e sabores penetrantes de frutas silvestres e, ocasionalmente, cítricos.

A cidade de Sancerre, na margem sul, dá seu nome à maior das duas denominações, com cerca de 2,6 mil ha plantados em terreno montanhoso de calcário. O Pouilly-Fumé é produzido no lado oposto do rio, onde a terra é mais plana. Para aumentar a confusão, há também um vinho branco chamado Pouilly-sur-Loire, feito de uva Chasselas e infinitamente menos interessante. Estabelecer as diferenças de paladar entre um Sancerre e um Pouilly-Fumé não é fácil. A qualidade do primeiro varia, mas ele é em geral mais encorpado e frutado; o outro é mais mineral e intenso. Ambos são deliciosos quando jovens. Pouilly-Fumé é um distrito em que se produzem apenas vinhos brancos. Sancerre também produz um pouco de tintos e *rosés* a partir de Pinot Noir. Os tintos são leves, com um aromas de cereja, e geralmente são consumidos na região ou destinados a bistrôs parisienses.

Três outros distritos ficam na mesma margem que Sancerre. A oeste, a AOC de **Menetou-Salon** produz um Sauvignon Blanc pungente e tintos e *rosés* leves. São menos conhecidos, mas oferecem boa relação custo-benefício. A AOC de **Reuilly** também produz vinhos das três cores, a partir das mesmas variedades, mas utiliza um pouco de Pinot Gris em seu *rosé*. O branco é seco e um pouco mais austero que o de Sancerre, e o tinto é mais leve. A denominação vizinha de **Quincy** é um distrito só de brancos. A Sauvignon Blanc cresce em terrenos de argila e cascalho, produzindo vinhos aromáticos e frutados. *Calcário, sílex, areia, cascalho* *Pinot Noir* *Sauvignon Blanc* *tinto, branco, rosé*

VINCENT GASNIER TOP 10

Crémants Excelentes

1. **Bouvet-Ladubay** Vale do Loire *www.bouvet-ladubay.fr*
2. **Gratien-Meyer** Vale do Loire *www.gratienmeyer.com*
3. **Domaine des Baumard** Vale do Loire *pág 121*
4. **André Bonhomme** Borgonha *Vire, 03 85 27 93 93*
5. **Caves de Bailly** Borgonha *www.caves-bailly.com*
6. **Dopff au Moulin** Alsácia *www.dopff-au-moulin.fr*
7. **Cave de Pfaffenheim** Alsácia *www.pfaffenheim.com*
8. **Sieur d'Arques** Limoux *www.sieurdarques.com*
9. **Rolet Père et Fils** Jura *www.rolet-arbois.com*
10. **Domaine Raspail** Die (Vale do Rhône) *www.raspail.com*

Crémant *é o termo francês que designa vinho espumante* (pág 117). *Top 10 Champanhes* (pág 127).

Vinhedos da Domaine Huet, um dos grandes produtores biodinâmicos de Touraine

Grandes Produtores do Vale do Loire

Domaine de l'Écu

Pays Nantais / Muscadet Sèvre et Maine

Guy Bossard eleva o Muscadet a um novo patamar, à base de agricultura biodinâmica. Vinhos encorpados, cheios, complexos, que podem ser até mesmo envelhecidos. O tradicional Muscadet Sèvre et Maine *sur lie* é um clássico, e há três *cuvées* excepcionais batizados de acordo com os nomes dos solos de onde provêm. Bossard também faz um vinho espumante segundo o método tradicional, o Ludwig Hahn, a partir de Melon de Bourgogne, Folle Blanche e Chardonnay.

La Bretonnière, Le Landreau • 02 40 06 40 91 com hora marcada branco ★ Expression d'Orthogneiss, Expression de Gneiss, Expression de Granit

Château de Villeneuve

Anjou-Saumur / Saumur-Champigny

A casa data do século 18 e foi construída a partir do tufo local. Os vinhos de Jean-Pierre Chevallier são igualmente impressionantes, em particular os tintos ricos, potentes e de cor densa elaborados de Cabernet Franc. O *cuvée* tradicional é sempre bom e, em anos excepcionais, também são produzidos, para envelhecer por muito tempo, os vinhos Le Grand Clos e Vieilles Vignes. O Chenin Blanc Saumur Les Cormiers é rico e concentrado.

3 rue Jean Brevet, Souzay-Champigny • 02 41 51 14 04 • www.chateau-villeneuve.com tinto, branco ★ Saumur-Champigny, Saumur-Champigny Le Grand Clos, Saumur Les Cormiers

Château Pierre Bise

Anjou-Saumur / Savennières e Coteaux du Layon

Claude Papin conhece bem o *terroir* de sua propriedade de 54ha. Colheita selecionada tardia dá a seus vinhos toques frutados generosos. Particularmente dignos de nota são o firme (e encorpado) branco seco Clos de Coulaine, os untuosos doces Coteaux de Layon Anclaie e Quarts de Chaume e o tinto Anjou-Villages Sur Spilite.

Beaulieu-sur-Layon • 02 41 78 31 44 com hora marcada branco ★ Coteaux du Layon Anclaie, Savennières Clos de Coulaine, Anjou-Villages Sur Spilite

Clos Rougeard

Anjou-Saumur / Saumur-Champigny

Os irmãos Foucauld, Charly e Nadi sabem fazer um bom Saumur-Champigny. Com vinhas de Cabernet Franc, baixo rendimento e amadurecimento em *barriques* de carvalho, eles produzem vinhos elegantes e concentrados. Os vinhos Les Poyeux e Le Bourg são tão elegantes e estruturados como muitos dos melhores Bordeaux. *15 rue de l'Eglise, Chacé • 02 41 52 92 65 com hora marcada tinto, branco ★ Les Poyeux, Le Bourg*

Coulée de Serrant

Anjou-Saumur / Savennières

O proprietário, Nicolas Joly, é o principal entusiasta da viticultura biodinâmica *(pág 66)* na França. O *grand cru* Coulée de Serrant, com 7ha, é um monopólio, um dos vários campos que Joly possui em Savennières. O vinho conta com a qualidade das uvas Chenin Blanc. O Coulée de Serrant é sempre seco e encorpado, com acidez firme e aromas de mel e marmelo. *Château de la Roche-aux-Moines, Savennières • 02 41 72 22 32 • www.coulee-de-serrant.com branco ★ Coulée de Serrant, Roche aux Moines Clos de la Bergerie*

Domaine des Baumard
Anjou-Saumur / Coteaux du Layon e Savennières
A propriedade de Florent Baumard se estende pelas duas margens do Loire. Seu branco seco Savennières Clos St-Yves é firme e redondo. Em anos excepcionais, também se produz o Trie Spéciele, que é ainda mais intenso. Produz também o doce e elegante Clos Ste-Catherine e o Quarts de Chaume, com alta e suculenta concentração de fruta. *8 rue de l'Abbaye, Rochefort-sur-Loire • 02 41 78 70 03 • www.baumard.fr com hora marcada tinto, branco, rosé ★ Coteaux du Layon Clos Ste-Catherine, Quarts de Chaume, Savennières Trie Spéciale*

Domaine Patrick Baudouin
Anjou-Saumur / Coteaux du Layon
A colheita selecionada produz vinhos de grande riqueza e concentração natural de fruta. Dependendo da safra, há *cuvées* a partir de Chenin Blanc, com vários graus de doçura. Por ordem de riqueza, temos: Après Minuit, Maria Juby, Grains Nobles e Les Bruandières. A propriedade faz também um branco seco de Anjou suave, fresco, com notas minerais, e um pouco do tinto Anjou-Villages. *Princé, Chaudefonds-sur-Layon • 02 41 78 66 04 • www.patrick-baudouin-layon.com com hora marcada tinto, branco ★ Anjou Blanc, Coteaux du Layon: Grains Nobles, Maria Juby*

Domaine Bernard Baudry
Touraine / Chinon
Bernard Baudry começou em 1977, com apenas 2ha, mas tem hoje, 30ha, que dirige junto com o filho Mathieu. Os vinhos são envelhecidos em adegas escavadas na rocha macia de calcário. O La Croix Boissé, feito de Cabernet Franc cultivada em solos de calcário, e o Grézeaux, de uva cultivada em cascalho, são estruturados e bons para guarda. O Granges é um Chinon mais suave, mais frutado. Chinon branco fresco também é produzido a partir de Chenin Blanc. *13 coteau de Sonnay, Cravant-les-Coteaux • 02 47 93 15 79 com hora marcada tinto, branco ★ Granges, Grézeaux, La Croix Boissée*

Domaine de la Taille aux Loups
Touraine / Montlouis
Jacky Blot criou esta propriedade em 1988. As Chenin Blanc cuidadosamente selecionadas são envelhecidas em barris de carvalho. Produz o elegante Lês Dix Arpents e o Cuvée Remus, com um atípico aroma de carvalho tostado. Às vezes, produz *cuvée demi-sec* e o doce Cuvée des Loups, bem como espumantes. *8 rue des Aitres, Husseau, Montlouis-sur-Loire • 02 47 45 11 11 com hora marcada branco ★ Montlouis: Les Dix Arpents, Cuvée des Loups (demi-sec)*

VINCENT GASNIER TOP 10

Melhores Produtores de Vinhos Orgânicos

1. **Château Rayas** Châteauneuf-du-Pape *pág 92*
2. **Domaine Leflaive** Côte de Beaune *pág 66*
3. **Coulée de Serrant** Anjou-Saumur *pág 121*
4. **Huet** Vouvray *pág 122*
5. **Marcel Deiss** Alsácia *pág 133*
6. **Kreydenweiss** Alsácia *pág 133*
7. **Mas de Daumas Gassac** Sul da França *pág 107*
8. **Romanée-Conti** Côte de Nuits *pág 59*
9. **Château Falfas** Côtes de Bourg *pág 35*
10. **Montus** Madiran *pág 25*

Domaine du Clos Naudin

Touraine / Vouvray

Philippe Foreau descreve a contundência firme e mineral das safras mais antigas de seu Vouvray Chenin Blanc como quase "chablisesca". Sejam secos, meio-secos ou doces ou – em anos excepcionais, quando a botrítis aparece – *moelleux réserve* (1997, 1995, 1990), todos são maduros "ouro puro" e envelhecem por um tempo considerável. Produz também, pelo método tradicional, um pouco de espumantes safrados e não safrados esplêndidos. *14 rue de la Croix Buisée, Vouvray • 02 47 52 71 46* □ *com hora marcada* *branco, espumante* ★ *Vouvray sec, réserve moelleux*

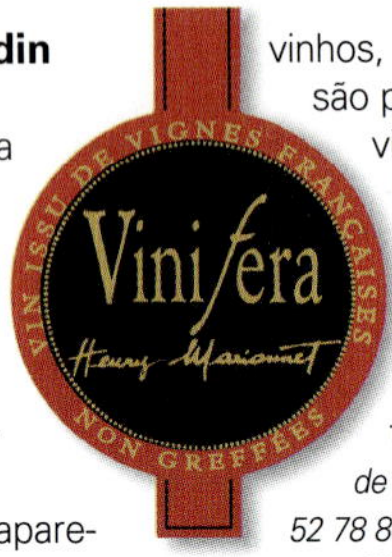

Rótulo do Domaine Henry Marionnet

Domaine Henry Marionnet

Touraine / vin de pays

Marionnet é um pioneiro em sua nativa Touraine: replantou seu vinhedo de 60ha para produzir Sauvignon Blanc em estilo moderno e Gamay frutado. Agora se dedica a fazer reviver variedades esquecidas de uvas, como a Romorantin branca (plantada em 1850) usada em seu Provignage e a Gamay de Bouze, a partir da qual ele produz Les Cépages Oubliés (ambos *vins de pays*). Produz também um vinho chamado Vinifera, a partir de uma Gamay sem enxerto. Os três revelam soberba pureza da fruta *Domaine de la Charmoise, Soings • 02 54 98 70 73 • www.henry-marionnet.com* □ *com hora marcada* *tinto, branco* ★ *Touraine Sauvignon Blanc, Provignage, Vinifera*

Domaine Huet

Touraine / Vouvray

Gaston Huet construiu a reputação de sua propriedade em Vouvray depois da II Guerra Mundial, e seu genro, Noël Pinguet, adotou técnicas de agricultura biodinâmica. Os vinhos, feitos de Chenin Blanc, são produzidos a partir de três vinhedos soberbos: Le Mont, le Haut-Lieu e Les Clos du Bourg; a depender da safra, podem ser secos, meio-secos ou doces. Têm um ótimo potencial de guarda. *11 rue de la Croix Buisée, Vouvray • 02 47 52 78 87 • www. huet-echansonne.com* □ *branco* ★ *Le Mont, Le Haut-Lieu, Le Clos du Bourg*

Domaine Philippe Alliet

Touraine / Chinon

Alliet é discreto e determinado. Com sua mulher, Claude, transformou esta propriedade em modelo para a produção de vinho tinto em Chinon, empregando técnicas das grandes propriedades de Bordeaux, como o amadurecimento em *barriques*. Elabora, com Cabernet Franc: um *cuvée* leve, tradicional, e os mais estruturados e concentrados Vieilles Vignes e Coteau de Noiré. *L'Ouche-Mondé, Cravant-les-Coteaux • 02 47 93 17 62* □ *com hora marcada* *tinto* ★ *Coteau de Noiré, Vieilles Vignes*

Domaine Yannick Amirault

Touraine / Bourgueil

Yannick Amirault é um desses *vignerons* dedicados que ainda podam pessoalmente as videiras de sua propriedade de 18ha. Ele faz vários *cuvées* de uvas Cabernet Franc cultivadas em diferentes solos e de vinhas de idades distintas, todas com uma maravilhosa pureza de fruta. De St-Nicolas-de-Bourgeuil são feitos o Les Graviers e o Les Malgagnes, mais firmes; de Bourgeuil, ele oferece o La Petite Cave e a fina textura dos vinhos Les Quartiers e Le Grand Clos, todos a partir de vinhas de uma idade respeitável. *5 pavillon du Grand Clos, Bourgueil • 02 47 97 78 07* □ *tinto* ★ *St-Nicolas-de-Bourgueil Les Malgagnes, Bourgueil: Les Quartiers, Le Grand Clos*

Château de Tracy

Central Loire / Pouilly-Fumé

O Château de Tracy cultiva vinhas desde 1396, e seus proprietários – a família d'Estutt d'Assay, de origem escocesa – residem ali desde o século 16. Nos últimos dez anos, Henry d'Estutt d'Assay replantou dois terços do vinhedo de 29ha e modernizou ou métodos de cultivo. Produz um único vinho, de uvas Sauvignon Blanc plantadas em solos de calcário e silício, vinificadas e amadurecidas em cubas de aço inoxidável e de concreto. O vinho tem acidez intensa e clássico mineral e fica melhor um ano depois de engarrafado. *58150 Tracy-sur-Loire • 03 86 26 15 12 com hora marcada branco ★ Pouilly-Fumé Château de Tracy*

Domaine Alphonse Mellot

Central Loire / Sancerre

Já existiram 19 Alphonse Mellots na história dessa família, incluindo o atual enólogo e administrador. O *cuvée* Génération XIX, na versão branca (de Sauvignon Blanc) ou tinta (de Pinot Noir), celebra a façanha. Os outros Sauvignon Blancs desta propriedade de 48ha são todos muito bem vinificados. Domaine de la Moussière é o *cuvée* comum, cheio de frescor e frutas cítricas. O intenso Cuvée Edmond é feito a partir de vinhas velhas, como a Génération XIX, e é amadurecido em carvalho; seu equivalente tinto é o melhor Pinot Noir feito em Sancerre. *Domaine de la Moussière, Sancerre • 02 48 54 07 41 • www.mellot. com com hora marcada tinto, branco ★ Domaine de la Moussière, Cuvée Edmond, Génération XIX (tinto)*

Domaine Didier Dagueneau

Central Loire / Pouilly-Fumé

Em contraste com a barba e os cabelos de Didier Dagueneau, que fazem lembrar um leão selvagem, os vinhos que ele faz se revelam muito harmônicos. Todos amadurecem em barris de carvalho, criando a mais fina expressão da Sauvignon Blanc em Pouilly-Fumé. O macio e de maior volume é o En Chailloux; o Buisson Renard é cítrico; o Pur Sang é generoso; e o Silex é mineral e puro. *1-7 rue Ernesto Ché Guevara, St-Andelain • 03 86 39 15 62 com hora marcada branco ★ Buisson Renard, Pur Sang, Silex*

Domaine Henri Bourgeois

Central Loire / Sancerre

Dinâmica propriedade no vilarejo de Chavignol, famosa pelo Sancerre como pelo queijo de cabra (o Crotin de Chavignol). Também tem vinhedos em Pouilly-Fumé, Quincy e até em Marlborough, na Nova Zelândia. Produz uma gama de Sancerres a partir de vinhedos e solos distintos e de vinhas de Sauvignon Blanc de diferentes idades. Um exemplo é o Les Baronnes, um *cuvée* comum, fresco e vivaz. Le MD de Bourgeouis é mais intenso e mineral, enquanto o La Côte des Monts Damnés é longo e complexo. *Chavignol, Sancerre • 02 48 78 53 20 • www.bourgeois-sancerre. com tinto, branco, rosé ★ Le MD de Bourgeois, La Côte des Monts Damnés*

VINCENT GASNIER TOP 10

Grandes Produtores do Loire

1. **Coulée de Serrant** Savennières *pág 120*
2. **Baumard** Coteaux du Layon e Savennières *pág 121*
3. **Clos Rougeard** Saumur-Champigny *pág 120*
4. **Château de Villeneuve** Saumur-Champigny *pág 120*
5. **Château Pierre Bise** Coteaux du Layon *pág 120*
6. **Didier Dagueneau** Pouilly-Fumé *esquerda*
7. **Alphonse Mellot** Sancerre *esquerda*
8. **Huet** Vouvray *pág oposta*
9. **Yannick Amirault** Bourgueil *pág oposta*
10. **Henry Marrionet** Touraine *pág oposta*

CHAMPAGNE

Introdução
126-127

Mapa Vinícola
de Champagne
128-129

Grandes Produtores
de Champagne
130-132

Vinhos da Alsácia
133

CHAMPAGNE

O CHAMPANHE, EM SUA MAIS FORMA MAIS GLORIOSA, *é ímpar. Oferece todos os elementos de um verdadeiro espumante: frescor e vivacidade, aromas complexos e uma riqueza que, na boca, é equilibrada por elegante acidez. Embora muitas regiões produzam bons espumantes, em Champagne estão as marcas mais conhecidas. Com cerca de 300 milhões de garrafas produzidas por ano, é o padrão ao qual se comparam todos os outros espumantes.*

Legenda

Champagne

Champanhe é a região vinícola mais setentrional da França. O clima frio e o amadurecimento lento das uvas contribuem para garantir sua elevada acidez. Mas a complexidade única da região é o resultado de uma combinação mágica de clima, solo calcário e três séculos de esforço humano.

Originalmente, Champagne era uma área de produção de tintos. Eram feitos no outono e descansavam ao longo do inverno, quando o frio interrompia a sua fermentação. Na primavera, os vinhos esquentavam, recomeçando o processo de fermentação na garrafa – o que resultava em uma leve efervescência. Esses vinhos jovens e frisantes tornaram-se moda na Inglaterra em meados do século 17. Anos depois, os produtores de Champagne, liderados pelo monge beneditino Don Pérignon (que era o encarregado das adegas da abadia de Hautvillier) descobriu um método de controlar essa fermentação secundária. Nascia a era moderna do champanhe.

Hoje, o champanhe é um corte de, geralmente, três cepas (Pinot Noir, Pinot Meunier e Chardonnay) e também de sábias e calculadas combinações dos bons vinhedos. Além disso, ao contrário do que acontece com qualquer outro dos grandes vinhos, o champanhe costuma ser uma mistura de uvas de safras diferentes. Vinhos feitos com safras de um único ano são produzidos também, mas só nos casos de colheitas de excepcional qualidade.

Como o clima frio abriga alguns microclimas mais quentes, pequenas variações no *terroir* podem afetar a qualidade das uvas. Por isso, os vinhedos são classificados segundo uma escala conhecida como *Échelle des Crus*. Todas as 301 comunas da AOC são classificadas; todos os 17 *grand crus* que produzem têm cotação equivalente a 100%, e há 43 *premier crus* com cotações entre 90 e 99%.

Em toda a AOC há pouco mais de 12 mil ha de Pinot Noir, quase 11 mil ha de Pinot Meunier e pouco menos de 9 mil ha de Chardonnay. Só 12,5% dos vinhedos, aproximadamente, pertencem aos 264 *négociants*, entre os quais estão as grandes casas que são sinônimos de champanhe em todo o mundo. Eles compram as uvas dos produtores de toda a AOC. A *assemblage* (corte) dos vinhos para que se mantenha o estilo específico de cada casa é um processo complexo, e os maiores produtores usam até cem diferentes *crus* (é o caso da Moët, com seu o Brut Impérial) para chegar ao sabor desejado. Nenhuma casa produz todas as suas uvas; a Bollinger e a Louis Roederer produ-

Págs 124-5 **Château de Saran, da Moët & Chandon, em Côte des Blancs**

Vinhedo da Möet & Chandon coberto de neve em Côte des Blancs

zem cerca de 75% de suas necessidades e são, nesse sentido, raras. Alguns *négociants* compram todas as uvas que utilizam e não têm nenhuma produção própria.

Áreas de Champagne

A AOC de Champagne se divide em cinco principais áreas de produção, cada uma associada a um dos três principais tipos de uvas. Mais parecida com platô do que com uma montanha, a **Montagne de Reims** é mais conhecida por sua produção de Pinot Noir (41%), e a reputação das famosas comunas de *grand cru* de Mailly, Verzenay, Verzy, Ambonnay e Bouzy se deve à qualidade da cepa. As diferenças de microclima, aspecto e topografia resultam em grande quantidade de estilos. Os tipos de solo também podem variar, embora todos os *grand crus* estejam no mesmo berço de calcário que torna Champagne famosa.

No **Vale do Marne**, a maioria dos vinhedos é de Pinot Meunier (63%), que, por causa de sua floração tardia e amadurecimento precoce, se adapta melhor à região. Menos elegante do que a Pinot Noir e a Chardonnay, a Meunier é a base da composição da bebida. Sendo frutada, com amadurecimento precoce, ajuda a amaciar os vinhos sem indicação de safra, tornando-os mais agradáveis quando jovens.

Côte des Blancs, no sul de Épernay, é assim chamada por se dedicar ao cultivo de uvas brancas (97% de Chardonnay). Uvas dos cinco *grands crus* (Cramant, Avize, Oger, Le Mesnil-sur-Oger e Chouilly) são as mais procuradas e obtêm os preços mais altos. Dão frescor e elegância a qualquer corte e, quando usadas sem corte (como nos vinhos da Salon), conseguem produzir bebidas de grande intensidade e longevidade. Em **Côte de Sézanne**, também se planta mais Chardonnay (62%). Seus vinhos tendem a ser mais fáceis e frutados do que os produzidos em Côte des Blancs. A área mais ao sul, **Côte des Bar**, é uma fonte importante de Pinot Noir amadurecida, vigorosa e plena de sabor. *Calcário* *Pinot Noir, Pinot Meunier* *Chardonnay* *espumante*

VINCENT GASNIER TOP 10

Grandes Produtores de Champagne

1. **Champagne Deutz** *pág 132*
2. **Louis Roederer** *pág 132*
3. **Champagne Philipponnat** *pág 132*
4. **Champagne Salon** *pág 130*
5. **Pol Roger** *pág 132*
6. **Ruinart** *pág 132*
7. **Laurent-Perrier** *pág 131*
8. **Veuve Clicquot Ponsardin** *pág 131*
9. **Champagne Taittinger** *pág 131*
10. **Krug** *pág 131*

Em 1728, com a aprovação da lei que autorizou o transporte do vinho em garrafas, e não em barris, a região conseguiu ampliar seus mercados

Mapa Vinícola de Champagne

A AOC Champagne abrange uma área total de 32 mil ha de vinhedos. Estende-se por 150km de norte a sul, por 115km de leste a oeste e é constituída de cinco distintas regiões de produção de uvas. Épernay fica no coração das três maiores e mais afamadas regiões: Montagne de Reims, Vale do Marne e Côte des Blancs. Seguindo em direção ao sul a partir de Côte des Blancs está a menos conhecida Côte de Sézanne; no extremo sul da região, a cerca de 100km de Épernay, encontra-se Côte des Bar.

GRANDES PRODUTORES DE CHAMPAGNE

Champagne Bollinger *pág 130*
Champagne Charles Heidsieck *pág 130*
Champagne Lanson *pág 130*
Champagne Perrier Jouët *pág 130*
Champagne Salon *pág 130*
Champagne Taittinger *pág 131*
Champagne Veuve Clicquot Ponsardin *pág 131*
Krug *pág 131*
Laurent-Perrier *pág 131*
Louis Roederer *pág 132*
Moët & Chandon *pág 132*
Pol Roger *pág 132*
Ruinart *pág 132*

Champagne: o Método Tradicional

O método tradicional (méthode traditionnelle) *de produção de vinhos espumantes foi desenvolvido de forma pioneira em Champagne ao longo de muitos séculos. Embora seja caro e envolva muita mão-de-obra, é usado em todo o mundo, embora a designação "champanhe", só possa ser aplicada aos espumantes produzidos nesta região.*

Uvas A acidez é muito importante para os espumantes, por isso as uvas devem ser colhidas mais cedo do que o usual. Se forem tintas, a colheita manual é essencial para evitar dano aos bagos e não contaminar seu suco transparente.

Prensagem Precisa ser suave para evitar sabores grosseiros e tânicos.

Primeira fermentação As uvas ou seu mosto são fermentados em tanques de aço (em alguns casos, em velhos tonéis de carvalho) para produzir um vinho branco ácido com moderado teor alcoólico.

***Assemblage* ou corte** É quando se mesclam vários tipos de vinhos, seja para obter um estilo com tipicidade, seja para criar um vinho superior a cada uma de suas partes combinadas.

Segunda fermentação Os vinhos combinados são engarrafados com uma mistura de vinho, açúcar e leveduras conhecida como *liqueur de tirage*. Assim, tem início a segunda fermentação, que ocorre dentro da garrafa e converterá o açúcar em álcool e produzirá o dióxido de carbono – a *perlage*. Uma tampa metálica sela a garrafa.

***Remuage* das garrafas nas adegas de Perrier Jouët**

Maturação Durante a espumatização, as leveduras ou borras interagem com o vinho criando sabores de pão.

Remoção dos sedimentos A garrafa é girada gradual e manualmente de seis a oito semanas, para que os sedimentos se concentrem no gargalo – etapa conhecida como *remuage*. O gargalo então é congelado, a garrafa é colocada de pé e a tampa metálica é, enfim, removida. O sedimento congelado é expelido sob pressão (o *dégorgement*, ou degola).

***Dosage* e rolhagem** *Dosage* é a pequena quantidade de vinho que compensa a quantidade perdida durante a degola. O líquido usado para preencher a garrafa – chamado de *liqueur d'expédition* – contém uma mistura de vinho reserva e açúcar. A quantidade de açúcar depende do estilo desejado. Com forte pressão, coloca-se a rolha, envolta em uma gaiola de arame para reforçar o lacre.

Em Champagne, leis bastante rigorosas determinam a quantidade máxima de suco que pode ser extraída de cada cacho de uvas

Informações Regionais Básicas

Latitude 49-49,5°N. A localização no extremo norte do cinturão vinícola significa que, para atingir o amadurecimento das uvas, o ciclo deve ser extendido ao máximo.

Altitude 60-360m.

Topografia Uma planície com suaves ondulações, bastante exposta ao vento e cortada por rios que seguem do leste para o oeste. Os vinhedos se acomodam em encostas das colinas e nos declives mais suaves dos vales dos rios, que oferecem proteção contra o vento que sopra do oeste.

Solo Subsolo poroso de calcário oferece boa drenagem para a água das chuvas. O calcário corta superfícies finas em alguns lugares, refletindo a luz do sol nas vinhas.

Clima Frio. A AOC é exposta a tormentas e ventos vindos do Canal da Mancha.

Temperatura A média em julho alcança 18,5°C em Reims e 19,5° em Épernay.

Chuvas 600mm em Reims e 670mm em Épernay

Problemas para a viticultura Geadas na primavera – em 2003, as temperaturas negativas contribuiram para a perda de mais da metade da colheita.

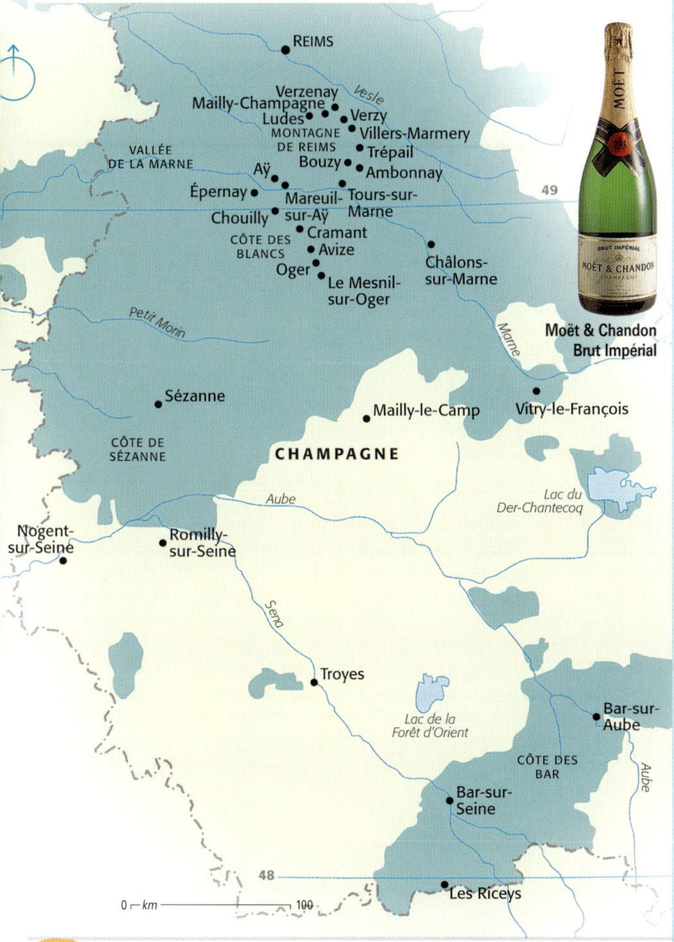

Moët & Chandon Brut Impérial

Vinhedos e château em Champagne

Grandes Produtores de Champagne

Champagne Bollinger

Com sede em Aÿ, é dirigida pela família Bollinger e tem 143ha responsáveis por 70% das uvas que utiliza. São o ponto de partida para os altos padrões de sua produção de vinhos complexos que têm a Pinot Noir como base e são capazes de evoluir com graça. A Bollinger RD (iniciais de *récentement dégorgé*) é um champanhe *vintage* de extraordinária qualidade que amadureceu por longo tempo em contato com suas leveduras e passa pelo *degorgement* imediatamente antes de seu lançamento, o que preserva seu frescor. Produz o Grande Anée, que deve ser envelhecido em casa, e o Vielles Vignes Françaises Blanc de Noirs, feito a partir de três pequenas parcelas de vinhedos pré-filoxera. Muito semelhante aos champanhes de um único vinhedo. ⦸ *18 blvd du Maréchal de Lattre de Tassigny, Aÿ • 03 26 53 33 66 • www.champagne-bollinger.fr* ★ *Grand Année: branco, rosé*

Champagne Charles Heidsieck

A maioria dos produtores gosta de ser julgada pela qualidade de seu *brut* sem indicação de safra, o que justifica a reputação da casa. O Mis en Cave não safrado costuma se destacar em degustações, assim como o Chardonnay Blancs des Millénaires, feito 100% de Chardonnay. É interessante verificar se sua qualidade foi mantida depois da morte do inspirado viticultor Daniel Thibault, em 2002. ⦸ *4 blvd Henry Vasnier, Reims • 03 26 84 43 50 • www.charlesheidsieck.com* ★ *Mis en Cave, Blancs des Millénaires*

Champagne Lanson

O Black Label da Lanson é o único champanhe popular sem indicação de safra que não passa por fermentação maloláctica (que torna os vinhos mais palatáveis quando jovens) e, por isso, pode parecer ácido. Mas basta dar à garrafa um par de anos para descobrir como a bebida é bem-feita. O Vintage Lanson pode ser excepcional (como, por exemplo, em 1995, 1989, 1988 e 1976), e os dois *cuvées de prestige* da marca – o Blanc des Blancs safrado e o Noble Cuvée – são vinhos realmente elegantes. ⦸ *12 blvd Lundy, Reims • 03 26 78 50 50 • www.lanson.fr* ★ *Blanc de Blancs, Noble Cuvée*

Champagne Perrier Jouët

A sorte de Perrier Jouët mudou sob a administração da nova proprietária, a Allied Domecq, e a prova é a significativa melhoria de seu Grand Brut sem safra definida. Desde que o enólogo Hervé Deschamps assumiu a casa, em 1993, os vinhos safrados também floresceram. O *cuvée de prestige* Belle Époque, feito nos estilos branco e *rosé* e apresentado em uma garrafa com famosos motivos Art Nouveau florais, não chamou grande atenção, exceto pelas decepções de 1989 e 1990. ⦸ *26 ave de Champagne, Epernay • 03 26 53 38 00 • www.perrier-jouet.com* ★ *Belle Époquee*

Champagne Salon

Considerado inigualável por muitos, o Salon é feito exclusivamente com o *grand cru* Le Mesnil-sur-Oger, em Côte des Blancs, e em sua compo-

Os *cuvées de prestige* são vinhos de melhor qualidade (às vezes, de uma única safra) das uvas mais finas uvas, amadurecendo por longos períodos

sição leva apenas Chardonnay. Um vinho safrado, produzido apenas em colheitas memoráveis e com produção nunca superior a 10 mil caixas em qualquer ano, costuma ser envelhecido por pelo menos uma década antes de ser lançado – e, ainda assim, mantém sua qualidade extremamente refrescante. É um vinho que não desenvolve toda a sua complexidade antes de um par de décadas – ou mais. ✆ *Le Mesnil-sur-Oger • 03 26 57 51 65* ★ *Salon*

Champagne Taittinger
É uma das grandes casas ainda dirigidas por uma família, proprietária de bons vinhedos em Côtes des Blancs. São muito bem utilizados na produção do Comtes de Champagne, seu *cuvée de prestige* Blanc de Blancs, que ganha riqueza e complexidade com o tempo. Numa manobra inteligente, a Taittinger está se concentrando neste vinho, que também tem uma versão *rosé*, e já não produz mais a sobretaxada Vintage Collection. ✆ *9 place Saint-Nicaise, Reims • 03 26 85 45 35 • www.taittinger.fr* ★ *Cuvée Comtes de Champagne (branco)*

Champagne Veuve Clicquot Ponsardin
O sucesso fez mal ao segundo maior produtor de *brut* não safrado depois da Möet. O aumento da produção impôs sacrifícios à qualidade e ao estilo, e os encorpados ficaram mais jovens e mais leves. Mas os vinhos safrados à base de Pinot Noir, feitos em versões tintas e brancas que envelhecem particularmente bem, mantêm sua alta qualidade. O *cuvée de prestige* La Grand Dame é ótimo e caro. ✆ *13 rue Albert Thomas, Reims • 03 26 89 53 90 • www.veuve-clicquot.fr* ★ *vinhos vintage, La Grand Dame*

Krug
Fundada em 1843, hoje pertence ao grupo LVMH, também proprietário da Don Pérignon e da Ruinart. O Grande Cuvée é safrado e amadurecido por pelo menos seis anos antes do lançamento. Os superiores envelhecem por mais tempo, mas, para apreciar plenamente um Krug safrado, ele deverá ser armazenado em adega por muitos anos mais, talvez uma década, depois de seu lançamento no mercado. Em uma degustação realizada em 2002 para celebrar a aposentadoria de Henri Krug, quase todos os lançamentos dos quais ele participou (de 1962 a 1988) foram abertos, e o vinho da safra de 1981 foi o mais jovem a se aproximar de seu ápice. ✆ *5 rue Coquebert, Reims • 03 26 84 44 20 • www.krug.com* ★ *Grande Cuvée, vintage Krug*

Laurent-Perrier
Fabrica dois dos melhores vinhos da AOC: os *cuvées de prestige* Grande Siècle e Salon de Laurent-Perrier. É mais conhecida por seus *rosés* não safrados, mas seu *brut* leve não safrado também merece atenção. Os *cuvées* Grande Siècle são exemplos exatos de como deveria ser um champanhe. ✆ *Ave de Champagne, Tours-sur-Marne • 03 26 58 91 22 • www.laurent-perrier.fr* ★ *Grande Siècle, NV Brut*

Estilos de Champanhe

A doçura do champanhe depende da quantidade de açúcar adicionada na fase de *dosage*. Pode ir do *extra brut* (muito seco) e do *brut* (seco) até as variedades *demi-sec* (meio-doce) e *doux* (doce).

Sem safra (NV, *non-vintage*) feito a partir da *assemblage* de uvas de anos distintos amadurecidas por pelo menos 15 meses com as borras.

Safrado *(vintage champagne)* deve ser proveniente de uma única safra e exige no mínimo três anos de amadurecimento.

Blanc de blancs é o tradicional, feito exclusivamente com uvas brancas (quase sempre Chardonnay).

Blanc de noirs composto só de uvas tintas. Tende a ser mais frutado que os champanhes tradicionais.

As melhores safras recentes da região de Champagne foram as de 1985, 1989, 1990, 1996, 1997, 1998, 2000 e 2002

Louis Roederer

Produz vinhos elegantes, sutis, complexos e longevos – um grande conjunto de vinhedos *grands crus* de alta qualidade é a base deste portfólio fascinante. A deliciosa Brut Premier sem safra faz a maioria dos champanhes de sua categoria passar vergonha, e o grande vinho de Roederer, o Cristal, é um dos ícones do champanhe. O Blanc des Blancs safrado é graciosamente elegante, uma estrela menos badalada ideal para quem não pode pagar pela Cristal. ✆ *21 blvd Lundy, Reims • 03 26 40 42 11 • www.champagne-roederer.com* ★ *NV Brut Premier, vintage Blanc des Blancs*

Moët & Chandon

A marca mais famosa da casa é a Möet & Chandon Brut Impérial. A manutenção da sua qualidade é louvável, já que são produzidos mais de 16 milhões de caixas por ano. O recém-apresentado *rosé* não safrado é bom o suficiente para rivalizar com o de Laurent-Perrier, e seus vinhos safrados têm classe e o potencial de evolução benéfica. A Don Pérignon da Moët continua a se distinguir nas mãos do produtor Richard Geoffroy – mas a maior parte dessa produção é consumida antes de atingir o seu ápice de qualidade, raramente alcançado com menos de 15 anos maturando. ✆ *18 ave de Champagne, Epernay • 03 26 51 20 20 • www.moet.com* ★ *Dom Pérignon, NV rosé*

Pol Roger

Depois de um período de investimentos em sua vinícola, Roger está de volta e no auge. Seus vinhos safrados, elegantes e longevos, são muito procurados e têm bons preços. Mas precisam de tempo para atingir seu potencial pleno – por isso, quem já bebeu uma garrafa da safra de 1988 desperdiçou a chance de experimentar uma maravilha no futuro. No estilo *prestige*, o safrado Sir Winston Churchill Cuvée é supremo. A contratação de Dominique Petit, enóloga da Krug, deve manter o nível da produção. ✆ *1 rue Henri Lelarge, Epernay • 03 26 59 58 00 • www.polroger.co.uk* ★ *Sir Winston Churchill Cuvée, vários cuvées vintage*

Ruinart

É a mais antiga casa de Champagne, fundada em 1729. É a única das casas da LVMH especializada nos estilos Chardonnay e *blanc des blancs*. Lançou um *blanc des blancs* sem safra e um vinho multissafrado de altíssima qualidade (L'Exclusive), fabricando, agora, três vinhos desse tipo. Mas é o safrado Dom Ruinart Blanc des Blancs – uma combinação de *grands crus* de Côte des Blancs com Chardonnay das melhores comunas de Montagne de Reims – que mantém a reputação da casa. ✆ *4 rue des Crayères, Reims • 03 26 77 51 51 • www.ruinart.com* ★ *vintage Dom Ruinart Blanc de Blancs*

Outros Bons Produtores de Champanhe

Billecart-Salmon *40 rue Carnot, Mareuil-sur Äy • 03 26 52 60 22 • www.champagne.billecart.fr*

Champagne Alfred Gratien *30 rue Maurice-Cervaux, Épernay • 03 26 54 38 20 • www.alfredgratien.com*

Champagne Deutz *16 rue Jeanson, Äy • 03 26 56 94 00 • www.champagne-deutz.com*

Champagne Drappier *11 rue Goiot, Reims • 03 25 27 40 15 • www.champagne-drappier.com*

Champagne Henriot *3 place des Droits de l'Homme, Reims • 03 26 89 53 00 • www.champagne-henriot.fr*

Champagne Jacquart (cooperativa) *16 rue de Mars, Reims • 03 26 07 88 40 • www.jacquart-champagne.fr*

Champagne Philipponnat *13 rue du Pont, Mareuil-sur Äy • 03 26 56 93 00 • www.champagnephilipponnat.com*

Union Champagne (cooperativa) *7 rue Pasteur, Avize • 03 26 57 94 22 • www.de-saint-gall.com*

Vinhos da Alsácia

Legenda

Alsácia

Na divisa com a Alemanha, a Alsácia ocupa posição muito distinta das demais regiões vinícolas da França. As faixas de vinhedos que acompanham os sopés pedregosos da cadeia de montanhas dos Vosges produzem vinhos versáteis, frutados e encorpados que, de maneira pouco usual na França, tiram seus nomes das cepas de uvas locais.

Uma Região Disputada

Quatro séculos de disputas territoriais entre a França e a Alemanha – incluindo a anexação alemã depois da Guerra Franco-Prussiana (1871) e a recuperação da região pela França ao fim da I Guerra Mundial (1918) – deixaram suas marcas na identidade dos vinhos da região. Os vinhedos estão voltados para a Alemanha, a menos de 30km de distância da fronteira, e, embora a Alsácia esteja sob firme controle francês desde 1945, as influências alemãs são evidentes por toda a região, dos nomes das aldeias às cepas das uvas. Mas seus vinhos potentes e concentrados formam uma categoria à parte. Com bom equilíbrio entre as notas frutadas e a acidez, os vinhos alsacianos são produzidos em estilos secos e doces. A madeira raramente é utilizada na vinificação, e por isso os sabores das uvas são puros; a variedade de microclimas criada pela topografia acidentada acentua a acidez que é fundamental para o vinho.

A maioria da produção alsaciana é de vinhos brancos: Gewürztraminer, Riesling, Muscat Blanc à Petit Grains e Pinot Gris são as cepas tradicionais da região. A Muscat e a Pinot Gris são nativas da França, enquanto as outras duas são rejeitadas pelas regras das demais AOCs do país. A Pinor Noir, a única uva tinta cultivada aqui, representa apenas 9% da produção total.

A bela e famosa Rota do Vinho da Alsácia percorre o coração de dois *départements* – Bas-Rhin e Haut-Rhin –, que, juntos, somam cerca de 15 mil ha de vinhedos. Os mais finos vinhos alsacianos vêm da região central de Haut-Rhin, onde a altitude da cadeia dos Vosges protege as vinhas da chuva e dos ventos que vêm do oeste. *Calcário, arenito, cascalho, e mesclas de argila (Bas-Rhin)* *Pinot Noir* *Riesling, Gewürztraminer, Pinot Gris, Muscat à Petits Grains, Sylvaner* *branco*

VINCENT GASNIER TOP 10

Vinicultores da Alsácia

1. **Marcel Deiss** *15 route du Vin, Bergheim, 03 89 73 63 37*
2. **Maison Trimbach** *www.maison-trimbach.fr*
3. **Dopff au Moulin** *www.dopff-au-moulin.fr*
4. **Marc Kreydenweiss** *www.kreydenweiss.com*
5. **Rolly Gassmann** *1 rue de l'Église, Rorschwihr, 03 89 73 63 28*
6. **Zind Humbrecht** *4 route de Colmar, Turckheim, 03 89 27 02 05*
7. **Weinbach** *www.domaineweinbach.com*
8. **Schlumberger** *www.domaines-schlumberger.com*
9. **Clos St-Landelin** *www.mure.com*
10. **Hugel & Fils** *www.hugel.com*

REFERÊNCIA

Estilos de Vinho 136-137

Degustação do Vinho 138-141

Vinho e Comida 142-144

Compra de Vinhos 145

Armazenamento de Vinhos 146-147

Glossário 148-153

Índice 154-159

Agradecimentos 160

Estilos de Vinho

É evidente que dois vinhos jamais terão o mesmo sabor, mas seus estilos – exceto no caso dos fortificados, como o porto ou o xerez – podem ser classificados nas dez categorias apresentadas abaixo. Exemplos franceses são mencionados como referência para cada estilo.

Vinho Espumante

Os espumantes vão do levíssimo prosecco italiano, passando pelo elegante e metálico champanhe francês, que evolui com o decorrer do tempo e chega até a *perlage*, elegante, vivaz e com sabor de tostado de vinhedos de áreas mais quentes da América, sem falar nos vivos espumantes tintos feitos da Shiraz madura na Austrália. O corte clássico (em particular o champanhe) leva Chardonnay, Pinot Noir e Pinot Meunier que desenvolve os sabores frutados com firmeza e fragrância. Os de primeira linha também ganham complexidade com a segunda fermentação que ocorre na garrafa e com o contato com as leveduras do fim da fermentação. O bom champanhe terá sabores complexos de tostado, nozes, manteiga e biscoito, e a sensação de cócegas provocada por suas borbulhas é importante para equilibrar seu sabor. ★ *Champagne, Crémant de Loire, Crémant de Die, Blanquette de Limoux*

Vinho Branco Vivaz, Seco e Leve

Tem tons pálidos, brancos e até meio esverdeados; no nariz, aromas de maçã verde, grama recém-cortada, pedras úmidas e, às vezes, frutas silvestres. Esses vinhos são leves, com aromas neutros respaldados por uma acidez pronunciada, mas agradável, e uma sensação refrescante e vivaz na boca, com sabores de maçãs, peras e frutas cítricas. As uvas principais são a Pinot Blanc, a Sauvignon Blanc, a Riesling e versões mais leves de Chardonnay. Não são muito fáceis de encontrar no Novo Mundo (exceto nas regiões frias da Nova Zelândia); exemplos clássicos do Velho Mundo incluem o vinho verde de Portugal e o Chablis e o Muscadet da França. O amadurecimento em barris de carvalho não favorece os secos e vivazes. Devem ser refrescantes na boca e são melhores quando jovens. ★ *Chablis, Muscadet Sèvre et Maine*

Vinho Branco Aromático ou Floral, Seco a Meio-doce

Os aromáticos podem ter uma cor intensa, mas é no nariz que realmente causam impacto. Pode-se esperar qualquer coisa entre o mel, o querosene e o feno (Riesling), notas cítricas defumadas (Pinot Gris), pêssego (Viognier) e até o mais puro sabor de uva (Moscatel), além de rosas, lichias e o deleite amendoado da mais aromática de todas, a uva Gewürztraminer. A maioria desses aromas será reforçada na boca por sabores semelhantes, mas os vinhos podem variar de leves e delicados (alemães, gregos) até os mais robustos, potentes e aromáticos (produzidos na Alsácia e na Austrália). Seus aromas intensos podem se harmonizar muito bem com um toque de açúcar, e por isso alguns são produzidos em estilo *off-dry* (semi-seco) ou meio-doce. Nenhum produtor sensato asfixia esse caráter vivaz com o uso de carvalho. ★ *Gewürztraminer (Alsácia)*

Vinho Branco Meio Encorpado, Ácido ou Metálico

Menos exuberantes no nariz e mais marcantes na boca do que os aromáticos, os estilos ácidos/metálicos estão entre as melhores opções para acompanhar a comida. Com aromas mais aveludados e suaves exigem algum tempo para que sejam liberados na taça à medida que o vinho se aquece e amadurece. Sabores firmes de fruta tendem a ficar mais suaves quando o vinho envelhece. Os ácidos têm notas de avelã (Chardonnay), pedras molhadas (Chenin Blanc) e cera de abelha (Sémillon); os metálicos tendem a silício e frutas vermelhas silvestres (Sauvignon Blanc) e lima (Riesling). De modo geral, os vinhos ácidos respondem melhor que os metálicos ao amadurecimento em barris de carvalho, mas não por muito tempo: o poderoso sabor de baunilha do carvalho pode ofuscá-los rapidamente. ★ *Chablis premier e grand cru, Borgonha branco, Bordeaux branco, Sancerre, Pouilly-Fumé, Menetou-Salon, Riesling (Alsácia)*

Vinho Branco Encorpado e de Sabor Complexo

Cheios, exuberantes e dourados da taça, são sedutores em aparência e em sabor, com suave toque amanteigado e aromas de mel, frutas tropicais, pêssego, nectarina e até abacaxi. Sabores igualmente ricos também serão sentidos na boca. Os brancos encorpados freqüentemente têm maior teor alcoólico, mas os melhores possuem um toque de acidez que melhora o seu equilíbrio. Todos se beneficiam da baunilha característica adquirida nos barris de carvalho, mas não devem ser ofuscados por ela. Muitos adquirem maior complexidade com o passar dos anos. Países do Novo Mundo hoje fornecem a maior parte desse estilo de vinho, mas o norte do Rhône, o Languedoc-Roussillon e o centro da Espanha também produzem brancos potentes. ★ *Condrieu Rhône branco*

Vinho *Rosé*

Feito de uvas tintas que são deixadas por pouco tempo em contato com as cascas das frutas, que conferem cor aos vinhos, o *rosé* pode variar do mais pálido rosa-bebê (caso do California Zinfandel) ao vermelho profundo e opaco (da Grenache australiana). Tudo depende de quanto tempo demora a maceração das uvas. Muitos deixam na boca um sabor semelhante ao do vinho branco, mas os aromas de frutas vermelhas e silvestres "denunciam" a uva tinta. Os mais leves, em geral dos países do Velho Mundo (Vale do Loire e Provença na França, Navarra na Espanha), são delicados, refrescantes e ácidos, com um toque de frutas vermelhas. Os mais encorpados – do Vale do Rhône e da Austrália – têm sabores mais ricos e profundos, com um toque de tanino que os aproxima dos tintos. ★ *Tavel, Lirac, Anjou rosé*

Vinho Tinto Fresco, Frutado e Taninos Baixos

Tem o estilo mais simples, fresco e suculento possível. Deve ser consumido logo, para que seja apreciado plenamente, com seus aromas puros e essenciais de framboesas, maçãs vermelhas e cerejas, que também enchem a boca. Não há taninos fortes que interfiram na suavidade acetinada do vinho, de sutil acidez. Os tintos frescos e frutados são produzidos tanto no Velho quanto no Novo Mundo, de cepas naturalmente pobres em tanino, como a Gamay, a Grenache e a Barbera. Em países mais quentes, onde as uvas amadurecem ao sol, os taninos muitas vezes são subjugados por sabores frutados mais intensos; nesse caso, uvas robustas como a Merlot podem substituir o tanino por sabores de ameixa. O principal atrativo destes vinhos é o seu frescor frutado, e por isso eles são melhores quando não amadurecem em barris de carvalho. ★ *Beaujolais, Chinon, Saumur-Champigny*

Vinho Tinto Semi-Encorpado a Encorpado

Esta categoria inclui os vinhos tintos mais famosos do mundo, e os primeiros aspectos a se considerar são seu corpo e estrutura. Nos vinhos meio-encorpados e encorpados do Velho Mundo, tais como os Borgonha, Bordeaux e Barolo, os aromas e os sabores podem não se expressar plenamente a princípio; mas, com um ou dois anos de idade, abrem-se para revelar aromas silvestres muito sutis, por exemplo de amora, ameixa e violeta. Esses tintos também evoluem de maneira similar na boca: os taninos jovens e duros se suavizam e, à medida que o vinho envelhece, sua gama de sabores de frutas evoluirá para incluir mirtilo, especiarias, trufas e notas de baunilha. Estes vinhos semi-encorpados e encorpados combinam com carnes vermelhas e carne de caça. ★ *Borgonha, Bordeaux, Châteauneuf-du-Pape, Côtes du Rhône Villages*

Vinho Tinto Cheio, Potente, com Especiarias

São os que mais enchem a boca. Uvas como a Cabernet Sauvignon (cassis), Shiraz (ameixa e especiarias) e Zinfandel (couro e morangos) dominam a categoria. São ricos, de cor profunda na taça, aromas intensos de frutas escuras e, na boca, a suavidade densa e aveludada da fruta. Em geral, são elaborados de uvas resistentes, que sobrevivem ao calor nos vinhedos do Novo Mundo ou no norte do Rhône. Muitos podem evoluir na adega, mas o seu frutado maduro intenso torna-os excelentes ainda jovens. Precisam de carvalho para equilibrar seus potentes sabores de frutas. ★ *Côte Rôtie, Hermitage*

Vinho Doce ou de Sobremesa

Podem variar das versões frutadas, leves e delicadas feitas de uva Moscatel até os verdadeiramente licorosos produzidos na Austrália (também com Moscatel), que exibem toda a luz do sol de suas origens. Os primeiros são leves, e os segundos são vinhos de sobremesa, concentrados demais para acompanhar uma refeição. Entre os dois extremos existe uma grande variedade de vinhos doces com ricos aromas amanteigados e de mel – o mais elegante é o Sauternes. Todos devem exibir uma acidez vivaz, mas agradável, para equilibrar a doçura da fruta; caso contrário, serão vinhos enjoativos. As vinhas da cepa Riesling, especialmente as cultivadas na Alsácia, estão entre as mais vivazes; mas a cepa Tokai, da Hungria, possui a mais cítrica e persistente doçura de todas. ★ *Vendange Tardive (Alsácia), Sauternes, Barsac, Monbazillac, Vouvray*

Para detalhes práticos sobre degustação de vinhos e um glossário de termos usados para descrever vinhos **págs. 138-41**

Degustação do Vinho

O vinho pode ser consumido como qualquer outra bebida, mas degustá-lo, no entanto, exige uma abordagem mais metódica e reflexiva. As anotações a seguir servirão para ajudar a maximizar os prazeres que se extraem de cada taça.

A Preparação

O melhor é degustar o vinho em um ambiente com iluminação natural e sem cheiros, que permita a apreciação de suas verdadeiras cores e impeça a interferência de outros aromas nos sentidos. Evite perfumes, hortelã e fumo. Os fatores mais importantes para a degustação do vinho são o formato e o tamanho do copo: eles podem ter grande impacto sobre o sabor da bebida *(pág 146)*.

O Visual

Observar atentamente o vinho pode fornecer pistas valiosas sobre seu caráter. Considere a cor e verifique se o vinho é límpido – a opacidade pode ser indicação de defeitos. No caso dos tintos, incline a taça em direção oposta à sua contra um fundo branco e inspecione a borda do líquido para ver sua cor real. À medida que o tinto envelhece, a cor muda dos roxos brilhantes para os castanhos e, mais tarde, para marrons. Por isso, se parecer marrom, pode ter passado do ponto (embora essa cor seja normal no porto e no xerez). Um colorido dourado intenso nos brancos pode indicar amadurecimento em carvalho, ou também que se trata de um vinho doce ou de fruta particularmente madura.

O Espectro Olfativo

Cheirar o vinho aprofunda o prazer e os conhecimentos. Primeiro, aspire delicadamente o vinho. Atente à sua primeira impressão, pois, em geral, é a mais reveladora. Segurando a taça pela haste ou base, faça o vinho girar para ajudar a liberar seus aromas e aspire novamente. Preste atenção nos aromas de frutas que sentir. Se sugerirem uma gama de sabores, trata-se de uma indicação de qualidade. O aroma de frutas sugere aromas mais maduros e evoluídos, como cogumelo, couro ou querosene? Algum é dominante? Para saber mais sobre os aromas, ver *págs 140-1*.

O Sabor Gustativo

Essa parte é apenas a confirmação do que percebemos no nariz. Tome um pequeno gole e mantenha o vinho em contato com a boca e a língua por algum tempo. Você pode realçar os sabores franzindo os lábios e aspirando uma pequena quantidade de ar pela boca. Isso exige prática, mas é algo que os degustadores profissionais fazem, já que a presença do oxigênio realça os sabores experimentados. Se provar vários vinhos em uma única sessão, o melhor é cuspir cada vinho depois de avaliar os sabores e neutralizar a boca com um biscoito ou um gole de água. Outras dicas interessantes incluem:

- Note a doçura do vinho, que se percebe na ponta da língua. É seco, médio ou doce?
- Considere a acidez (os elementos que mantêm o frescor do vinho), que é sentida nos lados da língua. Está em equilíbrio com os demais sabores?
- Qual o peso do vinho em sua boca? Parece leve, médio ou encorpado?
- Avalie no vinho o tipo de frutado. É puro e frutado (como os vinhos jovens) ou maduro e complexo (como um exemplar mais velho)?
- No caso dos vinhos tintos, considere os taninos – aqueles elementos secos, adstringentes, que persistem nas gengivas. Eles são duros e ásperos ou equilibrados com o vinho?

O Final

Considere quanto tempo o sabor permanece na boca depois de engolido ou expelido. Isso é o conhecido por "final". Em geral, quanto mais persistente for o sabor, melhor será a qualidade do vinho.

Notas de Degustação

É quase impossível expressar com palavras todas as complexidades e sutilezas de um vinho. Quando se trata de identificar aromas e sabores, os degustadores usam um jargão com palavras de todas as áreas possíveis, incluindo frutas, flores, especiarias, nozes e tipos de madeira. Há alguns elementos gustativos em certos vinhos: os aromas de baunilha, por exemplo, provêm da vanilina encontrada nos barris de carvalho novo. Mas outros não passam de impressões que os vinhos evocam ou sugerem ao degustador. Os sentidos do olfato e do paladar naturalmente variam de pessoa para pessoa. Todos temos nosso "banco particular de sabores" na memória.

Termos Descritivos

É muito grande o número de palavras e frases utilizadas para qualificar o caráter e o estilo de um vinho. As definições não são rígidas, e há sempre uma boa margem para sobreposição dos diversos termos.

Leia mais sobre as cepas francesas na **pág 13**

Ácido Todos os vinhos precisam de acidez para manter o equilíbrio, mas seu excesso é um defeito. A acidez é detectada nas laterais da língua.
Amadeirado Normalmente, um termo negativo que descreve um vinho cujo sabor de madeira se sobrepõe a todos os outros. Se for jovem e de boa qualidade, pode ter essa característica amenizada com alguns anos de guarda. Os sabores de carvalho podem ser desejáveis, mas só se equilibrados pelos de fruta.
Amargor Termo negativo utilizado para descrever um vinho com excesso de taninos duros e que deixa um sabor amargo na boca, detectado na parte posterior da língua. Mas, em alguns vinhos tintos um certo amargor é uma característica desejável.
Aromático Vinho com aromas muito intensos, que normalmente escapam da garrafa. Entre as variedades aromáticas de uvas estão a Sauvignon Blanc, a Riesling, a Gewürztraminer e a Moscatel.
Austero Vinho pobre em aromas de frutas e que exibe taninos duros e amargos e/ou alta acidez.
Blockbuster É usado para descrever vinhos "bombas", com grandes quantidades de fruta, álcool, taninos e notas de carvalho.
Carnudo Vinho cuja textura se sente quase sólida na boca, graças a altas proporções de frutas e extratos.
Chato Termo negativo utilizado para um vinho que tem baixa acidez e é, portanto, desequilibrado. Pode ter gosto meio enjoativo.
Cheio Vinho encorpado que deixa forte impressão nos sentidos e normalmente contém altos índices de fruta, taninos e/ou álcool. O termo também é usado para descrever um vinho cheio de sabor.
Complexo Vinho com muitas camadas de aromas e sabores – muita fruta diferente e, além disso, toques de especiarias e baunilha. A complexidade é um dos elementos que separam um vinho mediano de um vinho bom ou excelente. Os vinhos mais complexos geralmente passam por um período de envelhecimento, o que permite a evolução de mais sabores.
Concentração Sabor intenso normalmente encontrado em vinhos com alto grau de tanino, açúcar e outros elementos que lhe conferem cor e sabor.
Corpo O peso ou impressão que o vinho deixa na boca em função do álcool e dos extratos. Uma boa maneira de saber se um vinho é leve, meio-encorpado ou encorpado é comparar a impressão que ele deixa na boca com a água.
De guarda Aplicado aos vinhos que se beneficiam de maior tempo de envelhecimento em garrafas. Exemplos típicos são os jovens com taninos potentes ou com boa acidez, ou alguns vinhos brancos.
Doce Vinho com pronunciados níveis de açúcar, sentidos na ponta da língua. A expressão "sabores frutados doces" pode ser utilizada para descrever um estilo de vinho extremamente maduro.
Elegante Termo subjetivo usado para descrever um vinho de boa qualidade, sutil e equilibrado, que não é excessivamente frutado e se bebe com grande prazer.
Encorpado Normalmente se refere a um vinho tinto encorpado, tânico, difícil de beber. Costuma indicar que o vinho deve passar mais tempo na garrafa.
Equilibrado Vinho em que todos os componentes (principalmente acidez, álcool, frutas, taninos, açúcar e extratos) estão em harmonia, sem predominância de nenhum elemento.
Estruturado Normalmente se refere aos taninos de um vinho tinto, que dão estrutura aos outros elementos. No caso de um vinho "bem estruturado", os taninos são perceptíveis, mas equilibrados. Termo algumas vezes usado para se referir à acidez de vinhos brancos; nesse caso, por exemplo, pode-se afirmar que um vinho branco tem "boa estrutura acídica".
Evoluído Pronto para beber. Geralmente usado para vinhos de qualidade que devem envelhecer na garrafa. Supermaduro é um eufemismo para vinhos que passaram do ponto.
Extratos Todas as matérias sólidas de um vinho, tais como os taninos, açúcares e componentes que lhe dão cor e sabor. O extrato dá corpo ao vinho.
Fácil de beber Vinho relativamente simples, que pode ser desfrutado sem grande cerimônia. É frutado. Se tinto, terá pouco tanino.
Finesse Qualidade de um vinho que exibe elegância.
Franco Sem defeitos em termos de aroma e sabor.
Fresco Equivale a vivaz, com acidez pronunciada, mas atraente e refrescante. Normalmente designa vinhos brancos jovens.
Frutado Com sabores de fruta variados e atraentes.
Grosseiro Vinho bruto, sem sutilezas.
Ligeiro Termo usado para descrever um estilo de vinho fácil de beber, com sabores frutados.
Macio Vinho tinto com taninos suaves.
Maduro Vinho feito de uvas maduras e que exibe sabores de frutas suculentas (como abacaxi e não maçã) e de climas mais quentes. O vinho maduro também pode sugerir certo grau de doçura, mesmo que não contenha açúcar.

Potente Vinho "grande", com altos teores de álcool e/ou extrato. O termo pode ser usado em sentido positivo ou negativo.
Quente Vinho com excesso de álcool que deixa um final "quente". Pode ser usado para descrever tintos encorpados e condimentados.
Rico ou concentrado, o que implica sabores complexos e intensos na boca. Também pode descrever um vinho levemente doce.
Seco Sem açúcar ou doçura evidentes. Sabores de frutas muito maduras ou de carvalho novo podem às vezes transmitir a sensação de doçura, mas o vinho pode, ainda assim, ser considerado seco. O termo *dried-out* (ressecado ou velho) se aplica aos tintos que passaram tempo demais em tonel ou garrafa e perderam o sabor de fruta.
Simples Vinho sem complexidade, com sabor unidimensional. Se for um vinho caro, trata-se de um defeito, mas não é um problema no caso dos vinhos de consumo diário.
Sutil Normalmente associado a finesse ou refinamento; significa que o vinho contém diferentes nuances e sabores. Também pode ser um eufemismo para um vinho sem sabor frutado.
Tânico Vinho com excesso de taninos – os componentes adstringentes que vêm das cascas, sementes e engaços das uvas. Alguns vinhos tânicos simplesmente precisam de mais tempo de envelhecimento na garrafa. Os taninos não são necessariamente uma coisa ruim; só precisam ser equilibrados com os sabores de frutas.
Vivaz Tem acidez pronunciada, mas agradável e refrescante. Termo geralmente usado para descrever vinhos brancos com sabor fresco e limpo.

Aromas e Sabores

É evidente que milhares de diferentes aromas e sabores podem ser identificados nos vinhos. Aqui vai uma lista dos mais comuns. Alguns sabores (como o cassis) falam por si mesmos, enquanto outros (caso de "mineral" ou "vegetal") exigem um pouco mais de explicação. Cada verbete inclui exemplos de cepas de uvas ou vinhos aos quais os sabores e aromas costumam ser associados.
Alcaçuz Bastante associado aos tintos encorpados feitos de Syrah.
Amanteigado Textura cremosa remanescente de manteiga (e não de seu sabor específico) que é comumente encontrada no Chardonnay fermentado em madeira e em outros vinhos brancos. Uma característica da fermentação maloláctica, particularmente quando se utilizam borras no barril.
Ameixa Aparece em muitos vinhos tintos, sobretudo naqueles feitos de Merlot.
Baunilha Deriva diretamente dos barris de carvalho novo. A madeira contém vanilina, a substância que dá aos favos de baunilha o seu aroma.
Borracha Pode indicar um defeito do vinho causado por excesso de enxofre; também é associado (nesse caso, positivamente) à cepa Syrah.
Caça Aroma carnudo, algo passado, comumente associado a garrafas mais antigas de Pinot Noir (Borgonha tinto), Syrah (Norte do Rhône) e outros vinhos tintos maduros.
Cantina Termo que evoca o mosto de uva fresca. Uma característica quase exclusiva da Moscatel, com suas variações e clones.
Cereja Sabor encontrado em uma ampla gama de vinhos tintos, especialmente o Pinot Noir de climas frios.
Cítrico Aromas de limão e, às vezes, de lima e de laranja. São geralmente encontrados em vinhos brancos secos vivazes e refrescantes.
Coco Sabor comumente associado a vinhos tintos e brancos que foram fermentados ou amadurecidos em barris de carvalho americano novo. Se esse sabor aparecer em excesso, trata-se de um problema.
Cogumelo Aroma de um Pinot Noir que evoluiu.
Cremoso Termo usado para descrever a textura suave de um vinho bem encorpado ou um aroma de creme.
Curral Aroma com algo de sujo, terroso, que lembra esterco. No caso de um vinho jovem, pode indicar má vinificação, possivelmente, feita com pouca higiene. Mas, em uma garrafa mais antiga de Borgonha tinto, pode ser uma evolução desejável de caráter.
Damasco Aroma comum em alguns vinhos brancos mais maduros, como Viognier e Chardonnay envelhecidos em carvalho.
Especiarias Aroma encontrado em vinhos fermentados e amadurecidos em barris de carvalho novo. O aroma de especiarias também aparece em certas variedades de uvas tintas, como a Grenache (que freqüentemente tem gosto apimentado), e em outros vinhos do Sul da França.
Fermento Aroma que lembra o pão. É bastante associado ao champanhe e ao processo de fermentação secundária por que passa a bebida.
Floral Muitos vinhos brancos oriundos de climas frios exibem aromas de flores. Algumas delas são relativamente fáceis de identificar, como é o caso da flor do sabugueiro (branca e aromática), da violeta (Bordeaux maduro) e da rosa (Gewürztraminer).

Frescor Termo semelhante a vivaz, mas talvez com um toque a mais de laranja. Em geral se aplica aos vinhos brancos, mas também pode descrever tintos vivos e frutados como o Cabernet Franc do Loire.

Frutas de verão Aromas de morango, framboesa e cereja estão especialmente associados aos vinhos Pinot Noir jovens.

Frutas silvestres Sempre associado a Cabernet Sauvignon e a outras cepas de uvas tintas, como Merlot, Syrah e Cabernet Franc. Ocasionalmente, uma nota sutil de cassis pode ser detectada na cepa Sauvignon Blanc.

Frutas tropicais Sabores maduros de banana, abacaxi e manga normalmente associados ao Chardonnay do Novo Mundo.

Geléia ou compota Termo ligeiramente depreciativo para um vinho tinto transbordante de sabores fortes de cassis, framboesa e outras frutas, mas sem uma boa estrutura. Normalmente, este termo sugere falta de refinamento (finesse) do vinho.

Groselha Aroma e sabor clássicos da Sauvignon Blanc. Também encontrado em outros vinhos brancos vivazes.

Herbáceo Aroma amplamente encontrado em vinhos brancos frescos e aromáticos de climas mais frios, elaborados a partir de cepas como Sémillon, Sauvignon Blanc e Chenin Blanc.

Hortelã Aroma particularmente associado à Cabernet Sauvignon cultivada em climas mais quentes.

Lichia Este aroma é bastante comum nos vinhos elaborados a partir da cepa Gewürztraminer.

Limão Aroma muito encontrado nos vinhos brancos, particularmente os de climas mais frios.

Maçã Aroma geralmente encontrado em vinhos brancos secos de climas mais frios, como Chablis, Muscadet e Vouvray.

Mel Aroma normalmente encontrado nos estilos mais doces de vinho – como Sauternes, Tokay Pinor Gris (Tokai d'Alsace). O aroma de mel é encontrado também nos vinhos doces do Vale do Loire nos quais as uvas tenham sido afetadas pela botrítis.

Mineral É difícil "sentir" a nota mineral, mas esse termo é geralmente utilizado para descrever o caráter duro e terroso de vinhos de clima frio, tais como o Chablis e o Sauvignon Blanc de Sancerre e Pouilly-Fumé.

Pimenta-do-reino Está comumente associada aos vinhos tintos do Sul da França (especialmente os do Vale do Rhône, cuja base é a cepa Grenache).

Querosene Aroma muito comum em garrafas maduras de Riesling.

Rosa Encontrado na Gewürztraminer e nos vinhos feitos de Nebbiolo.

Tabaco Aroma maduro e evoluído, encontrado em garrafas mais antigas de Cabernet Sauvignon, particularmente de Bordeaux tinto.

Terroso Aroma de terra comumente identificado em garrafas mais velhas de Borgonha tinto.

Tostado O termo é mais freqüentemente utilizado para descrever o aroma deixado pelos barris de carvalho, mas essa característica também é uma boa qualidade do champanhe maduro, particularmente do *Blanc des Blancs*.

Vegetal Aromas de vegetais em decomposição encontrados em garrafas mais antigas de tintos ou brancos, especialmente Borgonhas (das duas cores). A descrição pode parecer desagradável, mas trata-se de um atributo desejável nesse tipo de vinho.

Defeitos Comuns dos Vinhos

Hoje, o vinho é mais confiável do que nunca. Exceto pelo chamado rolhado, defeitos mais graves são raros. Há, no entanto, certos problemas que você pode encontrar e que justificam a devolução ao estabelecimento que o vendeu.

Rolhado *(bouchoné)* É o defeito mais comum do vinho – afeta entre 2% e 5% de todas as garrafas vendidas. É causado por um fungo encontrado em cortiças naturais que podem contaminar o vinho e não tem nenhuma relação com os pedacinhos de rolha que às vezes flutuam na sua taça. Costuma cheirar a mofo e não ter sabor frutado, mas às vezes deve passar alguns minutos na taça para que o problema seja percebido. Rolhas plásticas e tampas de rosca eliminam o problema.

Oxidado A superexposição ao oxigênio é prejudicial ao vinho e acaba por transformá-lo. Um vinho pode ficar oxidado se não estiver suficientemente bem vedado ou se passar tempo demais na garrafa – tanto aberta como fechada.

Sulfitado Todos os vinhos são engarrafados com uma dose de enxofre, que atua como conservante. Mas o excesso desse componente dá à bebida um cheiro adstringente (de borracha). Em quantidade elevada, pode ser perigoso para pessoas que sofrem de asma.

Vinificação ruim Quando você prova um vinho com excesso de acidez, de taninos ou de carvalho ou sem sabores de fruta, o problema pode ser simplesmente a má vinificação.

Vinho e Comida

Vinho e comida são bons companheiros há séculos. O vinho ganhou seu lugar à mesa graças ao seu teor alcoólico moderado, à sua acidez refrescante e a uma variadíssima gama de sabores. Vale a pena conhecer os casamentos clássicos entre comida e vinho – e os mais resistentes ao tempo!

Orientações Gerais

Não importa se você está escolhendo uma garrafa de vinho para acompanhar um prato mais simples ou diferentes tipos de bebida para acompanhar um jantar com diversos pratos, aqui vão as regras básicas:

- Decida qual será o sabor dominante e escolha um vinho para acompanhá-lo.
- Escolha um vinho que combine com o peso e a intensidade da comida. Pratos de sabor forte pedem os encorpados. Já os de sabor delicado desaparecem quando servidos com vinhos com forte sabor de carvalho ou tânicos. Por isso pedem vinhos mais leves. Os brancos encorpados têm o mesmo poder que os tintos leves, combinando tanto com atum grelhado, por exemplo, quanto com peru assado.
- Pratos doces pedem vinhos igualmente doces. A cozinha tailandesa, por exemplo, pede os meio-secos como o Gewürztraminer alsaciano.
- A carne vermelha suaviza os taninos de um tinto.
- Quanto mais complicados os sabores de um prato, mais difícil é encontrar um vinho para acompanhá-lo. Alguns vinhos, no entanto, funcionam bem com uma variada gama de sabores *(pág 144)*.
- Se estiver servindo um vinho de alta qualidade, a simples preparação dos pratos com ingredientes de primeira é suficiente para que o vinho se destaque.
- Tente combinar pratos regionais com vinhos da mesma região.

Aperitivos

Um aperitivo deve servir apenas para estimular seu apetite, preparando-o para desfrutar a comida e o vinho que serão servidos; por isso, nunca escolha algo muito forte ou de sabor dominante.

- Os brancos secos, leves e refrescantes funcionam bem. Evite vinhos com notas de carvalho. Pense em Sémillon sem carvalho ou Pinot Blanc da Alsácia.
- Champanhe e espumantes são ideais, sobretudo em ocasiões especiais. Sua secura e acidez estimulam as papilas gustativas.
- Não sirva o melhor vinho da noite como aperitivo. Uma garrafa de vinho bem-feito permitirá a verdadeira apreciação das sutilezas dos melhores vinhos que serão servidos depois.

Com as Entradas

Ao escolher a entrada, tenha sempre em mente a melhor ordem para servir vinhos: branco antes de tinto, seco antes de doce, leve antes de encorpado, e sempre em ordem crescente de qualidade. Se o cardápio requerer um tinto encorpado para combinar com a entrada, não escolha um prato principal que exija o branco leve como acompanhamento.

Aspargos: Sauvignon Blanc. Se for com molho cremoso, um branco mais encorpado, como o Chablis.
Foie gras: Sauternes, ainda que servir um vinho doce a essa altura da refeição possa criar problemas depois. Champanhe e Gewürztraminer também funcionam.
Gazpacho: brancos secos relativamente neutros
Patês e terrines: um vinho que combine com o principal ingrediente que compõe o prato.
Salada (com molho cremoso): Chablis ou Pinot Blanc.
Salada (com molho vinagrete): um vinho com alto teor de acidez, como Sauvignon Blanc ou Riesling seco.
Salada (sem molho): Sauvignon Blanc, Riesling e Chardonnay sem notas de carvalho são boas opções.
Sopa (canja): Chardonnay ou Pinot Blanc meio-corpo.
Sopa (cremosa, com peixe): Chardonnay mais encorpado ou Muscadet ou Bordeaux branco. Espumantes e *rosés* leves também podem funcionar.
Sopa (substanciosa, com carne): tintos franceses do sul (Côtes do Rhône ou Vin de Pays d'Oc, por exemplo)

Com Peixes e Frutos-do-Mar

O sabor dominante dos frutos-do-mar será o do molho. Pratos cremosos pedem brancos encorpados, e os pratos à base de tomates combinam com tintos meio-corpo. Considere o método de preparo (fresco, assado, frito, cozido) e a qualidade dos ingredientes.

Arenque: Muscadet.
Atum (fresco): brancos secos encorpados como o Sémillon ou tintos de leves a meio-corpo como Pinot Noir ou Beaujolais.
Bacalhau (empanado): brancos vivazes, secos, como o Sauvignon Blanc ou o Chenin Blanc.

Leia mais sobre os estilos de vinhos nas **págs 136-7**

Bacalhau e haddock (frescos): Chardonnay sem notas de madeira ou Bordeaux branco seco.
Bouillabaisse: brancos, tintos e *rosés* baratos do Sul da França.
Caranguejo: Sauvignon Blanc ou Riesling.
Cavala (defumada): brancos untuosos como Pinot Gris alsaciano.
Cavala e sardinhas (frescas): Sauvignon Blanc, Muscadet ou *rosés* leves.
Lagosta: Borgonha branco.
Linguado: um branco da Borgonha de boa qualidade ou um Bordeaux branco seco de primeira linha.
Mexilhões e ostras: Muscadet ou Sauvignon Blanc.
Perca (com molho de manteiga): um branco da Borgonha de boa qualidade.
Perca (com molho de tomate): tintos meio-corpo do Sul da França (como os de Côtes du Rhône).
Salmão (churrasco): tintos leves como Pinot Noir ou Beaujolais.
Salmão (cozido): um Charblis delicado ou um Bordeaux branco seco.
Salmão (defumado): Chablis, Sauvignon Blanc ou Riesling seco. Champanhe e outros espumantes também combinam bem.
Salmão (grelhado): Chadonnay sem notas de carvalho ou Pinot Blanc alsaciano. Branco do Rhône, Bordeaux branco e Riesling seco também servem.
Sopa de peixe (à base de tomate): tintos meio-corpo.
Sopa de peixe (cremosa): Chardonnay básico.
Truta (defumada): um bom branco da Borgonha.
Truta (fresca): Pinot Blanc, Chablis ou Chardonnay sem notas de carvalho.

Com carnes brancas

Em geral, as carnes brancas têm sabor mais neutro. Ao selecionar o vinho, escolha uma receita que permita que destacá-lo.
Carne de porco (assada): desde brancos da Borgonha e Sauvignon Blanc até tintos mais leves como o Merlot básico, Pinot Noir ou Beaujolais.
Carne de porco (costelinhas): um Syrah frutado do Rhône ou do Sul da França.
Coq au vin: tinto da Borgonha ou de Côtes du Rhône mais baratos.
Frango (assado): Chardonnay, Pinot Noir ou Merlot.
Frango (churrasco): Chardonnay, Sauvignon Blanc ou tintos leves (Beaujolais).
Frango (molho cremoso): Bordeaux branco, Riesling alsaciano ou Chenin Blanc de Anjou-Saumur ou Touraine, no Loire.
Lingüiça de porco: tintos do Sul da França.
Peru (assado): Chardonnay com notas de carvalho ou vinho tinto como um Merlot suave ou um Pinot Noir.
Peru (recheado e com molho de cranberry): tintos como o Borgonha, o Merlot feito em Bordeaux e Syrah do norte do Rhône.
Vitela: um Rhône do norte ou brancos secos (Chardonnay sem notas de carvalho). Tintos como o Merlot com frescor aveludado de frutas vermelhas.

Com Carne de Caça, Vermelhas e Churrasco

Carne bovina e de carneiro, em particular, tendem a combinar bem com tintos tânicos. Mas os molhos que acompanham os pratos também influenciam o resultado final.
Carne bovina (hambúrgueres, steak au poivre ou em folhados): Syrah do Rhône ou do Sul da França.
Carne bovina (rosbife ou filé): tintos encorpados de Bordeaux ou do Rhône.
Carne bovina (com molho à base de vinho): tinto da Borgonha.
Carne de caça: um tinto de Bordeaux ou da Borgonha.
Carneiro (caçarolas ou cozidos): tintos picantes (Vin de Pays d'Oc, Coteaux du Languedoc ou Rhône).
Carneiro (costeletas): um bom Bordeaux tinto.
Churrascos: tintos encorpados (Syrah ou Merlot).
Pato: tinto da Borgonha.
Pato (com molho de laranja ou de maçã): Riesling da Alsácia.

Com Pratos Vegetrianos

Alguns vinhos podem ser inadequados para vegetarianos e naturalistas, já que contêm ingredientes de origem animal. Consulte o rótulo ou peça ajuda ao vendedor antes de comprar. Pode ser difícil combinar esses pratos com um branco da Borgonha de primeira ou com tintos robustos (risoto de cogumelos ou de abóbora dá conta do desafio).
Caçarolas à base de lentilhas ou vegetais: tintos do Sul da França.
Chili vegetariano: tintos vigorosos do Sul da França ou um Merlot frutado.
Hambúrgueres vegetarianos e nozes tostadas: Shiraz ou tintos de Bordeaux.
Lasanha (com tofu): brancos encorpados como Chardonnay ou Pinot Gris.
Massa (com molho cremoso): Chardonnay sem notas de carvalho, Pinot Blanc ou Sémillon.
Massa (com molho de tomates): tintos leves como Chinon ou Saumur.
Quiches e omeletes: Chardonnay sem notas de carvalho, Pinot Blanc ou tintos leves como o Beaujolais.
Risoto de abóbora: um bom branco da Borgonha.
Risoto de cogumelos: um bom tinto da Borgonha.
Tofu: o vinho tem de combinar com os ingredientes com os quais eles são cozidos, porque tendem a incorporar o mesmo sabor.
Tortas, bolos e pastelões: vinhos com acidez marcante do Sul da França.

Vegetarianos e naturalistas devem saber que gelatina, gelatina de peixe e claras de ovos são ingredientes utilizados para clarificar os vinhos

Com Pratos Étnicos

Chineses: Gewürztraminer, Pinot Gris, Riesling ou Sauvignon Blanc.
Indianos: pratos mais suaves combinam com um Chardonnay barato. Com pratos mais picantes, um Merlot suave e frutado.
Japoneses: um "vinho de arroz", o saquê, é a escolha tradicional com sushi e tintos frutados (Merlot ou Cabernet Franc), para pratos com molho teriyaki.
Tailandeses (com curry): um Sauvignon Blanc.

Com Sobremesas

Procure sempre escolher um vinho mais doce que a sobremesa que você vai servir. Pode-se também escolher um vinho com teor alcoólico ligeiramente mais elevado do que o que encerrou a refeição. As sobremesas de sabor intenso combinam muito bem com a potência dos fortificados.
Bolo de chocolate: a escolha do vinho depende da qualidade e da riqueza do chocolate. As notas de laranja em certos moscatéis funcionam bem às vezes.
Bolos e tortas de fruta: escolha um vinho baseado no sabor dominante – geralmente, o da própria fruta.
Crème brûlée: o clássico Sauterne, mas a maioria dos vinhos doces dá conta.
Frutas: existe boa variedade, como os estilos mais doces de Riesling, Sémillon ou Chenin Blanc.
Sorvete: *vin doux naturel* encorpado e doce.

Com Queijos

Queijos e vinhos combinam muito bem, mas acertar tal combinação não é tão fácil como se pensa. Com texturas e sabores tão distintos, é possível servir com sucesso desde um vinho branco doce até um tinto fortificado.
Brie: Beaujolais ou outros tintos leves e frutados.
Camembert: Beaujolais, outros tintos leves e frutados ou brancos (Chablis).
Cheddar maturado: Bordeaux tinto, porto tawny ou Châteauneuf-du-Pape.
Gruyère e emmenthal: vinhos como o Shiraz, tintos do norte do Rhône ou Merlot. Mas o Riesling pode funcionar também.
Mussarela: Chardonnay sem notas de madeira.
Queijos azuis: em geral, pedem a doçura de um branco. Roquefort com Sauternes é um clássico.
Queijo de cabra: Sauvignon Blanc, particularmente do Vale do Loire.
Queijos duros ingleses tradicionais: brancos secos de clima frio (Sauvignon Blanc ou Chenin Blanc).
Queijo de ovelha: estilos mais doces de vinho branco, como Riesling e Moscatel, e também vinhos tintos (do Sul da França) com especiarias.

Ocasiões Sociais

Com comida: continuam valendo as regras gerais para servir vinho e comida. É prudente selecionar vinhos fáceis de combinar com os pratos *(à direita)*, porque assim os convidados podem desfrutar um vinho com todos os canapés e com os diferentes pratos servidos.
Sem comida: em geral, os vinhos desfrutados assim devem ser leves e despretensiosos. Em festas e eventos sociais onde não se oferece comida, fique longe de vinhos muito encorpados e evite também os muito ácidos e tânicos. Leve em conta também a época do ano e o clima.
No verão: escolha vinhos brancos vivazes (os de acidez pronunciada, mas agradável) e refrescantes como o Riesling, o Chenin Blanc e outros de clima frio com teor alcoólico relativamente baixo. Você também pode escolher tintos leves e frutados adequadamente resfriados. Beaujolais, Merlot básico e Pinot Noir são boas escolhas no verão.
No inverno: um vinho meio-corpo, seja branco ou tinto, com ênfase nos sabores frutados, vivazes, evitando as nota de carvalho. As boas apostas são Sémillon, Chardonnay sem notas de madeira e Pinot Blanc, assim como os brancos do sul do Rhône. Desfrutar os tintos Merlot também é muito agradável nesta época do ano.
Em festas: champanhe e vinhos espumantes são as escolhas clássicas. Como o champanhe tende a ser mais caro, costuma ser opção apenas para os bolsos mais abastados. Mas outros vinhos espumantes podem funcionar muito bem – e, normalmente, são as melhores escolhas para servir em coquetéis.
Em restaurantes: muitos restaurantes de primeira linha têm um *sommelier* à disposição dos clientes para ajudá-los a harmonizar o vinho e os pratos do cardápio. Se não houver *sommelier*, existem alguns tipos de vinho que vão bem com a maioria dos pratos. Se forem pedidos vários pratos, as meias garrafas ajudam todo mundo a harmonizar corretamente suas escolhas.

- Escolha vinhos meio-corpo, evitando os extremos. No caso dos vinhos brancos, Chardonnay sem notas de madeira, Sauvignon Blanc e Sémillon são os mais versáteis. Entre os tintos, Pinot Noir, um Merlot acessível e um corte de Cabernet-Merlot frutado são excelentes opções.
- Se o restaurante é especializado em pratos de determinado estilo ou país, o ideal é tentar combinar os pratos com os vinhos da mesma nacionalidade.

Compra de Vinhos

Nunca houve tantas opções para comprar vinhos no Brasil: nos supermercados, pelo preço e a conveniência; em lojas especializadas, pela oferta mais seletiva e o aconselhamento de especialistas; nas importadoras, pela grande diversidade de oferta e facilidade de entrega; e até mesmo pela internet, nos sites das importadoras.

Supermercados

Os supermercados são uma fonte farta de vinhos, embora perigosa: há muita coisa da má qualidade, ou com problemas de conservação, misturadas a boas ofertas, sobretudo vinhos de bons preços. Mas estes costumam ser pouco conhecidos, e nem sempre as marcas mais famosas estão disponíveis nas gôndolas. Por isso é conveniente ir às compras munido do guia que esclareça quais os melhores produtores e safras. Das redes de supermercados no Brasil, a maior variedade de oferta pode ser encontrada no Carrefour e no Pão de Açúcar. Há também supermercados gourmets, com linhas mais selecionadas, como Santa Luzia e Empório Santa Maria (São Paulo) e Zona Sul (RJ).

Lojas de vinhos

Não há grande variedade de lojas especializadas em vinho no Brasil, mas as que existem costumam oferecer garrafas de todas as principais regiões produtoras do mundo. A maior rede especializada é a da Expand, importadora que mantém, através de franquias, as lojas Expand Store *(www.expandgroup.com.br)*, presentes em várias cidades brasileiras e onde os vinhos ficam bem acondicionados e há vendedores informados para auxiliar na compra. Há também lojas independentes, como Le Tire-Bouchon *(www.letirebouchon.com.br)* em São Paulo e A Garrafeira (0xx21 2512-3336), no Rio de Janeiro, e também lojas e delicatessens de produtos gourmets que dedicam boa parte de seu espaço a vinhos de diferentes origens, como a Bacco's *(www.baccos.com.br)*, em São Paulo.

Direto da importadora

Desde que houve uma liberalização maior na importação de vinhos no Brasil, nos últimos 15 anos, desenvolveram-se no país empresas de importação que deixaram de focar somente nas marcas de grande volume, para venda de supermercado, e dedicaram-se a vinhos de qualidade. As principais delas trazem hoje ao Brasil virtualmente todas as melhores regiões vinícolas do planeta, representadas por milhares de rótulos, numa variedade que poucos países apresentam. Estas importadoras trazem enorme comodidade ao cliente – seus vinhos podem ser escolhidos na sede da empresa mas também, como é mais comum, podem ser pedidos por telefone ou internet e enviados diretamente para o comprador. Entre as mais importantes do setor estão a Expand *(www.expandgroup.com.br)* e a Mistral *(www.mistral.com.br)* – ambas com milhares de rótulos e centenas de produtores do primeiro time mundial. Também de grande porte e com boas marcas de vários países representadas estão a World Wine *(www.worldwine.com.br)*, a Decanter *(www.decanter.com.br)* e a Terroir *(www.terroirvinhos.com.br)*.

Pela Internet

Atualmente há um grande número de importadoras que vendem seus produtos – vinhos inclusive – pela internet. A vantagem é a praticidade da compra, e a boa oferta de vinhos, tanto em qualidade quanto em variedade de rótulos. É uma opção interessante quando o comprador já conhece o vinho que vai encomendar, e não depende de obter informações mais detalhadas com o vendedor. Vários supermercados também utilizam a rede para suas vendas. Além disso há sites que se concentram na venda de vinhos online, como o da Wine Store *(www.winestore.com.br)* e outros que incluem os vinhos em seu portfolio de bebidas em geral, como a Imigrantes Bebidas *(www.imigrantesbebidas.com.br)*.

Outras Boas Importadoras de Vinhos no Brasil

Adega Alentejana
www.adegaalentejana.com.br

Casa do Porto
www.casadoporto.com

Casa Flora
www.casaflora.com.br

Cellar
www.cellar-af.com.br

Enoteca Fasano
www.enotecafasano.com.br

Grand Cru
www.grandcru.com.br

Wine House
www.winehouse.com.br

Armazenamento de Vinhos

Ao longo dos anos, foram sendo associados aos vinhos vários procedimentos, como guarda, aeração e decantação. Embora não seja essencial compreender os princípios científicos envolvidos nessas práticas, segui-las realça os prazeres envolvidos na compra e na degustação.

Guarda do Vinho

A maioria dos vinhos deve ser consumida ainda jovem. Quase todas as garrafas de preço médio podem ser guardadas por cerca de um ano, mas tendem a se deteriorar se armazenadas por mais tempo. Muitos vinhos finos, porém, merecem ser armazenados em adegas, porque evoluem com o passar do tempo. Em caso de dúvida, é melhor beber um vinho jovem demais que beber um passado.

Guarde as garrafas deitadas, porque o contato entre o líquido e a rolha evita seu ressecamento. Vinhos espumantes e roscados podem ser guardados em pé, pois não são afetados por esse problema. Se você quiser guardar em uma adega, mas não tem condições ideais para isso, compre uma adega ou gabinete refrigerado capaz de manter suas garrafas em perfeitas condições ou alugue os serviços de profissionais dedicados a esse tipo de armazenagem. Informe-se com o seu fornecedor habitual de vinho.

Adegas

Desde que reúna as condições necessárias para o amadurecimento dos vinhos, uma adega pode ser um humilde depósito no vão de uma escada ou um vasto labirinto subterrâneo. Se for montar uma adega, atente para os itens abaixo.

- É recomendável manter a temperatura constante, entre 10°C e 15°C. Uma temperatura ligeiramente mais alta não chega a ser fator de preocupação: o vinho vai amadurecer mais depressa, mas sem grande prejuízo. A oscilação da temperatura é muito mais prejudicial à qualidade dos vinhos.
- A luz não faz bem ao vinho, por isso as garrafas são feitas de vidro colorido. Guarde-as em caixas fechadas ou em quartos escuros.
- A falta de umidade pode provocar o ressecamento e a expansão das rolhas. O ar pode penetrar na garrafa, oxidar o vinho e transformá-lo em vinagre. As adegas ligeiramente úmidas não prejudicam o vinho.
- Excesso de movimento ou vibração podem estragar o vinho; por isso, evite armazená-los perto de geladeiras ou máquinas de lavar. Evite, também, o manuseio e o transporte desnecessário das garrafas.

Efeitos do Envelhecimento

Quando o vinho começa a envelhecer na garrafa, uma série de reações químicas transforma sabores frutados relativamente simples em sabores mais evoluídos e complexos. Nos tintos, a cor fica mais clara, os taninos ficam mais suaves e o vinho pode ganhar aromas de cedro, couro ou cogumelos. Os brancos, por sua vez, ganham tons mais fortes, tornam-se menos doces e mais intensos.

Os aromas típicos de um vinho branco evoluído incluem frutas secas, cera e até querosene. Os efeitos da fermentação em barris de carvalho – notas de baunilha, coco e especiarias – ficam mais suaves à medida que o vinho amadurece.

Temperaturas Ideais

A temperatura é extremamente importante para a degustação: os brancos são servidos muito gelados e os tintos, muito quentes.

- Espumantes: sirva bem frios, por volta de 8°C.
- Brancos leves, aromáticos: por volta de 10°C, ou depois de algumas horas na geladeira. O resfriamento enfatiza a acidez agradável e o sabor fresco sem fechar os aromas.
- Brancos da Borgonha e outros Chardonnay: sirva por volta de 12°C.
- Tintos leves ou meio-encorpados: resfrie ligeiramente, até 12°C ou 13°C, especialmente no verão.
- Tintos encorpados: as baixas temperaturas enfatizam os taninos. O melhor é servi-los por volta dos 15°C.

Ordem Ideal de Servir

Os vinhos devem ser servidos em ordem específica.

- Os brancos são servidos antes dos tintos – mas um tinto leve pode vir antes de um branco encorpado.
- Os secos são servidos antes dos doces, para que não ocorra a sensação de ser demasiado ácido.
- Os tintos leves são servidos antes dos encorpados. Os mais leves tendem a parecer magros – diluídos ou pobres em aroma e sabor – quando precedidos de um tipo mais potente.
- Vinhos de qualidade inferior devem ser servidos antes dos mais finos. E os mais jovens, devem ser servidos antes dos mais velhos? Sobre isso, não há consenso: dependerá muito dos vinhos em questão.

Decantação

Certos vinhos de alta qualidade, em sua maioria tintos (como um Bordeaux 2000 aberto antes de atingir seu auge), podem se beneficiar muito da exposição ao oxigênio (ou "aeração") antes de ser bebidos. Simplesmente tirar a rolha da garrafa e deixá-la aberta não vai fazer muita diferença. Eis uma tarefa para um decantador. Não importa muito o formato da peça, desde que seja aberta e feita de vidro.

O uso do decantador também pode melhorar o vinho ao separar os sedimentos que se depositam no fundo da garrafa, especialmente se a bebida não é filtrada. Entre os vinhos com tendência a criar sedimentos estão o porto vintage e safras mais antigas de tintos encorpados.

Para decantar um vinho, deixe a garrafa em posição vertical por no mínimo 24 horas, para permitir que o sedimento vá para o fundo. A seguir, retire a rolha e, usando uma fonte de luz (como uma vela ou lâmpada) no gargalo da garrafa, para poder enxergar bem o seu conteúdo, derrame lentamente o vinho no decantador. Pare quando o sedimento alcançar o gargalo da garrafa. Não deixe o vinho por muito tempo no decantador, porque a exposição prolongada ao oxigênio vai estragá-lo.

Como Abrir Espumantes

Para abrir uma garrafa de espumante ou champanhe:

- Segure a garrafa num ângulo de 55 graus, aproximadamente.
- Jamais aponte a garrafa para qualquer pessoa ou para objetos que possam se quebrar.
- Cuidadosamente remova a coifa laminada e a gaiola de arame.
- Segure a garrafa com uma mão e a rolha com a outra. Gire suavemente a garrafa para que a rolha salte fazendo o agradável ruído característico.

Copos e Taças

Usar o tipo correto de copo pode influenciar a degustação. Não se preocupe em comprar taças muito específicas, pois uma boa taça do tipo padrão ou curinga normalmente é suficiente. Ela deve ter uma haste, para que você não precise segurá-la pelo bojo; o bojo deve ser capaz de acomodar uma dose decente de vinho e, ainda assim, permitir que você gire a bebida na taça. Deve também ser mais estreito na borda do que na base, para que os aromas sejam dirigidos para o nariz. Por fim, o material transparente – incolor, sem lapidação ou estampa – permite apreciar plenamente a cor do vinho. Entre os estilos de vinho, os únicos que exigem copos específicos são o champanhe e os espumantes. As taças longas, retilíneas e estreitas são desenhadas especificamente para exibir e reter as borbulhas características.

Quanto por Pessoa?

O cálculo da quantidade a ser servida depende da ocasião e, naturalmente, da capacidade de consumo de seus convidados. Em jantares, calcule entre meia e uma garrafa por pessoa. Ao encomendar quantidades maiores de vinho para um evento, verifique se o fornecedor trabalha com a possibilidade de devolução de garrafas que não foram abertas (prática comum em alguns países), pois é sempre melhor errar para mais do que para menos.

Sobras de Vinho

As sobras devem ser guardadas em garrafas menores, se possível fechadas com a rolha original, e mantidas na geladeira. Precisam ser consumidas em até 48 horas, porque se estragam rapidamente.

Tintos e Brancos para Guardar

O tempo de guarda de cada vinho depende da qualidade do produtor, da região do vinhedo e da safra. Abaixo, veja algumas orientações gerais sobre armazenamento. Tenha em mente que só os vinhos mais finos conseguem envelhecer por longos períodos.

Brancos

Chardonnay: 2 a 5 anos para vinhos de primeira linha de outras regiões que não a Borgonha.

Riesling: para os vinhos mais baratos, 2 anos; para os melhores, de 5 a 20 anos; os estilos doces resistem mais do que os secos.

Vinhos doces: para os melhores Sauternes, de 5 a 20 anos.

Brancos da Borgonha: Chablis, de 1 a 10 anos; de 2 a 8 anos para outros bons brancos da região.

Brancos do Rhône: de 3 a 10 anos para os vinhos feitos das cepas Marsanne e Roussanne.

Tintos

Vinhos à base de Cabernet Sauvignon: de 3 a 10 anos.

Merlot: de 3 a 15 anos para St-Émilion ou Pomerol de boa qualidade; menos tempo para os demais.

Bordeaux tinto: de 5 a 20 anos.

Borgonha tinto: de 2 a 10 anos.

Rhône: de 5 a 15 anos para as melhores safras; vinhos do sul do Rhône precisam de menos tempo do que os do norte da região.

Glossário

Como qualquer outro campo especializado, o vinho tem um vocabulário próprio. Este glossário inclui termos comuns originários da França e de outros países da Europa, assim como termos específicos da viticultura nos Estados Unidos e no Canadá.

ABC

Abboccato (italiano) Vinho levemente doce.

Amadeirado Vinho de estilo deliberadamente cremoso, com gosto de carvalho adquirido por envelhecimento em barris ou mesmo por meio de lascas ou tábuas de carvalho mergulhadas em tonéis *(ver também* **Sem carvalho***)*.

Ácido/Acidez Todos os vinhos contêm vários ácidos, como o tartárico, o málico e o cítrico. A acidez é um elemento essencial ao vinho, ajudando a manter seu frescor e seu equilíbrio. O excesso o torna desagradavelmente agressivo e a acidez insuficiente produz uma bebida chata.

Acidificação Adição de ácidos químicos ao mosto durante o processo de vinificação para compensar a falta de acidez natural na uva.

Açúcar residual Açúcar que permanece no vinho depois da fermentação. Altos níveis de açúcar residual conferem doçura ao vinho.

Amabile (italiano) Meio-doce.

Amarone (italiano) Tinto DOC elaborado em Valpolicella (nordeste da Itália) a partir de uvas-passas *(ver também* ***passito****)*.

Amadurecido em barril Indica que o processo de amadurimento ocorreu em barril de carvalho, suavizando o sabor e, às vezes, acrescentando sabores de carvalho ao vinho.

Appellation (francês) Uma área legalmente demarcada de plantação de uvas e produção de vinho, às vezes usada como abreviação de AOC ou AC. Em português, traduz-se por denominação.

***Appellation d'Origine Contrôlée* ou AOC** (francês) Expressão também conhecida como *Appellation Contrôlée (AC)*. É a mais alta classificação para os vinhos produzidos na França. Garante que uma garrafa foi produzida em uma região determinada de acordo com as especificações locais. Nem todos os vinhos de uma AOC são de alta qualidade, mas costumam ser melhores (mas não em custo-benefício) do que os de classificações inferiores, como é o caso do *vin de pays* e do *vin de table*.

Anno/annata (italiano) Ano ou safra.

Área Vitícola Americana (AVA) Área produtora de vinhos nos EUA. Uma AVA é uma simples indicação da origem geográfica de um vinho, e não garante a qualidade.

Azienda (italiano) Propriedade.

Azienda agricola (italiano) Propriedade que cultiva e produz seus próprios vinhos.

Barril Barris ou tonéis podem ser usados em vários estágios da vinificação. Os vinhos brancos de melhor qualidade podem ser fermentados em barris para desenvolver sabores sutis e complexos de madeira. A maturação em barris ajuda a suavizar o vinho e, se o carvalho é novo, produz notas aromáticas, entre elas as de cedro e de baunilha. A expressão *barrel select* pode implicar qualidade, mas não é uma definição legal *(ver também* **Carvalho americano** *e* **Carvalho francês***)*.

Barrique (francês) Pequeno barril ou tonel com capacidade para 225 litros de vinho. A expressão indica qualquer pequeno barril de carvalho.

Biodinâmica Forma radical de produção vitícola orgânica que enfatiza a saúde do solo. Alguns de seus métodos podem soar bizarros, mas diversos vinhos de primeira linha são hoje produzidos de acordo com esse método.

Blanc des blancs (francês) Vinho branco feito exclusivamente de uvas brancas. O termo é empregado para designar bebidas como champanhes e outros espumantes.

Blush (inglês) Termo utilizado pelos americanos para designar o vinho de tom rosa pálido.

Bodega (espanhol) Vinícola ou adega.

Bordeaux Vinho produzido na região de Bordeaux, na França, utilizando as variedades e/ou as técnicas comuns à região. Famoso tinto encorpado feito com uma combinação de Merlot, Cabernet Sauvignon, Cabernet Franc, Malbec e Petit Verdot que é maturada em barris de carvalho. Pode envelhecer por décadas.

Borgonha Vinho produzido na região francesa da Borgonha, utilizando as variedades e/ou as técnicas comuns à região. A Borgonha é famosa por seus vinhos brancos secos feitos de uva Chardonnay e pelos tintos meio-encorpados elaborados com a Pinot Noir.

Borras Chamadas na França de *lie*, as borras são os restos de levedura, sementes de uvas e outros sedimentos que se depositam no vinho após a fermentação. O contato prolongado com as borras tem papel importante na produção de vinhos como o Muscadet e o champanhe. A movimentação das borras (em francês, *bâtonnage*) nas barricas ajuda a acentuar essse processo de fermentação.

Botrítis Doença vitícola, também conhecida como podridão nobre (*pourriture noble*), necessária para a produção de alguns dos melhores vinhos doces do mundo. Nas condições corretas, o fungo (*Botrytis cinerea*) ataca as uvas enrugando-as, com alta concentração de açúcar, que podem ser transformadas por fermentação em um vinho naturalmente doce e intenso.

Para termos comumente usados na degustação de vinhos **Págs 138-41**

***Bouchoné* (gosto de rolha)** Vinho afetado por um sabor de mofo ou bolor proveniente de uma rolha natural defeituosa. O vinho pode perder seus sabores frutados e ficar levemente amargo. Estima-se que o problema afete 6% dos vinhos que utilizam rolhas naturais. Isso fez com que muitos produtores e comerciantes substituíssem as rolhas de cortiça por rolhas sintéticas ou tampas de rosca.
Bourgogne (francês) Borgonha, na França.
Brut (francês) Seco. Normalmente aplicado ao champanhe e a vinhos espumantes.
Cantina (italiano) Adega.
Cantina sociale (italiano) Cooperativa.
Carvalho Madeira preferida pelos vinicultores para fermentar e maturar seus vinhos. Muitos vinhos baratos têm o gosto de carvalho incorporado por meio de lascas ou tábuas de carvalho mergulhadas em seus tanques de fermentação.
Carvalho americano Madeira originária das florestas do leste dos EUA utilizada para fazer barris de carvalho. Populares nas Américas, Espanha e Austrália, os barris de carvalho americano transmitem um sabor mais forte de baunilha do que seu similar europeu.
Carvalho francês Tipo de madeira originária de florestas da França, como Allier e Vosges. É a variedade que produz os mais finos barris para fermentação e maturação de vinho.
Chaptalização Prática de aumentar os teores alcoólicos por meio da adição de açúcar durante a vinificação. Comum em regiões vinícolas mais frias, onde o clima pode impedir que as uvas produzam açúcar natural suficiente.
Château (francês) Termo aplicado a propriedades que produzem uvas ou vinhos na França. Amplamente empregado na região de Bordeaux.
Clairet (francês) ou ***chiaretto*** (italiano) Estilo de vinho de tom rosa escuro, entre o tinto e o *rosé*.
Claret (inglês) Termo específico para designar um vinho tinto de Bordeaux.
Clarificação Processo usado para remover partículas suspensas do vinho. Quando um agente clarificador – clara de ovo ou bentonita, por exemplo – é acrescentado, gruda-se às partículas e as obriga a descer ao fundo da garrafa.
Classico (italiano) Área original de produção dentro da região DOC(G) (geralmente para as melhores vinícolas).
Clone Grupo de videiras que descendem de uma única videira-mãe por meio de mudas ou enxertos.
Colheita tardia *ver* ***Vendange tardive***
Cooperativa Organização coletiva pertencente a seus associados. É formada por um determinado número de produtores que se juntam para produzir vinho e comercializá-lo. A qualidade pode variar de boa a muito ruim.
Copa *(fronde)* Todas as partes visíveis da vinha, incluindo tronco, folhas, galhos, caules e os próprios frutos.
Corte Combinação de vinhos de distintas variedades de uvas, estilos, origens ou safras cujo objetivo é melhorar o equilíbrio do vinho ou manter um estilo constante.
Côte(s)/coteaux (francês) Colina ou encosta.
Crémant (francês) Indica um vinho espumante produzido fora da região de Champagne, mas utilizando os mesmos métodos de fabricação.
Cru (francês) Vindima ou vinhedo; *cru classé* significa, portanto, vinhedo classificado. *Cru bourgeois* é uma classificação para propriedades da denominação do Médoc, em Bordeaux *(ver também* ***Premier cru*** *e* ***Grand cru****)*.
Cultivo a seco Videiras cultivadas sem irrigação, que contam exclusivamente com a água natural da chuva.
Cuvée de prestige (francês) Termo normalmente associado a champanhes, refere-se a um vinho luxuoso, de primeira linha, produzido pelos melhores vinhedos da região e maturado por muitos anos antes de ser lançado no mercado, como os champanhes Don Pérignon, da Möet & Chandon, e La Grande Dame, da Veuve Clicquot Ponsardin.

Termos Climáticos Essenciais

Clima continental Caracterizado por variações extremas de temperatura ao longo do ano. Geralmente encontrado em regiões bem distantes da influência de lagos ou de oceanos. Invernos frios e verões quentes são a regra.
Clima limite O que apresenta condições quase impossíveis para a prática da viticultura. Normalmente se aplica mais a territórios muito frios do que aos muito quentes. A qualidade das safras nas regiões com este tipo de clima é muito variável.
Clima marítimo Influenciado por uma grande massa de água, geralmente um lago ou mar. As temperaturas tendem a permanecer relativamente estáveis ao longo do ano, com invernos moderados e verões quentes.
Clima moderado Caracterizado por variações mínimas de temperatura ao longo do ano. Mais facilmente encontrado nas proximidades de grandes massas de água.
Grau-dia Unidade criada para medir a adequação dos climas à viticultura.
Macroclima O clima geral de uma região.
Mesoclima O clima de um pequeno distrito ou mesmo de um vinhedo individual.
Microclima Clima específico de uma área muito pequena.

DEF

Decantação Processo de transferir o vinho de sua garrafa original para outro recipiente ou decantor. A técnica é utilizada em vinhos antigos ou não filtrados para separar o líquido dos sedimentos depositados na garrafa. Também pode ser usada para vinhos mais jovens, para expô-los ao oxigênio ou deixá-los "aerar".
Degola Processo que remove sedimentos de uma garrafa de champanhe depois da segunda fermentação.
Denominação *ver* ***Appellation***
Denominazione di Origine Controllata ou ***DOC*** (italiano) Classificação para vinhos, logo abaixo da *Denominazione di Origine Controllata e Garantita* ou *DOCG*. Equivale às AOCs francesas.
Denominazione di Origine Controllata e Garantita ou ***DOCG*** (italiano) Mais alta classificação dos vinhos italianos.
Densidade da vinha O número de vinhas plantadas em uma área específica do vinhedo. Plantações de alta densidade (cerca de 8 mil vinhas por ha) são comuns em muitos vinhedos da Europa, já que a competição entre as plantas ajuda a reduzir o volume das safras e a produzir uvas de melhor qualidade.
Doença de Pierce Doença bacteriana incurável e potencialmente devastadora. É espalhada por insetos conhecidos como "franco-atiradores" e ataca as folhas das videiras. Mais comum no sul dos EUA e na América do Sul.
Doenças fúngicas Termo coletivo que designa uma série de doenças (o oídio, o míldio e a podridão negra). Os fungos atacam as uvas ou a folhagem e, sem medidas preventivas, podem causar danos consideráveis. A doença benéfica causada pelo botrítis também é incluída nesta categoria.
Domaine (francês) Propriedade rural.
Doux (francês) ou ***dolce*** (italiano) Doce.
Edição limitada Termo que os profissionais de marketing agregam aos rótulos dos vinhos. Embora não seja uma garantia, pode indicar qualidade adicional.
Eiswein (alemão) Vinho doce feito na Alemanha em pequenas quantidades, de uvas que congelaram naturalmente nas vinhas. Os cachos são espremidos imediatamente, eliminando a umidade em forma de gelo e produzindo um líquido delicioso, de sabor intenso.
En primeur (francês) Vinho vendido por um produtor antes de ser engarrafado. Em geral, os clientes pagam pelo vinho seis meses depois da colheita e esperam mais 18 meses para recebê-lo. É a melhor maneira de garantir uma quantidade limitada de vinho, mas não preços mais baixos. O termo equivalente em inglês é *futures*.
Engarrafado na propriedade Atualmente, a maior parte dos produtores engarrafa seus vinhos no próprio château ou domaine. É um bom indicador de qualidade, embora isso não seja totalmente confiável. Nos Estados Unidos, o vinho engarrafado nas propriedades também precisa ser proveniente de seus próprios vinhedos ou de vinhedos arrendados a longo prazo. O termo equivalente na França é *mise em boteille à la propriété/au domaine/au château*. E, na Itália, *imbottigliato all'origine*.
Enologia Estudo do vinho. Termo é associado à vinicultura.
Enoteca (italiano) Loja ou bar de vinhos.
Enologia Estudo do vinho. Termo associado a vinicultores.
Envelhecimento A maioria dos vinhos é produzida para consumo imediato após seu lançamento. Mas uma parte deles melhora muito com o tempo, caso a garrafa seja mantida em local fresco e escuro. Os vinhos tintos encorpados, os brancos doces e os vinhos fortificados podem se beneficiar imensamente do processo de envelhecimento.
Estabilização Processo de vinificação que garante que um vinho não sofrerá mais fermentação ou reação depois de engarrafado. Entre eles estão a colagem e a filtragem.
Estrutura Termo de degustação aplicado principalmente aos tintos para descrever o peso das frutas e dos taninos na boca. Encorpados como os Bordeaux de alta qualidade devem ter "boa estrutura".
Fermentação Processo que transforma o mosto das uvas amassadas, prensadas ou ao natural em vinho. Os açúcares naturais das frutas se convertem em álcool e em gás carbônico com o uso de fermentos. Geralmente ocorre em tanques de aço inoxidável ou de concreto, em grandes tanques de madeira ou em barris de carvalho. Há vários tipos de fermentação. Os principais estão indicados na seqüência.
Fermentação a frio Fermentação lenta, a baixas temperaturas, que acentua o frescor e o sabor frutado das uvas.
Fermentado em barril A expressão indica que o vinho foi fermentado em barril de carvalho. Normalmente aplicado a vinhos brancos, o processo ajuda a incorporar à bebida sabores de carvalho.
Fermentação em garrafa Técnica que dá ao champanhe suas borbulhas. Depois de uma primeira fermentação normal, o vinho, dito "tranqüilo", é engarrafado com açúcar e fermentos. Começa uma segunda fermentação, produzindo dióxido de carbono na garrafa e criando um vinho espumante. A expressão é geralmente empregada por produtores de espumantes fora da região de Champagne.
Fermentação maloláctica Processo que converte o agressivo ácido málico (encontrado em maçãs, por exemplo) em ácido láctico mais suave (como o encontrado no leite). Ocorre logo após a primeira (convencional) fermentação. A maioria dos vinhos tintos passa por fermentação malolácti-

ca; no caso dos vinhos brancos, a decisão depende muito do estilo de vinho que o produtor pretende obter.
Fermentazione naturale (italiano) Termo aplicado a espumantes cuja fermentação foi em tanque ou garrafa.
Filoxera Doença que devastou os vinhedos da Europa no fim do século 19. É um pequeno inseto (ou pulgão) que se alimenta das raízes das videiras e acaba por matar a planta. Ainda hoje não existe uma cura para a praga – para controlá-la, quase todos os vinhedos europeus são enxertados em raízes de espécies americanas resistentes à filoxera.
Filtragem Uma técnica que remove as pequenas partículas sólidas de um vinho antes do engarrafamento, deixando-o límpido e claro. Alguns produtores acreditam que a filtragem pode eliminar sabores do vinho e evitam a técnica – freqüentemente incluindo nos rótulos de seus produtos a expressão *non-filtré*. Vinhos que não são filtrados geralmente requerem decantação.
Fortificado Vinho enriquecido com a adição de aguardente em geral, produzido a partir de uva (porto, xerez ou madeira).
Frizzante (italiano) Semi-espumante.
Frizzantino (italiano) Levemente espumante.
Frutificação Momento em que as flores fertilizadas da videira se transformam em grãos de uva, embora nem todas as flores consigam realizar essa transformação.
Futures (inglês) Termo equivalente à expressão *en primeur*.

GHIJ

Garrafeira Originalmente, estante para garrafas de vinho. Termo comum em rótulos para designar diferentes marcas de vinho.
Gerenciamento da copa *(fronde)* Prática de manipular a vinha e sua copa para garantir que as folhas sejam corretamente expostas ao sol. Visa a garantir boa circulação de ar entre as vinhas, ajudando a prevenir doenças provenientes de fungos. Inclui a poda e a condução das vinhas.
Grand cru (francês) Literalmente, "grande vinhedo". Na Borgonha, o termo *grand cru* é aplicado aos melhores vinhedos da região. Na área de St-Émilion, em Bordeaux, os melhores châteaux são classificados como *grand cru classé* e os de primeiríssima linha merecem a classificação *premier grand cru classé (ver também **Premier cru**)*.
Grand vin (francês) Expressão dos rótulos das AOCs francesas, significa literalmente "grande vinho". Costuma ser usada para indicar que o vinho em questão é o melhor de uma determinada propriedade.
Híbrida Planta criada a partir de videiras de espécies distintas, como a cepa Baco Noir, obtida pelo cruzamento da Folle Blanche, da espécie *Vitis vinifera*, com uma variedade de *Vitis riparia*, espécie nativa dos EUA. Na Europa, os vinhos de qualidade devem ser feitos exclusivamente de uvas da espécie *Vitis vinifera*.
Icewine Nome dado ao *Eiswein* quando produzido fora da Alemanha (no Canadá).
***Indicazione Geografica Tipica* ou IGT** (italiano) Classificação relativamente recente de vinhos italianos, semelhante ao *vin de pays* na França.
Jéroboam Garrafa grande, em geral usada para champanhe, com capacidade para 3 litros – ou quatro garrafas convencionais de 750ml.

LMNO

Levedura Fungo unicelular que transforma açúcar em álcool durante a fermentação. Em muitas regiões, ocorrem naturalmente na casca das uvas e no ar. Muitos viticultores locais preferem essas variedades "selvagens", embora as leveduras cultivadas sejam em geral mais confiáveis.
Liquoroso (italiano) Usualmente aplicado a vinhos doces e encorpados.
Longevo Termo que descreve um vinho capaz de evoluir na garrafa por muitos anos ou décadas. Só uma pequena proporção de vinhos tem essa propriedade *(ver também* **Envelhecimento***)*.
Maceração Prática de deixar as cascas das uvas com seu mosto. É o que dá aos vinhos tintos sua cor, seus taninos e seus sabores.
Maceração carbônica Técnica de produção de vinho associada ao Beaujolais francês. As uvas são fermentadas sem serem esmagadas, produzindo um vinho frutado, de cor intensa e taninos leves.
Madeira Vinho fortificado produzido na ilha portuguesa de mesmo nome.
Madeirizado Vinho que foi exposto ao oxigênio e/ou aquecido para adquirir o sabor do madeira. Ocasionalmente, o termo também é utilizado para descrever um vinho oxidado.
Magnum Garrafa com 1,5 litro de capacidade (equivalente a duas garrafas convencionais). Na magnum, o vinho tende a envelhecer mais lentamente e com maior elegância. Além disso, acredita-se que seja o melhor tamanho de garrafa para o champanhe.
***Master of Wine* ou MW** Título exclusivíssimo, conferido a pessoas de excepcional conhecimento outorgado pelo Institute of Masters of Wine (Instituto dos Mestres do Vinho) de Londres. Engloba conhecimentos em vinificação, distribuição, degustação e aspectos comerciais da indústria. Hoje, existem menos de 250 MWs em todo o mundo.
Maturação Processo de envelhecimento ou amadurecimento do vinho em barril ou tonel, normalmente na vinícola. Depois de lançado no mercado, pode continuar a ser envelhecido pelo comprador; nesse caso, porém, o termo mais comum é guarda ou envelhecimento em adega.
Meritage Vinho que emprega cepas de uvas tradicionais de Bordeaux (Cabernet Sauvig-

non, Merlot, Cabernet Franc, Malbec e Petit Verdot, no caso dos tintos, e Sauvignon Blanc e Sémillon para os brancos) de outra origem, geralmente a Califórnia e a África do Sul.
Méthode champenoise/classique (francês) Equivalente a *méthode traditionnelle*.
Méthode traditionnelle (francês) Espumante feito com as mesmas técnicas empregadas em Champagne. Indica que o vinho passou por uma segunda fermentação na garrafa.
Metodo classico (italiano) Termo italiano para *méthode traditionnelle/champenoise*.
Moelleux (francês) Vinho meio-doce.
Monopólio ou *monopole* (francês) Descreve um vinhedo que tem um único proprietário (seja um indivíduo ou uma organização).
Mosto Massa de suco de uvas, cascas, sementes, engaços e outros resíduos antes do início da fermentação.
Mutage (francês) Interrupção do processo de fermentação de um vinho antes de sua conclusão natural, normalmente por meio da adição de álcool. A técnica é utilizada para criar porto ou *vin doux naturel*.
Não-filtrado/*non-filtré* *(ver também* **Filtragem***)*.
Négociant (francês) Literalmente, comerciante; pessoa ou organização que compra uvas, mosto ou vinho de produtores para engarrafar vinhos sob seus rótulos próprios. O *négociant* é um profissional importante em áreas com grande número de pequenos vinhedos, como a Borgonha. A qualidade de seus vinhos pode variar de ruim a excelente.
Non-vintage (NV) Corte de vinhos de safras de diferentes anos. Embora o termo muitas vezes seja usado para sugerir alta qualidade, não há nada de errado com os vinhos não safrados. Na realidade, a maioria dos champanhes é classificada como *non-vintage*.
Orgânico É muito difícil produzir vinho inteiramente orgânico, já que certos produtos químicos são essenciais durante a vinificação. Muitos vinhos anunciados como tal são simplesmente cultivados sem o uso de fertilizantes químicos, fungicidas e pesticidas.

PQRS

Passificação Secagem das uvas na vinha ou depois da colheita. Uvas-passas têm maior concentração de açúcar, dando origem a bons vinhos doces.
Passito (italiano) Vinho feito de uvas-passas. Pode ser doce *(recioto)* ou seco *(amarone)*.
Pétillant (francês) Levemente espumante.
Poda verde Prática de colher e descartar uvas na preparação para a colheita tradicional, para que a videira concentre suas energias no amadurecimento das uvas restantes.
Podridão nobre *ver* ***Botrítis***
Porto Vinho doce, fortificado, produzido no Vale do Douro, no norte de Portugal.
Porto ruby Estilo mais jovem e frutado de porto.
Porto tawny Estilo de porto de coloração aloirada. Os melhores conseguem aparência e sabor suave e maduro com longa maturação em barris.
Porto vintage O melhor dos porto, feito de uma única e excelente safra e envelhecido em madeira por cerca de dois anos. É "declarado" ou lançado pelos produtores apenas nas melhores safras, em média três vezes a cada década.
Premier cru (francês) Primeiro cultivo ou vinhedo. Na região do Médoc, em Bordeaux, as melhores casas são classificadas como *premier cru*. Em St-Émilion, os melhores produtores são conhecidos como *premier grand cru classé*. Na Borgonha os *premier crus* estão logo abaixo dos *grand crus* na classificação hierárquica.
Produção A quantidade total de vinho produzido por uma vinha individual ou por um vinhedo em uma determinada safra. Produções menores dão uvas de melhor qualidade, e nas *appellations* européias as produções máximas são previstas em lei (desde 3.800 litros por hectare para o Borgonha tinto *grand cru* a mais de 10 mil litros por hectare para outras classificações).
Prosecco (italiano) Espumante elaborado a partir de cepas Prosecco. Adaptam-se muito bem à região italiana de Veneto. Vai do seco ao meio-doce.
Quinta Propriedade rural típica em Portugal.
Reserva Termo regularmente encontrado nos rótulos de vinhos para denotar lançamento ou seleção especial.
Recioto (italiano) Tinto um branco feito de uvas-passas *(passito)*. Bem encorpado, é uma especialidade de Veneto.
Riserva (italiano) Vinho que envelheceu por mais tempo que o habitual antes de ser lançado e tem maior teor alcoólico.
Rosé (francês), ***rosado*** (espanhol) ou ***rosato*** (italiano) Vinho de coloração rosada, um meio-termo entre o tinto e o branco. A única região autorizada a produzi-lo, misturando vinhos tintos e brancos, é Champagne. A vasta maioria dos outros *rosés* é feita a partir de uvas tintas que passam por um breve período de maceração.
Sec (francês) ou ***secco*** (italiano) Vinho seco.
Sedimento Matéria sólida encontrada no vinho, desde restos de fermento, fragmentos de casca de uva e polpa oriundos da vinificação até elementos formados naturalmente pelo vinho. Certos vinhos criam um sedimento quando amadurecem em garrafa por um longo período. Eles precisam de decantação.
Sélection de Grains Nobles (francês) Classificação alsaciana para vinhos feitos com uvas extremamente maduras que geralmente foram afetadas pela podridão nobre. Os vinhos SGN, doces, são produzidos apenas em safras consideradas excepcionais.
Sem carvalho Vinho deliberadamente feito sem uso de barris de carvalho – o objetivo é destacar o frescor de seus sabores de fruta.

Sobremesa, vinho de Vinho que contém grande quantidade de açúcar. Tem sabor doce e normalmente é usado para acompanhar sobremesas.
Spumante (italiano) Espumante, ou denominação de espumantes produzidos em Asti, nordeste da Itália.
Superiore (italiano) Geralmente aplicado para vinhos DOCG de alta concentração alcoólica, sem indicador de qualidade.

TUVX

Taninos Componente adstringente, que "seca" a boca. Nas uvas, os taninos são encontrados nas cascas, sementes e engaços, e são particularmente importantes na composição dos vinhos tintos. Eles fornecem ao vinho a estrutura e o peso e também agem como conservantes, auxiliando o envelhecimento na garrafa. Um vinho com taninos em excesso é descrito como "tânico".
Tenuta (italiano) Propriedade.
Terroir (francês) Termo usado para descrever o conjunto de condições ambientais de um vinhedo, como clima, solo, inclinação e exposição, entre outros fatores. Os defensores do *terroir* acreditam que um vinho não deve ser apenas o resultado de suco de uva fermentado, mas deve expressar as condições do lugar onde as uvas são cultivadas.
Trasfega Processo de separar um vinho de seus sedimentos na vinícola. Estimula-se o sedimento a se depositar no fundo dos barris. O líquido é então drenado ou extraído por bombeamento e transferido para um reservatório limpo.
Varietal Vinho que foi rotulado com base em sua principal cepa e não pela região em que foi produzido. Às vezes, é também utilizado como sinônimo de "variedade de uva".
Vendemmia (italiano) Colheita ou safra.
Vendange tardive (francês) Termo que significa colheita tardia. As uvas que são colhidas mais tarde tendem a ser mais maduras e concentradas, produzindo estilos mais doces de vinho. Na Alsácia, o termo obedece a uma definição legal precisa. Em outras regiões, pode ser usado simplesmente a critério do produtor.
Véraison (francês) Período em que as uvas amadurecem, ganhando açúcar (e também cor, se tintas), embora não cresçam muito em tamanho.
Vieilles vignes (francês) "Vinhas velhas". À medida que uma vinha envelhece, tende a produzir menos, mas suas uvas têm melhor qualidade. Mas a expressão não é garantia de um vinho superior, porque não há definição legal do que seja uma vinha "velha".
Vigneron (francês) Vinicultor.
Vignoble (francês) Vinhedo.
Vin de pays (francês) Muitas vezes com excelente relação custo-benefício, os "vinhos regionais" estão entre os vinhos de mesa e as denominações controladas na classificação hierárquica francesa.
Termo para vinho de mesa.
Vin doux naturel (francês) Vinho doce produzido pela adição de álcool ao mosto em fermentação antes que todo o açúcar tenha se convertido em álcool *(ver também **Mutage**)*.
Vin gris (francês) Vinho *rosé* de coloração pálida, delicada.
Vin nouveau ou ***primeur*** (francês) ou ***novello*** (italiano) Vinho jovem para ser bebido no ano em que é produzido. O melhor exemplo desta categoria é o Beaujolais Nouveau.
Vin santo (italiano) Rico vinho de sobremensa da Toscana, elaborado a partir de uvas-passas. É envelhecido em barris por três anos.
Vinhateiro itinerante ou "voador" Indivíduo que produz vinhos em várias partes do mundo. O termo foi originalmente cunhado quando produtores altamente treinados foram trazidos do Novo Mundo para revitalizar propriedades tradicionais européias.
Vinhedo único Vinho produzido com uvas provenientes de um único vinhedo.
Vinho de base Ou "tranqüilo" (isto é, sem borbulhas) a partir do qual se produzem o champanhe e outros espumantes.
Vinho de butique ou de garagem Termos relativamente recentes para o vinho de alta qualidade (e freqüentemente de altíssimo preço) feito por produtores em escala muito pequena. Os equipamentos e as instalações utilizados geralmente são básicos, e a produção pode mesmo acontecer em uma garagem.
Vinho de mesa ou ***Vin de table*** (francês) ou ***vino da tavola*** (italiano) Em teoria, é a mais baixa classificação vinícola da Europa. Em geral, são baratos e pouco interessantes. Mas alguns dos melhores são assim rotulados. O preço é um bom indicador de qualidade aqui – os melhores vinhos desta categoria tendem a custar significativamente mais do que os vinhos de mesa básicos.
Vine pulls Remoção de vinhas. Em partes da Europa onde a superprodução é um problema, o governo paga para destruir suas safras.
Vinificação Essencialmente, o processo que converte o suco de uva em vinho.
Vino da tavola (italiano) Termo para vinho de mesa.
Vintage Termo que pode ser utilizado tanto para descrever "safra" como o ano em que as uvas foram cultivadas para produzir um vinho. Um vinho *vintage* precisa ser feito de uvas cultivadas em um mesmo ano. O champanhe *vintage* só é produzido em anos excepcionais e pode ser amadurecido por até três anos em suas borras *(ver também **Non-vintage**)*.
Viticultura Cultivo das vinhas – a ciência, a técnica e as habilidades necessárias para produzir uvas de qualidade comercial.
Vitis vinifera A espécie de vinha responsável pela maior parte do vinho produzido atualmente no mundo.
Xerez *(jerez)* Vinho fortificado produzido na região de Jerez, na Espanha.

Índice

A

Abadia de Nôtre-Dame de Citeaux 68
Accad, Guy 58
Aligoté (variedade) 70-1
Alliet, Philippe, Domaine 122
Aloxe-Corton, Borgonha 62
Alsácia 133
Alsácia (Top 10) 133
Alter Ego de Palmer 29
Amirault, Yannick, Domaine 122
Angélus, Château 36
Anjou 117
Anjou-Gamay 117
Anjou-Saumur 116-7
Anjou-Villages 117
Anjou-Villages Brissac 117
Antonin Rodet 72
AOC *veja* Appellation d'Origine Contrôlée
Appellation d'Origine Contrôlée (AOC) 11, 14, 148
Aquéria, Château d' 93
Armand, Comte, Domaine du 65
Asseo, Stéphane 43
Aupilhac, Domaine d' 106
Ausone, Château 36
Auxey-Duresses 63
AXA-Millésimes 31
Ay, Dominique 92

B

Bandol 103
Banyuls 102
barriques (tipos de barril) 34, 148
Barton, Anthony 28
Baudouin, Patrick, Domaine 121
Baudry, Bernard, Domaine 121
Baumard, Domaine des 121
Beaucastel, Château de 92
Beaujolais 74-7
Beaujolais (Top 10) 76
Beaujolais Nouveau 74-5
Beaune 62-3, 69
Beauroy 50
Beau-Séjour Bécot, Château 36
Bébian, St-Jean de, Prieuré de 107
Bécot, Dominique & Gérard 36
Belair, Château 36
Bellet 102
Bergerac 25
Bernard, Olivier 30
Billaud-Simon, Domaine 52
Billecart-Salmon 132
biodinâmica 12, 66, 148
Bize-Leroy, Lalou
Bizeul, Hervé 107
blanc de blancs (estilo de Champagne) 131
Blanc de Lynch-Bages 27
blanc de noirs (estilo de Champagne) 131
Blanchot, Borgonha 51
Blaye, Bordeaux 35
Blot, Jacky 121
Boiron, Maurice & Nicolas 93
Boisset, Jean-Claude 56
Bongran, Domaine de la 73
Bonneau du Martay, Domaine 64-5
Bonnet, Château 42
Bonnezeaux, Vale do Loire 117
Bordeaux 18-43
Bordeaux Supérieur 41-2
classificação de 1855 18-9
Entre-deux-Mers 40-3
genéricos de Bordeaux 41-2
indústria vinícola 18
informações regionais 21
mapa 20-1
Margem Direita 32-9
Margem Esquerda 22-31
tintos de Bordeaux (Top 10) 39
Bordeaux-Côtes de Francs, Bordeaux 34-5
Bossard, Guy 120
botrytis cinerea 24, 73, 148
Bouchard Père et Fils 64
Bouchard, Pascal, Maison 53
Bougros, Borgonha 51
Bourgeois, Henri, Domaine 123
Bourgeuil, Vale do Loire 118
Bouzereau, Michel & Fils, Domaine 67
Bouzeron, Borgonha 70
Brouilly, Borgonha 75
Brouin, Thierry 57
Brugière, Guilhem 106
Brun, Jean-Paul 76
Burgaud, Jean-Marc 77
Borgonha 46-77
Beaujolais 74-7
Chablis 50-3
Côte Chalonnaise & Mâconnais 70-3
Côte de Beaune 62-7
Côte de Nuits 54–9
informações regionais 49
mapa 48-9
passeio vinícola 68-9
Buzet, Sudoeste da França 25

C

Cabardès, Sul da França 101
Cabernet d'Anjou, Vale do Loire 117
Cabernet Franc (Bouchet) variedade 12-3
Cabernet Sauvignon (variedade) 12-3
Cadillac, Bordeaux 41
Cahors, Sudoeste da França 25
Calot, Domaine 76
Canet-Valette, Domaine 106
Canon-Fronsac, Bordeaux 34
Canon-la-Gaffelière, Château 38
maceração carbônica 74-5, 151
Carignan (variedade) 96
Carruades de Lafite 26
Carteyron, Patrick 43
Cassis, Sul da França 103
Cathiard, Daniel & Florence 30
Cave Yves Cuilleron 90-1
Centre Oenologique, Cornas 86
Chablis, Borgonha 50–3
melhores rótulos (Top 10) 52
Chablisienne, La 53
Chambolle-Musigny, Borgonha 55
Chamirey, Château 72
Champagne 126-32
grandes produtores (Top 10) 127
informações regionais 129
mapa 128-9
método tradicional 128
Champagne Alfred Gratien 132
Champagne Bollinger 130
Champagne Charles Heidsieck 130
Champagne Deutz 132
Champagne Drappier132
Champagne Henriot 132
Champagne Jacquart132
Champagne Lanson 130
Champagne Perrier Jouët 130
Champagne Philipponat 132
Champagne Salon 130-1
Champagne Taittinger 131
Champagne Veuve Clicquot Ponsardin 131
Chandon de Briailles, Domaine 65
Chardonnay (variedade) 13
Chassagne-Montrachet, Borgonha 63
Château Angélus 36
Château Ausone 36
Château Beau-Séjour Bécot 36
Château Belair 36
Château Bise, Pierre 120
Château Bonnet 42
Château Canon-la-Gaffelière 38
Château Chamirey 72
Château Cheval Blanc 36

Château Climens 30
Château Cos d'Estournel 26
Château d'Aquéria 93
Château d'Yquem 19, 24, 31
Château de Beaucastel 92
Château de Corton-André 47
Château de Fontenille 43
Château de Fuissé 73
Château de la Maltroye 64
Château de Mercey 72
Château de Pibarnon 108–9
Château de Reignac 43
Château de Roquefort 108
Château de Rully 72
Château de Tracy 123
Château de Valandraud 37
Château de Villeneuve 120
Château du Clos de Vougeot 68
Château Ducru-Beaucaillou 28
Château Figeac 37
Château Grand Village 38
Château Grillet, Vale do Rhône 84-5
Château Gruaud-Larose 28
Château Haut-Brion 18, 29
Château L'Église-Clinet 38-9
Château L'Evangile 39
Château La Conseillante 38
Château La Mission Haut-Brion 29
Château la Nerthe 92
Château Lafaurie-Peyraguey 31
Château Lafite-Rothschild 18, 26, 39
Château Langoa-Barton 28
Château Latour 26-7
Château Le Pin 38
Château Le Tertre Roteboeuf 37
Château Léoville Las Cases 28-9
Château Léoville-Barton 28
Château Lynch-Bages 27
Château Margaux 29
Château Montrose 26
Château Mouton-Rothschild 27
Château Palmer 29
Château Pape Clément 30
Château Pavie Macquin 37
Château Penin 43
Château Pétrus 33, 39
Château Pichon-Longueville 27
Château Pichon-Longueville Comtesse de Lalande 27
Château Pierre Bise 120
Château Pradeaux 109
Château Rauzan-Ségla 29
Château Rayas 92-3
Château Reynon 42
Château Rieussec 31
Château Simone 109
Château Smith-Haut-Lafitte 30
Château Ste-Marie 42
Château Suau 42
Château Suduiraut 31
Château Thieuley 43
Château Tour de Mirambeau 43
Château Trotanoy 39
Châteauneuf-du-Pape, Vale do Rhône 88
Châteaux Margaux 18, 29
Châtillon en Diois, Vale do Rhône 87
Chave, Jean-Louis, Domaine 91
Chénas, Borgonha 75
Chenin Blanc (variedade) 13, 112
Cheval Blanc, Château 18, 36
Chevalier, Domaine de 30
Chevallier, Jean-Pierre 120
Cheysson, Émile, Domaine 76–7
Chinon, Vale do Loire 118
Chiroubles, Borgonha 75
Choppin, Françoise & Geoffroy 65
Chorey, Château de, Domaine du 65
Chorey-lès-Beaune, Borgonha 62
Cinsault (variedade) 96
Citeaux 68
Clair, Bruno, Domaine 56
Clair, Françoise & Denis, Domaine 66
Clairet (clarete) 40
Clairette de Die, Norte do Rhône 87
Clape, Domaine 91
classificação do vinho 14-5
Clémentin, Le 30
Climens, Château 30
Clos du Marquis 28
Clos Fourtet 37
Clos Rougeard 120
Clos Sainte Magdeleine 109
Coche-Dury, Jean-François, Domaine 66
Colin, Marc & Fils, Domaine 67
Collioure, Sul da França 102
Columbo, Jean-Luc 86
Comte Georges de Vogüé, Domaine 56
Comtes Lafon, Domaine des 65
Condrieu, Vale do Rhône 84
Conseillante, Château La 38
consumo (interno e externo) 12
Corbières, Sul da França 100-1
Cornas, Norte do Rhône 86
Cornut, Jean-Pierre 64
Corton-André, Château de 47
Cos d'Estournel, Château 26
Costières de Nîmes, Sul da França 89, 100
Côte Chalonnaise Villages, Borgonha 69
Côte Chalonnaise & Mâconnais (Top 10) 72
Côte d'Or, Borgonha 48
Côte de Beaune, Borgonha 62-7
  Côte de Beaune (Top 10) 64
Côte de Brouilly, Borgonha 75
Côte de Léchet, Borgonha 50-1
Côte de Nuits, Borgonha 54-9
  Côte de Nuits (Top 10) 57
Côte de Sézanne, Champagne 127
Côte des Bar, Champagne 127
Côte Rôtie, Vale do Rhône 84
Coteaux d'Aix en Provence, Sul da França 103
Coteaux de l'Aubance, Vale do Loire 117
Coteaux du Languedoc, Sul da França 100
Coteaux du Layon, Vale do Loire 117
Coteaux du Tricastin, Vale do Rhône 87
Coteaux Varois, Sul da França 103
Côtes de Blaye, Bordeaux 35
Côtes de Bourg, Bordeaux 18, 35
Côtes de Castillon, Bordeaux 34-5
Côtes de Duras 25
Côtes de Frontonnais 25
Côtes de Malepère, Sul da França 101
Côtes de Provence, Sul da França 102
Côtes des Blancs, Champagne 127
Côtes du Lubéron, Vale do Rhône 89
Côtes du Rhône 80–81
Côtes du Roussillon, Sul da França 101
Côtes du Ventoux, Vale do Rhône 89
Côtes du Vivarais, Vale do Rhône 87
Coulée de Serrant 117, 120-1
Counoise (variedade) 103
Courselle, Francis 43
Courteillac, Domaine de 43
Crémant de Die, Vale do Rhône 87
Crémant de Loire 117
crémants (Top 10) 119

Crozes-Hermitage, Vale do Rhône 86
cru classé (classificação), Bordeaux 19
crus bourgeois (classificação), Bordeaux 19
Cuvelier, Philippe 37

D
Dagueneau, Didier, Domaine 123
Dauvissat, Vincent, Domaine 53
De Vallouit 90
Defraine, Stéphane 43
degustação do vinho 138-41
Delbeck, Pascal 36
Derenoncourt, Stéphane 37
Deschamps, Hervé 130
Despagne, Jean-Louis 43
Desprès, Jean-Marc 76
Desvignes, Louis-Claude, Domaine 77
Deutz, Champagne 132
Dijon 68
Diois, Vale do Rhône 87
Domaine Alain Graillot 91
Domaine Albert Morot 64
Domaine Alphonse Mellot 123
Domaine Armand Rousseau 56
Domaine Bernard Baudry 121
Domaine Bernard Dugat-Py 56
Domaine Billaud-Simon 52
Domaine Bonneau du Martay 64-5
Domaine Bosquet des Papes 93
Domaine Bruno Clair 56
Domaine Calot 76
Domaine Canet-Valette 106
Domaine Chandon de Briailles 65
Domaine Charles & Rémi Jobard 65
Domaine Clape 91
Domaine Comte Georges de Vogüé 56
Domaine d'Aupilhac 106
Domaine de Chevalier 30
Domaine de Courteillac 43
Domaine de l'Écu 120
Domaine de la Bongran 73
Domaine de la Janasse 93
Domaine de la Madone 76
Domaine de la Monardière 92
Domaine de la Rectorie 108
Domaine de la Romanée-Conti 57, 59, 65
Domaine de la Taille aux Loups 121
Domaine de la Vougeraie 56-7
Domaine de Trévallon 109
Domaine Denis Mortet 57
Domaine des Baumard 121
Domaine des Comtes Lafon 65
Domaine des Lambrays 57
Domaine des Terres Dorées 76
Domaine Didier Dagueneau 123
Domaine du Château de Chorey 65
Domaine du Clos des Fées 107
Domaine du Clos Naudin 122
Domaine du Clos Salomon 72
Domaine du Comte Armand 65
Domaine du Mas Blanc 108
Domaine Dujac 57
Domaine Émile Cheysson 76
Domaine Étienne Sauzet 66
Domaine Faiveley 72
Domaine François & Jean-Marie Raveneau 52
Domaine François Lumpp 72
Domaine Françoise & Denis Clair 66
Domaine Gauby 107
Domaine Georges Roumier 57
Domaine Georges Vernay 90
Domaine Guffens-Heynen 73
Domaine Henri & Paul Jacqueson 73
Domaine Henri Bourgeois 123
Domaine Henri Gouges 58
Domaine Henry Marionnet 122
Domaine Huet 122
Domaine J A Ferret 73
Domaine Jacques Prieur 66
Domaine Jamet 90
Domaine Jean Grivot 58
Domaine Jean-François Coche-Dury 66
Domaine Jean-Louis Chave 91
Domaine Jean-Paul & Benoît Droin 52
Domaine Laroche 52-3
Domaine Leflaive 66-7
Domaine Leroy, 58
Domaine Louis Michel & Fils 53
Domaine Louis-Claude Desvignes 77
Domaine Marc Colin & Fils 67
Domaine Marcel Richaud 93
Domaine Méo-Camuzet 58
Domaine Michel Bouzereau & Fils 67
Domaine Michel Juillot 73
Domaine Michel Lafarge 67
Domaine Patrick Baudouin 121
Domaine Peyre Rose 106
Domaine Philippe Alliet 122
Domaine Raspail-Ay 92
Domaine Richeaume 108
Domaine Tempier 109
Domaine Vincent Dauvissat 53
Domaine Vincent Girardin 67
Domaine William Févre 53
Domaine Yannick Amirault 122
Drappier, Champagne 132
Droin, Jean-Paul & Benoît, Domaine 52
Duboeuf, Georges 77
Dubourdieu, Denis 42
Ducru-Beaucaillou, Château 28
Dugas, Alain 92
Dugat-Py, Bernard, Domaine 56
Dujac, Domaine 57
Dürrbach, Eloi 109

E
E Guigal 90
Échelle des Crus (classificação), Champagne 126
Écu, Domaine de l' 120
Église-Clinet, Château L' 38-9
Entre-Deux-Mers, Bordeaux 40
Entre-Deux-Mers Vieilles Vignes 42
estilos de vinho 136-7
Estournel, Château Cos d' 26
Evangile, Château L' 39

F
Fadat, Sylvain 106
Faiveley, Domaine 72
defeitos nos vinhos 141
Fées, Clos des, Domaine du 107
Ferret, J A, Domaine 73
Févre, William, Domaine 53
Figeac, Château 37
filoxera (doença) 11, 150
Fixin, Borgonha 54
Fleurie, Borgonha 75
Fontenille, Château de 43
Foreau, Philippe 122
Forts de Latour, Les 26
Foucault, Charly 120
Foucault, Nadi 120
Freund, Günter 57
Fronsac, Bordeaux 34
Fuissé, Château de 73

G
Gaillac 25
Gamay (variedade) 13
Gasnier, Vincent 7
Gauby, Domaine 107
Geoffroy, Richard 132
Georges Roumier, Domaine 57
Gevrey-Chambertin, Borgonha 54
Gewürtztraminer (variedade) 13
Gigondas, Vale do Rhône 88

Girardin, Vincent, Domaine 67
Gironde *département* 41
Givry, Borgonha 70
glossário 148-53
Gomerie, La 36
Gouges, Henri, Domaine 58
Graillot, Alain, Domaine 91
grand cru classé (classificação), Bordeaux 19
Grand Village, Château 38
Gratien, Alfred, Champagne 132
Graves, Bordeaux 24
Graves (classificação), Bordeaux 19
Graves de Vayres, Bordeaux 40
Grenache (variedade) 13, 96
Grenouilles *grand cru*, Borgonha 51
Grivot, Jean, Domaine 58
Gruaud-Larose, Château 28
Guffens-Heynen, Domaine 73
Guibert, Aimé 107
Guigal 90

H

Hameau en Beaujolais 69
Haut-Benauge, Bordeaux 40
Haut-Brion, Château 18, 29
Haut-Médoc, Bordeaux 22
Heidsieck, Charles, Champagne 130
Henriot, Champagne 132
Henriot, Joseph 64
Hermitage, Vale do Rhône 85
Hoesch, Henning 108
Hoesch, Sylvain 108
Hospices de Beaune 62, 69
Huet, Domaine 122

I

Institut National des Appellations d'Origine (INAO) 19
Irancy, Borgonha 51
Irouléguy 25

J

Jaboulet, Antoine 91
Jacquart, Champagne 132
Jacqueson, Henri & Paul, Domaine 73
Jadot, Louis 58
Jamet, Domaine 90
Janasse, Domaine de la 93
Jayer, Henri 58
Jean-Guillaume Prats 26
Jean-Marc Brocard 53
Jean-Marc Burgaud 77
Jobard, Charles & Rémi, Domaine 65
Joly, Nicolas 66, 120
Jouët, Perrier, Champagne 130
Juillot, Michel, Domaine 73
Julien, Olivier 107
Juliénas, Borgonha 74
Jurançon, Sudoeste da França 25

K

Krug 131

L

L'Aile d'Argent 27
La Conseillante, Château 38
La Mission Haut-Brion, Château 29
Ladoix, Borgonha 62
Lafarge, Michel, Domaine 67
Lafaurie-Peyraguey, Château 31
Lafite-Rothschild, Château 18, 26, 39
Lafon, Dominique 65
Lalande-de-Pomerol, Bordeaux 34
Lambreys, Domaine des 57
Langoa-Barton, Château 28
Languedoc-Roussillon 96-7
Lanson, Champagne 130
Lardière, Jacques 58
Laroche, Domaine 52-3
Latour, Château 26-7
Laurent-Perrier 131
Le Bault de la Morinière, Jean-Charles 64
Le Brun, Jean-Claude 107
Le Pin, Château 38
Lecouty, Chantal 107
Leflaive, Domaine 66-7
legislação 14
Lencquesaing, May-Eliane de 27
Léoville Las Cases, Château 28–9
Léoville-Barton, Château 28
Leroy, Domaine 58
Les Baux de Provence, Sul da França 103
Les Clos *grand cru*, Borgonha 51
Les Preuses *grand cru*, Borgonha 51
Limoux, Sul da França 101
Lirac, Vale do Rhône 88–9
Listrac-Médoc, Bordeaux 23
Louis Jadot 58
Louis Roederer 132
Loupiac, Bordeaux 41
Loups, Taille de la, Domaine 121
Lumpp, François, Domaine 72
Lurton, André 42
Lurton, Bérénice & Lucien 30
Lussac (comuna), Bordeaux 32-3
LVMH (Louis Vuitton-Moët Hennessy) 31, 131, 132
Lynch-Bages, Château 27

M

Mâconnais 69
Madiran 25
Madone, Domaine de la 76
Maison Mommessin 76–7
Maison Pascal Bouchard 53
Maltroye, Château de la 64
mapas
  Bordeaux 20-21
  Borgonha 48-9
  Champagne 128-9
  França
    regiões vinícolas 11
  Sul da França 98-9
  Sudoeste da França 25
  Vale do Loire 114-5
  Vale do Rhône 82-3
Maranges, Borgonha 63
Marcel Richaud 93
Marchand, Pascal 57
Margaux, Bordeaux 18, 23
Margaux, Château 18, 29
Margem Direita, Bordeaux 32-9
Margem Esquerda, Bordeaux 22-31
Marionnet, Henry, Domaine 122
Marsannay, Borgonha 54
Mas Blanc, Domaine du 108
Mas Brugière 106-7
Mas de Daumas Gassac 107
Mas Julien 107
Médoc, Bordeaux 22
Médoc Crus Bourgeois classificação de 2003 19
Mellot, Alphonse, Domaine 123
Melon de Bourgogne (variedade) 112-3
Meneret, Dominique 43
Menetou-Salon, Vale do Loire 119
Méo, Nicolas 58
Méo-Camuzet, Domaine 58
Mercey, Château de 72
Mercurey, Borgonha 70
Merlot (variedade) 12–13
Mersault, Borgonha 63
méthode champenoise 97, 151
méthode dioise 87, 151
méthode traditionelle 128, 151
Meursault (variedade) 13
Michel (et Fils), Louis, Domaine 53
Minervois, Sul da França 100
Mitjavile, François 37
Moët & Chandon 132
Monardière, Domaine de la 92

Monbazillac 25
Mondotte, La 38
Mont de Milieu, Borgonha 50
Montagne (comuna), Bordeaux 32-3
Montagne de Reims 127
Montagny, Borgonha 70-1
Montée de Tonnerre, Borgonha 50
Monthélie, Borgonha 63
Montlouis AOC, Vale do Loire 118
Montmains, Borgonha 51
Montrachet, Borgonha 62-3
Montrachet, Le 69
Montrose, Château 26
Morey-St-Denis village, Borgonha 54-5
Morgon, Borgonha 75
Morot, Albert, Domaine 64
Mortet, Denis, Domaine 57
Moueix, Jean-Pierre 39
Moulin-à-Vent, Borgonha 75
Moulis, Bordeaux 23
Mourvèdre (variedade) 13
Mouton-Rothschild, Château 27
Muscadelle (variedade) 18, 40
Muscadet, Vale do Loire 116
Muscadet Coteaux de la Loire 116
Muscadet Côtes de Grandlieu 116
Muscadet Sèvre et Maine 116
Muscat (variedade) 13

N

Naudin, du Clos, Domaine 122
négociants 55, 151
Neipperg, Stephan von 38
Nerthe, Château la 92
Non-vintage (NV champagne) 131
Novo Mundo 6
Nuits-St-Georges, Borgonha 55

O

Olivier Leflaive 67

P

Pagodes de Cos, Les 26
Palette, Sul da França 103
Palmer, Charles, Major-General 29
Palmer, Château 29
Pape Clément, Château 30
Papes, Bosquet des, Domaine 93
Papin, Claude 120
Parcé, André & Jean-Michel 108
Pauillac, Bordeaux 22
Paul Jaboulet Aîné 91
Paul Janin et Fils 77
Pavie Macquin, Château 37
Pavillon Blanc Pavillon Rouge 29
Pays Nantais, Vale do Loire 116
Penin, Château 43
Pensées de Lafleur 38
Pernand-Vergelesses, Borgonha 62
Perrin, François & Jean-Pierre 92
Perse, Gérard 37
Pessac-Léognan, Bordeaux 24
Petit Chablis (classificação), Borgonha 50
Petit Cheval, Le 36
Petit Mouton, Le 27
Petit, Dominique 132
Pétrus, Château 33, 39
Peynaud, Emile 107
Philipponat, Champagne 132
Pibarnon, Château de 108-9
Pichon-Longueville, Comtesse de Lalande, Château 27
Pinault, François 27
Pineau de la Loire (variedade) *veja Chenin Blanc*
Pinguet, Noël 122
Pinot Gris (variedade) 13
Pinot Noir (variedade) 13
podridão nobre (*pourriture noble*) 24, 148, 152
Pol Roger 132
Pomerol, Bordeaux 18, 33
Pommard, Borgonha 63
Portalis, Cyrille 109
Pouilly-Fuissé, Borgonha 71
Pouilly-Fumé, Vale do Loire 119
Pouilly-Loché, Borgonha 71
Pouilly-Vinzelles, Borgonha 71
Pradeaux, Château 109
Prats, Jean-Guillaume 26
premier grand cru classé, (classificação) St-Émilion 19
Premières Côtes de Blaye, Bordeaux 35
Premières Côtes de Bordeaux, Bordeaux 401
Prieur, Jacques, Domaine 66
Prieuré de St-Jean de Bébian 107
produtores franceses (Top 10) 32
Provença *ver Sul da França*
Puisseguin (comuna) 32-3
Puligny-Montrachet, Borgonha 63

Q

Quartz de Chaume AOC, Vale do Loire 117
Quincy AOC, Vale do Loire 119

R

Raspail-Ay, Domaine 92
Rauzan-Ségla, Château 29
Raveneau, François & Jean-Marie, Domaine 52
Ravier, Daniel 109
Rayas, Château 92-3
Rectorie, Domaine de la 108
Régnié, Borgonha 75
Reignac, Château de 43
Reuilly, Vale do Loire 119
Reynaud, Emmanuel & Jacques 93
Reynon, Château 42
Richaud, Marcel, Domaine 93
Richeaume, Domaine 108
Riesling (variedade) 13
Rieussec, Château 31
Roche aux Moines, Vale do Loire 117
Romanée-Conti, Domaine de la 57, 59, 65
Roquefort, Château de 108
Rosé d'Anjou 117
Rosé de Loire 117
Rose, Peyre, Domaine 106
Rothschild, Baron Nathaniel & Philippe de 27
Roumier, Christophe 57
Rousseau, Armand, Domaine 56
Route des Grands Crus 68
Route du Vin, Alsace 133
Ruinart 132
Rully, Borgonha 70
Rully, Château de 72

S

Sabon, Aimé & Christophe 93
Salomon, Clos, Domaine du 72
Salon, Champagne 130-1
Sancerre, Vale do Loire 119
Santenay, Borgonha 63
Saumur, Vale do Loire 117
Saumur-Champigny, Vale do Loire 117
Sauternes (vinho) 18, 22
Sauternes (região), Bordeaux 24
Sauvignon Blanc (variedade) 13, 18, 35, 40
Sauzet, Étienne, Domaine 66
Savennières, Vale do Loire 116
Savigny-lès-Beaune, Borgonha 62-3
Segredos Mais Bem Guardados da França, Os (Top 10) 106
Sémillon (variedade) 13
Seysses, Jacques 57
Simone, Château 109
Smith-Haut-Lafitte, Château 30
Soria, Marlène 106

Sul da França 96-109
história do vinho 96
informações regionais 99
mapa 98-9
produtores 106-9
Sudoeste da França, denominações do 25
St-Joseph, Vale do Rhône 85
St Victor, Eric de 109
St-Amour, Borgonha 74-5
St-Aubin, Borgonha 63
Ste-Croix-du-Mont, Bordeaux 41
Ste-Foy-Bordeaux 41
Steiner, Rudolf 66
Ste-Marie, Château 42
St-Émilion, Bordeaux 19, 32-3
St-Estèphe, Bordeaux 22
St-Georges (comuna), Bordeaux 32-3
St-Julien, Bordeaux 22-3
St-Nicolas-de-Bourgeuil, Vale do Loire 118
St-Péray, Vale do Rhône 86
St-Romain, Borgonha 63
St-Véran, Borgonha 71
Suau, Château 42
Suduiraut, Château 31
Syrah (variedade) 13

T

Taittinger, Champagne 131
Tavel, Vale do Rhône 89
Tempier, Domaine 109
Terres Dorées, Domaine des 76
terroir 5, 46, 152
Tertre Roteboeuf, Château Le 37
Thévenet, Jean 73
Thienpont, Nicolas 37
Thierry, Alain 131
Thieuley, Château 43
Thunevin, Jean-Luc 37, 38
Top 10 (listas) 7
Tour de Mirambeau, Château 43
Touraine, Vale do Loire 118-9
Touraine Amboise 118
Touraine Azay-le-Rideau 118
Touraine Mesland 118
Touraine Noble-Joué 118
Tournus 69
Tracy, Château de 123
Trévallon, Domaine de 109
Trotanoy, Château 39

U

Union Champagne 132
uvas brancas, variedades 13
uvas tintas, variedades 12-3

V

Vache, Christian & Martine 92
Vacqueras, Vale do Rhône 88
Vale do Loire 112-23
apresentação 112-3
estilos de vinho 112
informações regionais 114
Loire Central 119
mapa 114-5
produtores 120-3
produtores (Top 10) 123
variedades 112
Vale do Rhône 80-93
apresentação 80-1
informações regionais 83
mapa 82-3
norte do Rhône 80
produtores 90-3
sul do Rhône 80
Vaillons, Borgonha 51
Valandraud, Château de 37
Vallée de la Mame 127
Valmur *grand cru*, Borgonha 51
variedades de uvas e estilos de vinhos 12-3
Vatelot, Yves 43
Vaucoupin, Borgonha 50
Vaudésir *grand cru*, Borgonha 51
Vauthier, Alain 36
Vaux Ligneau, Borgonha 51
Velho Mundo 6
Vernay, Georges, Domaine 90
Veuve Clicquot Ponsardin, Champagne 131
Vidal Fleury 90
Vieux Château Certan 39
Villaine, Aubert de 59
Villeneuve, Château de 120
Villeneuve, Raimond de 108
Vincent Gasnier 7
Vincent, Jean-Jacques 73
vinhos brancos (Top 10) 113
vinhos comerciais 6
vinhos da Provença 97
vinhos de garagem 38, 152
vinhos de guarda (Top 10) 28
vinhos de sobremesa (Top 10) 30
Vinhos Franceses para o Dia-a-Dia (Top 10) 87
vinhos orgânicos (Top 10) 121
vinhos regionais 6
vinhos *rosé* (Top 10) 97
Vinhos Soberbos para Celebrar (Top 10) 47
vinhos tintos franceses (Top 10) 81
vinicultura 12
comércio de vinho, 11
na França 10
produção de vinho 12
tendências no consumo 7
vintage Champagne 131
Viré-Clessé, Borgonha 71
Vitis vinifera 153
Volnay, Borgonha 63
Vosgros, Borgonha 51
Vougeot, Borgonha 55
Vosne-Romanée, Borgonha 55
Vougeot, Château du Clos de 68
Vougeraie, Domaine de la 56-7
Vouvray, Vale do Loire 118

Y

Yquem, Château d' 19, 24, 31

Agradecimentos

Agradecimentos

AUTORES
Listas de Vinhos Top 10 elaboradas por Vincent Gasnier *(pág 7)*. Outros textos de são de autoria de Ruth Arnold, Stephen Brook, Kathleen Buckley, Giles Fallow-field, Richard Jones, Susan Keevil, James Lawther MW e Roger Voss

BLUE ISLAND PUBLISHING

Direção editorial
Rosalyn Thiro

Direção de Arte
Stephen Bere

Editor Sênior
Ferdie McDonald

Editor Associado
Michael Ellis

Design
Ian Midson

Pesquisa Editorial
Paul Hines

Pesquisa de Imagens
Helen Stallion

DORLING KINDERSLEY

Editora Sênior
Janet Mohun

Editora de Arte Sênior
Helen Spencer

Editoração Eletrônica
Traci Salter

Controle de Produção
Mandy Inness

Diretora executiva
Adèle Hayward

Diretora de arte
Karla Jennings

CRÉDITOS DAS ILUSTRAÇÕES
Os editores agradecem a todos os produtores de vinho e arquivos de imagens pela gentil permissão de reprodução de suas fotos.

CEPHAS: Kevin Judd 64; Diana Mewes 1, 63; Mick Rock 2 (em cima à direita), 3 (embaixo), 4–5 (embaixo), 19 (em cima), 23, 31, 35, 40, 42 (em cima), 47, 51, 59 (direita e embaixo), 60–61, 62, 68 (centro), 70, 72, 74, 76 (em cima à esquerda), 78–9, 81, 82, 104–105, 124–5, 127, 128; Ian Shaw 33, 48, 110–111.

CORBIS: Robert Holmes 16–17, 44–5; Maurio Magliani 4 (em cima).

Paul Jaboulet Aîné S.A. 90 (em cima à esquerda).

Dados Internacionais de Catalogação na Publicação (CIP)
(Câmara Brasileira do Livro, SP, Brasil)

Top 10 vinhos : França / seleção de Vincent Gasnier ; [tradução Lucia Boldrini]. – São Paulo : Publifolha, 2007. – (Top 10 vinhos)

Título original: Top ten wines : France
ISBN 978-85-7402-804-0

1. Vinhos e vinificação – França – Guias
I. Gasnier, Vincent. II. Série.

07-3705 CDD-641.220944

Índices para catálogo sistemático:
1. França : Vinhos : Alimentos e bebidas : Guias 641.220944
2. Vinhos franceses : Alimentos e bebidas : Guias 641.220944